藏区旅游小城镇社会空间结构与演化

LangMu Temple

李巍　刘润◎著

科学出版社

北京

图书在版编目（CIP）数据

藏区旅游小城镇社会空间结构与演化 / 李巍，刘润著. —北京：科学出版社，2016
 ISBN 978-7-03-049014-8

Ⅰ. ①藏… Ⅱ. ①李…②刘… Ⅲ. ①小城镇-旅游业发展-研究-中国 Ⅳ. ①F592.3

中国版本图书馆 CIP 数据核字（2016）第141142号

责任编辑：杨婵娟 李嘉佳 / 责任校对：张怡君
责任印制：徐晓晨 / 封面设计：楠竹文化
编辑部电话：010-64035853
E-mail：houjunlin@mail.sciencep.com

科学出版社 出版
北京东黄城根北街 16 号
邮政编码：100717
http://www.sciencep.com

北京凌奇印刷有限责任公司 印刷
科学出版社发行 各地新华书店经销
*
2016 年 7 月第 一 版　开本：B5（720×1000）
2024 年 1 月第四次印刷　印张：16 3/4
字数：309 000
定价：85.00元
（如有印装质量问题，我社负责调换）

前　言

在旅游业日渐成为我国国民经济战略性支柱产业的背景下，发展旅游已经成为全社会的共识。藏区是我国绚丽多彩、独特非凡的自然与文化地域单元，其雄壮的山河湖泊、神秘的藏传佛教、厚重的历史文化、淳朴的民俗风情深受广大海内外游客的青睐，这使得藏区成为当前旅游的热点区域。但同时，藏区所面临的问题与挑战也显而易见，即城镇化动力普遍不足，工业发展基础相对薄弱。由于生态价值、功能极为显著，很多区域被列入国家主体功能区划中的禁止开发区与限制开发区，旅游不可避免地成为藏区社会经济发展的先导产业和支撑产业，被寄予了较多的发展期望和愿景。越来越多的藏区城镇参与到旅游开发中来。事实也证明了旅游业对藏区城镇社会经济发展的重要意义，如社会开放程度不断增加、居民收入显著提高、基础设施建设不断完善等。然而，以农牧经济为基础的藏区城镇相较于汉区城镇而言，其社会结构更为简单、文化更具封闭性、抗外界环境干扰的能力更弱，因此，藏区又是一个社会文化及生态极为脆弱的地区。旅游开发后，大量游客不断进入藏区，导致其社会空间结构迅速变化，这已成为当前藏区城镇发展过程中的一类必然的、显著的同时也是亟须关注的发展现象，解析社会空间结构变化对于实现藏区城镇社会、经济、文化的可持续发展具有重要指导意义。

郎木寺镇是藏区脆弱的自然、社会与文化生境的典型代表，其自古以来就是甘青川边境的牧业小镇，小镇依托郎木寺院逐渐发展壮大起来，藏传佛教文化是整个小镇的精神与文化寄托，维系着传统的社会关系网络与空间结构。长期以来，其社会空间结构总体上处于相对缓慢的自然演进状态。20世纪80年代后，随着国外游客的不断到来，郎木寺旅游业掀开了序幕，"郎木寺"逐渐成为海内外知名旅游品牌，郎木寺镇也于2005年成功入选"中国魅力名镇"20强，还被誉为"东方瑞士""甘南香巴拉"，其游客来自100多个国家。不可否认，旅游业已成为郎木寺镇继畜牧业之后的第二大支柱产业，传统牧业社会中典型的寺院空间、民居空间和商业空间在旅游开发的冲击下出现了一系列显著变化。郎木寺镇传统的社会空间结构如何？社会空间结构变化包含哪些内容？社会主体如何参与并引发其社会空间结构变化？研究这些问题对于指导郎木寺镇社会经济的可持续发展显得尤为重要。

郎木寺镇的社会空间结构形成于藏区独特的自然、社会、经济、文化背景下。独特的自然地理环境是社会空间结构形成的基础和条件，依托宗教文化和传统藏族文化形成的宗法、血缘关系对传统社会空间具有重要维系作用。因此，对郎木寺镇的社会空间结构的分析既要考虑自然因素，也需考虑社会、宗教、历史与文化因素。此外，不同因素影响下的社会空间结构不同。研究藏区城镇社会空间结构一定要立足藏区独特的地方性和现实环境，要善于借助社会学、地理学、人类学等相关学科理论知识与方法对其进行全面的刻画与解析。

郎木寺镇的社会空间演化是一个在大的背景环境下社会主体发现、参与、争夺与博弈的过程。纵观郎木寺镇的旅游发展历程，游客是引发演化的首要主体，在游客的需求与好奇驱使下，"郎木寺"日渐从地名转变为旅游品牌，并源源不断地吸引更多的到访游客。其后，以居民、旅游公司、媒体为主导的利益相关主体开始形成规模，他们以旅游业及其相关经济活动作为职业，积极参与郎木寺镇的旅游开发，推动郎木寺镇的旅游目的地化。政府为了促进地方经济发展，也积极介入郎木寺镇的旅游开发，政府的参与是郎木寺镇走向全面、正规和标准化发展的重要标志。在此情形下，郎木寺镇内部的社会关系开始发生变化，传统的社会空间呈现出种种变化。

本书共十章。第一章系统分析了藏区城镇社会空间研究的缘起，包括研究背景、研究问题、研究综述、理论基础与研究思路等。第二章通过白描式的方法分别从自然地理环境、历史文化环境、社会经济生活等方面阐述了郎木寺镇的基本情况。第三章重点分析了郎木寺院诞生后郎木寺镇的发展，凸显宗教型城镇发展的一般规律与特征，这是郎木寺镇社会空间结构及其形成与演化的最为关键的环境因素。第四章重点解读了郎木寺镇的社会空间结构。第五章～第七章分析了旅游开发对相关利益主体的吸引，尤其是游客、居民、政府等社会主体对于郎木寺镇旅游发展的态度与行为的变化。第八章和第九章从社会关系和空间功能两个方面展示社会空间的演变，社会关系的变化是社会空间变化的核心，空间功能与形态的变化则是社会空间变化的外在反映；同时，概括了旅游开发后郎木寺镇社会空间演变的动力和机制。第十章是对社会空间结构与演变的思考与应对，并据此提出空间整合的对策，以此指导旅游开发背景下的郎木寺镇社会空间的可持续发展。

前　言

　　本书的出版得到了国家社会科学基金"国家主体功能区背景下的高寒民族地区城乡一体化机制研究（NO.14BSH029）"、国家自然科学基金"高寒生态脆弱区农户对气候变化的感知与适应策略（NO.41361106）"等项目的资助。撰写过程中，甘南藏族自治州旅游局、住房和城乡建设局，以及碌曲县、郎木寺镇的各职能部门在资料提供和调研方面给予了大力支持；西北师范大学石培基教授、赵雪雁教授、王录仓教授等专家提供了宝贵的学术指导和研究建议；西北师范大学赵敏、郑磊、韩佩杰等研究生和本科生，在搜集资料、制图、校稿等方面提供了大量帮助；西北师范大学刘爱文、程华、李得发等的硕士学位论文对于本书而言也是积极的参考和补充；西北师范大学地理与环境科学学院提供了优良的科研环境和硬件支持；科学出版社的杨婵娟老师在出版过程中更是付出了艰辛的劳动，在此致以诚挚的感谢！

　　由于研究内容涉及面广，虽力求完整准确，但限于作者的学术素养和知识水平，挂一漏万之处在所难免，不足之处，敬请各界同仁批评指正！

作　者

2016 年 4 月 20 日

目 录

前言

第一章 导论 ... 1

第一节 现象导入：藏区旅游的不断兴起 ... 1
第二节 问题提出：城镇可持续发展状况 ... 4
第三节 学术关照：藏区小城镇现有研究 ... 5
 一、社会空间概念的辨析 ... 5
 二、城镇社会空间研究 ... 7
 三、藏区的相关研究 ... 11
第四节 主要理论基础 ... 18
 一、文化生态学：社会空间演变的文化环境 ... 18
 二、旅游凝视：社会空间演变的旅游驱动 ... 19
 三、空间生产：社会空间演变的空间政治 ... 20
 四、城市意象："他者"眼中的社会空间 ... 22
第五节 研究思路与案例 ... 23
 一、研究思路 ... 23
 二、研究案例 ... 24

第二章 郎木寺镇的基本概况 ... 26

第一节 自然地理环境 ... 26
 一、独特的地理区位 ... 26
 二、典型的高原环境 ... 28
 三、隐秘的山林格局 ... 29
 四、藏式的乡土景观 ... 31

第二节　历史文化环境 ·································· 32
一、神奇的历史传说 ·································· 32
二、多元的民族文化 ·································· 33
三、厚重的宗教文化 ·································· 34
四、丰富的旅游资源 ·································· 36
五、历史沿革与行政管理 ······························ 38

第三节　社会经济生活 ·································· 41
一、社会生活 ·· 41
二、经济生活 ·· 48

第三章　因寺院而兴起的城镇 ···························· 53

第一节　藏传佛教的传入 ································ 53
一、藏传佛教的起源与发展 ···························· 53
二、郎木寺院的形成与发展 ···························· 59

第二节　郎木寺的形成与发展 ···························· 64
一、游牧时期的郎木寺 ································ 64
二、寺院诞生后的郎木寺 ······························ 65
三、旅游发展时期的郎木寺 ···························· 72

第四章　郎木寺镇的社会空间解读 ························ 78

第一节　藏族的空间观念与空间想象 ······················ 78
一、空间观念的辨析 ·································· 78
二、四方形与曼陀罗图式 ······························ 79
三、水平空间与垂直空间 ······························ 84
四、色彩中的空间观念 ································ 84
五、日常生活中的空间实践 ···························· 87
六、空间实践中的伦理观念 ···························· 90

第二节　藏区城镇的一般社会空间结构 ···················· 91
一、自然环境因素与城镇社会空间 ······················ 91
二、历史文化与城镇社会空间 ·························· 94

第三节　郎木寺镇社会空间结构与特征 ···················· 104
一、自然因素下的社会空间 ···························· 104
二、文化因素下的社会空间 ···························· 104

第四节　郎木寺镇的建筑空间 …… 116
一、藏区建筑空间主要特征 …… 117
二、郎木寺镇建筑空间及其特征 …… 118

第五章　被游客发现：旅游崛起 …… 130

第一节　从地名到品牌的转变 …… 130
一、传教士的故事 …… 130
二、"墙内开花墙外香" …… 132
三、"东方瑞士" …… 133

第二节　旅游市场结构与特征 …… 133
一、游客属性 …… 133
二、客源市场 …… 134
三、出游目的 …… 135
四、旅游行为 …… 136

第三节　游客对郎木寺旅游的认知 …… 138
一、旅游魅力的认知 …… 138
二、乡土景观环境认知 …… 141

第六章　被利益群体发现：业缘关系增强 …… 144

第一节　传统的业缘关系 …… 144
一、以畜牧业为中心的职业 …… 144
二、传统职业特征 …… 145

第二节　旅游介入下的业缘关系 …… 145
一、内部利益群体 …… 145
二、外部利益群体 …… 150

第三节　居民对郎木寺旅游的认知 …… 151
一、经济发展方面 …… 152
二、社区生活方面 …… 153
三、社会文化方面 …… 154
四、意象空间方面 …… 155

第七章　被政府发现：政策支持 …… 164

第一节　国家宏观政策 …… 164

一、西部大开发 ································· 164
　　二、生态环境保护 ································· 164
　　三、支持藏区发展 ································· 167
　　四、支持旅游发展 ································· 168
第二节　地方政府政策 ································· 168
　　一、甘肃藏区发展 ································· 168
　　二、生态环境保护 ································· 169
　　三、旅游发展政策与行动 ····························· 171
　　四、规划文本中的郎木寺 ····························· 173

第八章　社会关系的演变 ································· 183
第一节　内外关系演变 ································· 183
　　一、游客与僧侣的关系 ······························ 183
　　二、游客与居民的关系 ······························ 184
　　三、游客与商家的关系 ······························ 185
第二节　内部关系演变 ································· 186
　　一、僧侣之间的关系 ································ 186
　　二、居民之间的关系 ································ 187
　　三、商家之间的关系 ································ 188
第三节　交互关系演变 ································· 188
　　一、僧侣与居民的关系 ······························ 188
　　二、僧侣与商家的关系 ······························ 189
　　三、居民与商家的关系 ······························ 189
第四节　社会关系网络 ································· 190
第五节　行为空间分析 ································· 191
　　一、游客的行为空间 ································ 192
　　二、僧侣的行为空间 ································ 199
　　三、居民的行为空间 ································ 200
　　四、商家的行为空间 ································ 201

第九章　三层空间的演变 ································· 204
第一节　宗教空间演变 ································· 204
　　一、宗教空间的旅游开发 ····························· 204

二、宗教空间的商业扩张 ·· 206
　第二节　商业空间演变 ·· 207
　　一、商业空间的扩张与更替 ·· 207
　　二、商业空间的装饰 ·· 210
　第三节　民居空间演变 ·· 214
　　一、民居空间的扩张与退缩 ·· 214
　　二、民居空间的功能转变 ··· 214
　第四节　三层空间演变过程与相互关系 ···································· 215
　　一、旅游开发初期：社会空间有序统一 ······························· 215
　　二、深化开发阶段：社会空间分化裂变 ······························· 216
　　三、成熟开发阶段：旅游空间独立出现 ······························· 216
　　四、三层空间演变差异 ··· 218
　第五节　演变机制分析 ·· 218
　　一、空间利益视角 ··· 218
　　二、供需平衡视角 ··· 220

第十章　社会空间演变的思考与应对 ···································· 223
　第一节　社会空间"消逝" ··· 223
　　一、日常生活的变化 ·· 223
　　二、空间特色模糊缺失 ··· 224
　　三、传统文化的淡化 ·· 225
　　四、传统经济基础的崩溃 ·· 226
　　五、生态与社会环境问题 ·· 227
　第二节　社会空间"整合" ··· 228
　　一、基于意向空间的整合 ·· 228
　　二、基于意境设计的整合 ·· 230
　　三、基于空间秩序的整合 ·· 232
　　四、基于空间管制的整合 ·· 234

参考文献 ·· 239

第一章 导 论

第一节 现象导入：藏区旅游的不断兴起

旅游是拉动需求、促进消费的重要途径。在旅游业逐渐成为我国国民经济和社会发展的重要支柱产业之一的时代背景下，从国家到地方，各级政府及相关机构、组织均将旅游业作为发展重点加以布局规划。但民族地区因其特殊的自然、历史、社会等诸多原因，社会经济发展水平总体相对落后，丰富的旅游资源也无法得到有效开发，这对于缺乏工业化进程及因生态地位显著而被列入国家主体功能区划中的限制开发区与禁止开发区的藏区而言，严重限制了其社会经济的发展。2000年后，随着国家西部大开发战略的实施及对藏区扶持力度的增强，相关部门相继颁布了系列民族地区旅游业发展意见和办法，并在旅游基础设施建设方面给予了较大的政策支持与资金倾斜。随着大众旅游时代的到来，以寻求异质文化体验为主要目的的游客日渐增多，民族地区旅游业发展迎来了发展机遇，获得了良好的发展前景。例如，由新浪网公布的2011年度最聚人气的旅游目的地榜单中，排名前12位中属于民族地区的就达到7处。

2009年是国家西部大开发战略成功实施的第10个年头，西部地区社会经济发展取得骄人成绩，旅游产业也日渐壮大。据官方统计，1999～2008年，西部12省（自治区、直辖市）入境旅游者从438万人次增加到984万人次，增长了125%，年均增长14%；旅游外汇收入从13.6亿美元增加到37.56亿美元，增长了176%，年均增长19%；部分省（自治区、直辖市）的旅游总收入占国内生产总值（gross domestic product，GDP）的比重超过或接近10%。西部旅游快速增长的数据表明旅游已成为实现区域经济发展的重要产业载体。

就藏区而言，近几十年的经济发展，基本上是一个由封闭走向开放、由传统走向现代、由不发达走向发达、由第一产业主导走向以第二与第三产业为主体的缓慢而渐进的区域发展历程。如果以严格的现代产业经济观点去衡量高原的经济发展和产业现状，其发展的总体水平依然较低。以西藏自治区为例，2015年，其地区生产总值合计为1026.39亿元，仅占全国总量的0.15%，人均GDP只有全国平均水平的64.84%。[①] 然而，藏区独特的自然与人文景观蕴含了巨大的旅游魅力与价值，其旅游资源具有丰富多样性、不可替代性、原始神秘性，与我国东部的旅游资源和市场有双重互补性（罗莉，2003），现已经成为我国旅游的热点区域。藏区旅游业与其他传统产业相比具有投资少、见效快、报酬率高的比较优势，旅游业将弥补工业经济发展不足，成为藏区经济和社会发展中最有生机和活力的新的经济增长点。据西藏自治区旅游发展委员会统计，2014年西藏累计接待国内外游客1553万人次，旅游总收入为204亿元；2015年1~9月，西藏接待国内外游客1747万人次，同比增长36%，实现旅游总收入228.53亿元，同比增长39.5%（西藏自治区旅游发展委员会，2015）。2014年青海接待游客2005.78万人次，实现旅游总收入201.9亿元，增长27.3%。2014年四川藏区游客接待量达3670多万人次，旅游总收入为324亿元，目前拥有"藏家乐""牧家乐"和乡村酒店3600多家，带动13万农牧民就业（张忠和张文，2015）。从州一层级来看，1993年云南迪庆藏族自治州旅游发展起步之时，其接待的海内外游客人数仅为1.458万人次，综合收入为400万元；而2014年，其接待游客已达1441万人次，实现旅游业总收入近130亿元，分别约为1993年的1000倍和3000倍。2000~2010年，甘南藏族自治州旅游业总收入从5195万元增加到70 873.4万元（为2010年1~10月总收入），大约增长13倍（表1-1）。再从村一层级来看，甘孜藏族自治州道孚县八美镇雀儿村旅游发展也极为普遍，144户农牧民中已有85户开办藏家乐，户均增收2万多元（张忠和张文，2015）。这些数据表明，旅游业现已成为藏区经济发展的新兴产业和新的经济增长点，是社会经济发展引擎和动力。对于缺少工业化进程的藏区而言，旅游对于加快改变民族地区信息闭塞、交通不便、教育落后、医疗卫生和社会保障体系不健全等诸多不良现状，增强经济发展能力，促进社会文明开放具有重大现实意义。

表1-1 2000~2010年甘南藏族自治州旅游人数及综合收入

年份	海外游客/万人次	同期比/%	国内游客/万人次	同期比/%	旅游综合收入/万元	同期比/%
2000	4.23	65.23	58.6	33.88	5 195	124.26

---

① 数据来源于《2015年西藏自治区国民经济和社会发展统计公报》和《中华人民共和国2015年国民经济和社会发展统计公报》。

续表

年份	海外游客/万人次	同期比/%	国内游客/万人次	同期比/%	旅游综合收入/万元	同期比/%
2001	4.98	17.73	78.82	34.3	8 300	59.8
2002	5.06	1.61	76.9	-2.47	5 463.77	-34.17
2003	3.48	-31.2	56.58	-26.42	793.8	60.95
2004	4.7	35.06	93.88	65.92	1 490	69.44
2005	——	30.81	133.16	41.84	2 510	68.46
2006	8.341	28.13	157.59	16.81	2 940	17.13
2007	16.27	95	172.55	9.5	3 700	25.85
2008	0.15	-53.93	79.49	-96.87	4 100	-62.16
2009	4.37	757	161.2	90	6 030	331
2010（1~10月）	4.44	42	187	23	70 873.4	104

资料来源：由甘南藏族自治州旅游局提供，2005年无海外游客人次数据

旅游业作为藏区的主导产业时，它对藏区经济和社会的影响，可以概括为以下五个方面：①提高经济质量。旅游业的收入与一般产业部门的收入在性质上有所不同，它应被视为一种纯粹的贸易收入。因为藏区的游客主要来自国内其他地区或世界其他国家，这如同在区外市场中赚钱一样。因此，旅游业收入应统计于贸易收入之列。②对其他产业的带动作用。旅游活动将带动一系列、一大批旅游相关产业的发展，如为游客提供吃、住、行服务的旅店业和交通运输业，为游客提供游、购、娱服务的导游业、旅游产品制造与销售业、娱乐业、金融业、通信业等。它们为区域经济提供了新的增长点，并且构成了旅游业产值的基本内容。③创造新的商机和广告效应。旅游业为藏区的一些民族性很强的产品带来新的独特商机。藏区的一些农牧产品原本并不具有广泛的国际市场需求，但当藏区旅游业发展起来时，游客们会因欣赏藏区的独特性而愿品尝或使用藏区的农牧产品。由于藏区的旅游容量较大，这种旅游消费需求也相当大。这不失为一条改变了方式的出口渠道，即以旅游消费来替代出口消费。另外，这种旅游消费将可能在游客中产生真正的爱好者，他们会起到宣传作用，从而成为创造这些产品出口市场的推动力量。④有利于吸引外资。由于有极其良好的发展前景，藏区旅游业将会成为外资进入藏区的一个主要通道。来自国内其他地区与世界其他国家的商业资金，既会投向旅游景点的基础设施建设，也会投向与旅游相关的其他产业，这将使藏区经济在吸收外资方面出现一个崭新的局面。⑤有利于可持续发展。旅游业将成为藏区可持续发展的独特方式；在经

济方面，旅游业发展既具高效益，又保护着自然与人文环境；在社会方面，旅游业发展既能使藏区通过与来自全国和全世界旅客的交往而更快地融入现代文明，又能使藏区自身的传统文明得以传承和复兴。可见旅游业对藏区社会经济发展具有重大意义。

第二节　问题提出：城镇可持续发展状况

　　旅游产业的光环效应和替代效应会导致其示范效应的形成，即旅游产业凭借其低投入、高产出的经济效益优势在西部民族地区逐渐成为重点发展的对象，同时在一定程度上抑制其他低产值产业的发展。当旅游业被当作一项经济产业在民族地区进行全面布局并付诸发展实践时，在相对短暂的时间尺度内，旅游业发展的功利性与社会发展的长远性就不可避免地产生矛盾。不容置疑，民族地区旅游发展的核心资源与竞争力是其独特的自然景观和人文底蕴，旅游产业在保护和弘扬地方性的同时，也因其消费性、大众性而在某种程度上破坏了地方性、原生性。这种负面效应与可持续发展将如何平衡？更为关键的是，旅游业的过激发展会诱导目的地以游客的满意度为参照进行重新生产、分配与交换。旅游发展对目的地可能产生的（如物价上涨、环境污染、社会关系恶化、文化变异等）负面影响也正逐渐显现。

　　以丽江为例，近年来其旅游发展迅速，先后荣获"全球人居环境优秀城市""世界上最令人向往的旅游目的地""地球上最值得光顾的 100 个小城市之一""欧洲人最喜爱的中国旅游城市"等几十项殊荣。但是，目前已出现了过度商业化、民族传统文化大量流失等现象。据调查显示，大量的外来流动人口，给当地的本土文化带来极大冲击，现在的纳西族孩子学母语积极性不高，而开始学四川话和昆明话；传统饮食文化、土特名优、手工艺、民风民俗等在商品经济的充斥下也正面临庸俗化侵蚀，这些现状若得不到有效控制和解决，当下的旅游目的地必将逐渐失去其独特的魅力。商业化气息浓郁，地方面临着社会分异加剧、社会秩序混乱、传统文化流失、生态环境破坏等诸多考验，这些似乎已经成为民族地区旅游发展后其社会的必然响应。因此，民族地区旅游业面临着如何实现其经济价值、文化价值、社会价值（伦理价值）等的多重统一协调发展，这也涉及旅游产业自身及旅游目的地的双重可持续发展问题。

　　从旅游需求角度来看，旅游发展促进地方社会、经济、文化的可持续发展具有促进作用。旅游需求代表着市场话语权，地方表征着独特的地域文脉与精神。旅游开发后，多种类型的旅游需求迅速激增，并持续作用于地方，地方因此得以发展。但在处理两者关系时，民族地区经常出现一味迎合旅游需求的做法。诸如从游客需求的角度进行生产，修建大量的现代建筑、编制众多的旅游发展规划项目，较少优先考虑自身资源特征与文化特色。事实上，旅游需求本身存在较多缺陷：首先，旅游需求具有较强的主观性，并非是完全理性的，若完全顺应其发展，对于地方而言，必然是一个地方性不断遭到侵蚀而逐渐模糊、萎缩的过程。其次，旅游需求具有复杂性与敏感性，地方经济发展不能完全依靠旅游需求。随着全球化进程的加快，区域性问题很容易演变为全球性问题，旅游需求的不稳定性会在被"压缩"的时空中迅速传播，产生放大效应，进而导致经济困顿。

藏区城镇可持续发展具有其独特性。第一，藏区地处高原，气候高寒，生态环境脆弱，在我国主体功能区划中多为禁止开发区域，是我国重要的生态保护屏障。旅游业是促进这些工业经济发展不足、社会经济相对落后的区域发展，推进其现代化进程的重要支柱产业。因此旅游可持续发展将有助于藏区自然生态环境保护，也有利于社会经济发展。第二，藏区多以牧业生产为主，游牧文化历史沉淀深厚，由于对外开放程度较低，文化具有较强的地域特征。近年来，藏区成为生态旅游、民族旅游、文化旅游的重要旅游目的地，游客数量逐年增多，秉持旅游可持续发展的理念并积极作为，可有效控制藏区本土文化原真性的丧失，避免文化冲击下的不利演化进程。

第三节 学术关照：藏区小城镇现有研究

一、社会空间概念的辨析

"社会空间"这一概念最早是由涂尔干（Emile Durkheim）于19世纪末提出的，随着全球化、城市化及后工业化进程的不断加速，社会空间研究逐渐成为社会学、哲学和地理学研究的核心重要领域（姚华松等，2007）。皮埃尔·布迪厄认为社会空间有别于地理空间，其由个人的行动场域组成，由关系建构起来，是"关系的系统"（Bourdieu，1989）。然而场域并非静止的空间，是"一个争夺的空间，这些争夺旨在继续或变更场域中这些力量的构型"（布迪厄和华康德，2004）。Lefebvre（1991）从"空间生产"这一角度深入剖析了社会空间的内涵，认为城市的空间组织和形式是特定资本主义生产方式的产物，并得出"（社会的）空间是（社会的）产物"的结论。克莱尔（1991）对城市空间的理解包含了大量社会空间的色彩，认为其"是一种复杂的经济、社会现象和社会过程，是在特定的地理环境和一定的社会历史发展阶段中，人类的各种活动与自然因素相互作用的综合结果，是人们通过各种方式去认识、感知并反映城市整体的意向总体"。Johnston等（2000）在其《人文地理词典》一书中将社会空间定义为"社会群体使用并感知的空间"。卡斯特（2003）将空间界定为社会的表现（expression），甚至空间自身就是社会，"空间的形式与过程由整体社会结构的动态所塑造"。Gottdiener和Hutchison（2011）认为社会空间概念强调的是空间的社会意义、社会因素与空间因素的相互作用。纵览西方学术界对"社会空间"概念的使用情况，王晓磊（2010）概括出四种主流解释，分别为社会群体居住的地理区域、个人对空间的主观感受或在空间中的社会关系、个人在社会中的位置、人类实践活动生成的生存区域。社会与空间的辩证统一，使得社会性与空间性的结合受到重视。Lefebvre（1979）认为空间不仅被社会关系支持，也生产社会关系和被社会关系所生产，即空间在生产的同时，也生产着社会关系。Harvey（1973）在Lefebvre的基础上进一步提出，"空间和空间的政治组织体现了各种社会关系，但又反过来作用于这些关系"。Dear和Wolch（1989）进一步指出，社会关系形成社会空间，社会关系受限于社会空间，社会空间调解社会关系。

国内学者结合国外研究，对社会空间内涵也进行了积极探讨，总体形成两种类型。第一种为空间现象派，通过空间构成解析社会空间内涵。张鸿雁（2005）将"社会空间"定义为"人的认知、活动与生存的物质与非物质空间"，其实是将空间划分为物质空间和非物质空间，所谓的物质空间即物理空间，由建筑空间、道路空间、广场空间、绿化空间等所组成；非物质空间为社会现象所占据的空间，如居住空间、休闲空间、公共空间等。也有学者指出社会空间是一种有别于"自然空间"和"精神空间"的空间形式。第二种为空间关系派，以社会关系为线索揭示社会空间内涵。唐巴特尔（2002）将社会空间本质概括为人的社会关系和人的活动的社会结构。谢舜（2005）更为直接地提出了社会关系空间，即居民之间的社会互动及由此形成的社会关系的性质和范围。通过分析空间背后的社会意义、塑造空间的社会动力及空间与社会的辩证关系来研究社会是社会空间研究的根本目的（张品，2012）。可见，社会关系作为社会空间的重要内容，其变化必然导致主体行为方式的变化，进而引发社会空间的变化。同时，社会空间正是由于特定时间内人在其社会行为活动过程中所缔结的社会关系在空间上的映射而得以体现，并获取某种存在意义。因此，社会空间的演变在较大程度上是社会关系变化的客观结果，如城市绅士化、郊区化、边缘化、空间极化与隔离等现象都是某种主导性社会关系由于某种原因无法延续或存在而产生的。

事实上，两种观点侧重点不同，空间现象派重在阐释社会空间的构成、分布、范围、特征等，而空间关系派则更加强调社会空间形成的过程与机制。

二、城镇社会空间研究

城镇是中国社会经济各项事业发展的载体和依托。自改革开放以来，尤其在1990年以后，随着社会、经济、政治等体制的不断改革，社会经济发展迎来新局面，但我国城镇发展正处在一个大变革的时代，社会问题复杂，存在如城乡差距、就业差异、收入差异、居住分异、文化冲突、性别歧视、环境污染、犯罪等诸多问题。在全球化、区域化等政治经济因素及信息化等技术因素的不断推动下，以城镇为主体的社会空间面临着结构的变化、调整甚至重构，社会空间体系结构亟待完善。20世纪60年代，西方社会在经历战后恢复发展和建设后，又陷入经济停滞不前、社会极化加剧、社会不公平日趋严重等系列社会问题中，社会矛盾冲突较多。在此背景下，在理论研究领域，一场以人文地理学空间概念的"社会转向"和社会学中的"空间转向"为特征的理论变革逐渐兴起。"社会空间"视角是当代西方社会科学"转向"的标志之一，这一新的视角不仅把空间因素和社会因素视为同等重要，还把空间因素作为一个独立的分析因素引入了城市研究，开辟了新的研究领域（司敏，2004），进而成为当代西方一种重要的城市问题研究思路。这种新生的理论视角重点关注城市空间的"差异和不平衡模式"，力图阐释激烈的空间变动背后的社会驱动机制，并透过空间的维度，解释当代社会变迁的新特征和新问题（林顺利等，2010）。这为我国城镇社会空间结构的研究提供了重要的理论借鉴，也为我国城镇建设发展提供了重要的指导建议。

（一）研究历史

国外关于城市社会空间的研究可以追溯到19世纪Engels对Manchester社会居住空间模式的研究。20世纪初，西方的城市社会空间结构研究逐渐兴起，最先以芝加哥学派的帕克、伯吉斯和麦肯齐等为代表。他们运用人类生态学和城市生态学的理论，对城市社区、种族集聚、城市犯罪、阶层和居住分异等问题作了初步研究，并运用人类生态学方法构建起城市空间结构的三大经典模型及演变模式。1949年，美国社会学家史域奇和威廉斯在《洛杉矶的社会区》一书中进行了社会区的研究。20世纪60年代后，受计量革命的冲击，许多数量统计方法逐渐被引入城市空间的研究中，定量化的因子分析和聚类分析被广泛使用。同时，实证主义、人本主义、结构主义等哲学思潮的涌现，扩展了城市社会空间结构的研究视角。20世纪70年代，生态学派、新古典主义学派、行为学派兴起，并成为城市社会空间结构研究的主流，其后新马克思主义学派和新韦伯主义学派成为主流的学说。20世纪80年代后，文化回归的思潮使得文化价值分析、伦理分析、情感分析等非物质的分析方法引入了对城市社会空间结构的解释。20世纪后期，在人本主义思潮的影响下，不同学者开始运用时间地理学的方法进行居民出行和社会空间的研究，体现出一种人文关怀，不断关注人们的购物、休闲空间和生活质量（王开泳等，2005）。

我国学术界真正对社会空间结构问题进行研究并引起重视，始于20世纪80年代末期。虞蔚（1986）定性地分析了上海中心城区社会空间的特点、形成条件及与城市规划的关系，此后，许学强、郑静等以广州为例进行了社会空间结构研究。20世纪90年代中期以后，随着数据采集和获得的优化，新的研究不断涌现出来，柴彦威（1996）、顾朝林和克斯特洛德（1997）、吴启焰和崔功豪（1999）、冯健和周一星（2003）等运用多方法、多视角，分别针对兰州、北京、南京等大城市进行了实证研究。近年来，由于学术界的重视，此类研究日益丰富并趋于成熟。

（二）研究内容

城市内部空间结构是在一定的经济、社会背景和基本发展动力下，综合了人口变化、经济职能分布变化及社会空间类型等要素而形成的复合性城市地域形式（冯健，2005a）。城市社会空间结构研究即分析此地域范围内的社会问题和空间行动，揭示城市中社会组织和社会运行的时空过程和时空特征（易峥等，2003）。目前国内关于城市社会空间结构研究主要以大城市（北京、上海、广州、南京、深圳、兰州等）的社会区（居住区、商业区、娱乐区、开发区）、城中村、老城区、边缘区（郊区）、外来人口聚居区等为对象，重点探析城镇社会空间分异与演化、社会极化与隔离等诸多动态变化过程，以及由此带来的种种影响。具体而言城市社会空间结构主要涉及社会区分异研究（许学强，1989；顾朝林等，2003；庞瑞秋等，2008）、居住空间分异研究（柴彦威，1996；吴启焰，2001；宋伟轩和朱喜钢，2009）、郊区/边缘区"隔离破碎化"研究（周婕和王静文，2002；魏立华和闫小培，2006a；楚静等，2011）。此外，还有学者对城市绅士化的过程（朱喜钢等，2004）、"后社会主义城市"社会空间分异（李志刚等，2006）、商业性娱乐场所的社会空间（余向洋和王兴中，2003）及历史时期城镇社会空间（王均和祝功武，1999；赵世瑜和周尚意，2001；刘海岩，2006；魏立华等，2008；黄晓军等，2010；宋伟轩等，2011）做了探讨，这些研究侧重于对城市社会空间分异的种种表现及特征的描述。

1. 理论基础及研究学派

城市社会空间结构一直是现代西方城市社会地理学研究的主要内容之一，在第二次世界大战后获得长足发展。在长期的发展过程中，西方城市社会空间结构的研究形成了诸多流派，包括：①景观学派，把城市实体景观作为理解城市地域的首要问题；②社会生态学派，认为不同社会集团在各种人类活动竞争中出现有空间特色的结构，其代表为芝加哥学派；③区位论学派，比较典型的如杜能的农业区位论；④行为学派，注重人的行为对空间的决定作用；⑤结构主义学派，关注空间现象背后所隐含的政治、经济体制；⑥时间地理学派，注重围绕各种制约条件，在时空轴上连续地反映人类活动对城市空间结构的影响（顾朝林和宋国臣，2001）。

2. 影响因素及机制研究

影响我国城市社会空间结构的因素很多，有学者将其归结为制度因素。譬如，殷洁等（2005）认为制度转型带来了政治、经济和社会领域的巨大变革，作为空间载体的城市也处于剧烈的转型、重组之中，分权化、市场化和全球化成为影响、支配中国城市空间结构演化的内在动力。魏立华和丛艳国（2006）认为"自利性"的城市户籍制度并未消亡，仍具有强大的惯性，是社会排斥、社会阶层分化乃至社会居住隔离的重要制度性因素。

也有学者将其归结为经济因素，王慧（2007）以西安市为例，认为新经济会在全球、区域、城市之间、城市内部等层面加剧经济、社会的空间极化；陈浩等（2010）以昆明市为例，认为昆明世界园艺博览会对城市社会结构产生了重大的影响，诱发了社会植入过程，使得事件后期的社会空间演化呈现出"变异性"与"植入性"特征。此外，还有学者认为开发区作为城市经济社会发展的重要极核，越来越多地影响和改变着城市的经济社会活动和空间结构，已成为强化凸显当代中国城市经济与社会空间极化演变的机制之一。

在经济信息全球化的潮流下，随着各种要素流动的增多和速度的加快，影响城镇社会空间结构的因素也越来越综合、复杂。周婕和王静文（2002）认为促使城市边缘区社会空间演进的动力机制主要有：城市社会经济的发展（内在动力）、国家政策（直接推动力）、边缘区的区位优势（内在拉力）。杨上广

(2005a)认为我国大城市社会空间结构重构与分异演变的原因主要包括国家意识形态、个体居住选择和开发商市场行为等。付磊和唐子来(2009)从能动者和结构两个层面对上海社会空间结构的演化机制进行解析。

针对国外城市社会空间的影响因素,许学强等(2001)认为主要存在三点:①社会经济状况,涉及居民的职业、收入、受教育程度、居住条件等;②家庭状况,涉及家庭人口规模、婚姻状况、性别构成和年龄构成;③种族状况,不同少数民族的家庭在居住区位选择上有同族相聚和异族排斥的行为倾向。杨上广和王春兰(2007)立足社会空间演变的个体选择理论、社会空间演变的制度学派理论、社会空间演变的新马克思主义学派理论和社会空间演变的政府管治理论综合研究了国外城市社会空间演变的动力机制。

3. 社会空间结构演变的影响研究

城市社会空间由于其内外部环境的不断变化,因此处于持续的分异、演变等过程中,就一定时期而言,在有限的空间地域尺度范围内,这种演变会产生一系列或积极或消极的影响及效应。杨上广(2005b)概括了大城市社会空间结构演变负效应,主要包括居住隔离、空间剥夺、阶层矛盾、公共空间的漠视。余佳和丁金宏(2007)就大都市居住空间分异现象指出居住空间的集聚和隔离既有正面效应,也蕴含着负面风险,其重点分析了基础设施等公共产品供给的空间差异对城市不同空间群体的影响,以此为基础提出了混合居住模式。马学广等(2010)认为城市大规模拆迁是一个城市空间极化与空间隔离的再生产过程,城市再开发(尤其是拆迁环节)过程中,被破坏的不仅是具有连续性的归依情感,而且还包括了原居民建立在亲缘、地缘和人缘基础上传统的赖以生存的社会网络,更为严重的是耗竭了他们唯一赖以生存的根基。张鸿雁(2005)从空间属性角度,认为随着当代中国城市社会结构的高速变迁,城市中越来越多空间被商业化和私有化了,直接导致私有性空间的增多和公共性空间的减少,这必然会带来城市居民交流、运动的场所的减少,进而影响居民生活质量的提高。

(三)研究方法

城市社会空间研究的方法主要有两种:一是"自上而下"的方法,通常选取大量的社会、经济、住房等指标,利用因子生态分析、聚类分析等技术来研究城市整体的社会空间分异,其中因子生态分析概括性地描述了城市社会现象在地域上所呈现出的复杂形式,因而成为被普遍接受的量度城市社会空间差异的有效手段(Pacione, 2001)。二是"自下而上"的方法,建立在对个体居民（或家庭）的问卷调查基础上，试图通过个体居民（或家庭）的生活轨迹来理解城市社会空间的演进过程和机制。社会区分析是"自下而上"方法中的重点，是城市社会地理学最基本的方法之一，主要从街道层面的人口普查数据入手，亦有从居委会层面的人口普查数据入手（魏立华等，2007）。在此分类体系之外，社会福利分析方法也日渐成为研究城市内部空间，尤其是生活质量的一个重要方法，这一分析方法注重城市内部生活质量的变化，关注"剥夺和劣势的地理学"，得出了"城市共同的趋势是剥夺的累积型分布"及"在贫困的空间分布上高度重叠，导致了'多重剥夺'地区的出现"的结论（诺克斯和平奇，2005）。总之，随着城市社会地理学科的不断完善，研究方法也将愈加丰富，因子生态分析方法、时间地理学分析方法、感应地图及各种计量统计方法将逐渐被引进，定性与定量研究也将逐渐融合。

（四）研究趋势

纵观国内关于城市社会空间结构的研究，在地域尺度上已从传统的邻里、社区和社会区域的研究逐渐发展到居住空间、社区分异、感应空间和生活活动空间研究（王开泳等，2005），这些研究中最有代表性的是王兴中（2009）对城市生活质量空间、商业娱乐场所研究，以及柴彦威等（2008）、柴彦威（2010，2014）对消费行为空间、老年人活动空间研究。在时间尺度上，转型期间的研究成果较多，这主要因为随着土地使用政策的改变、住房市场化进程的加速，原有计划经济和单位制度所形成的"平均效应"面临瓦解，中国城市正处于从计划经济时期的"均衡状态"向"混合经济"的转型过程中，旧的社会空间类型不断被解构，新的社会空间类型又不断出现，此方面的研究主要是对北京、上海、广州等地的实证研究（李志刚等，2006；周春山等，2006；冯健和周一星，2008）。

三、藏区的相关研究

（一）藏区的民族学与人类学研究

藏族和基于藏族宗教的藏学研究近年来被越来越多的学者所关注。20 世纪以来对于藏族的研究，更多是基于藏区和藏民族的地域特殊性、宗教特殊性。近 30 年以来，随着我国西部大开发战略的深入实施和国家支持藏区经济发展政策的实施，广大藏族地区社会经济面貌都发生了翻天覆地的变化，社会生活大幅度改善的同时，整个社会结构内部正在经历着巨大的变迁。而藏族是我国多民族的重要构成部分，具有其独特的历史文化传统，因此藏区社会结构的探析对于促进民族地区社会和谐具有现实意义。

综观目前国内外发表的关于西藏研究的文献，大多集中在历史、文化、宗教、语言、艺术、与中央政权的关系、西藏与印度的关系等领域，其中基于地缘政治的研究占了很大部分（马戎，1997）。早期国内对于藏区的研究主要以历史地理文献为主，且数量不多，对于藏族地区研究的关注程度亦不及国外学者；当然国外学者对于藏区的热切关注在很大程度上是出于殖民时期的政治目的。言心哲先生在1946年如是说，"以往国人对于边疆社会的情形，真是太忽视了……关于新疆及外蒙古的情形，我们要请教于俄国人，关于西藏的情形，恐怕要请教于英国人才清楚"（俞湘文，1947）。顾颉刚先生发起的以研究边疆历史为主的禹贡学会及其会刊《禹贡》（半月刊）多刊载中国边疆历史地理类的文章，其中关于藏族研究的学术论著则多是翻译外国学者的研究成果。从20世纪30年代开始，才有了针对藏族地区的田野调查，这和我国乡村田野调查的起步较晚是直接相关的。而这些调查则主要集中在卫藏和安多等地区，诸如西康、玉树和夏河等，主要通过对西藏社会及其制度的研究而切入（刘志扬，2006a）。根据刘志扬对于《中国藏学史》研究的整理，早期我国对于西藏的研究主要有蔡元本的《青海蒙藏旗族暨各寺院喇嘛调查》、沈与白的《西藏社会调查记》、冯云山的《西康各县志实际调查》、马鹤天的《西北考察记：拉卜楞一览》等。此时国内学者对于藏区的研究调查普遍缺乏理论支撑及研究框架和分析，主要以叙述为主，且多参照国外学者的研究。到20世纪40年代，在内忧外患的背景下，国内学者开始充分认识到边疆地区的重要性，学者们开始纷纷关注少数民族边疆地区。例如，李安宅、于式玉、任乃强、俞湘文等人开始进入甘青川藏区进行考察，这一时期的研究已经不再是简单的描述和叙述，而是建立在明确的问题意识和理论支撑的基础之上的。

新中国成立以后到20世纪五六十年代，国内对于藏区的研究主要始于民族识别工作，着重运用辩证唯物主义和历史唯物主义手段来反映藏区社会现状，主要成果有西南民族学院民族研究所的《草地藏族调查材料》（1984年）、四川省社会科学院出版社的《四川省甘孜州藏族社会历史调查》（1985年）和《四川省阿坝藏族羌族自治州藏族历史社会调查》（1985年）、西藏社会历史调查资料丛刊编辑组的《藏族社会历史调查》（1987~1989年）等，这一时期的研究围绕着新生政权，具有强烈的政治导向。

改革开放以来，藏学研究及针对藏族地区的研究逐渐成为国内外民族人类学研究领域的热点区域。以藏学为研究平台的学术交流不断增多,在研究中不断引入诸如社会学、人类学、经济学、地理学、政治学等相互交叉的学科研究方法和理论体系。研究范围不再拘泥于历史考证和现状描述,时空结合的尺度和范围使得藏学及藏区研究学术视野进一步拓展,研究成果丰硕。国家对于藏区的政策倾斜和资金支持使得更加深入和规模化的藏族社会研究成为可能。藏学逐渐发展成为一门独立的学科。20世纪80年代至20世纪90年代的藏学研究则主要集中在藏语言、宗教和历史地理方面,基于民族学和人类学的研究成果相对较少。20世纪90年代以后基于人类学、民族学相对综合的研究开始受到重视,研究更加侧重于西藏社会结构和社会文化变迁的研究。主要成果有格勒等编著的《藏北牧民——西藏那曲地区社会历史调查》(1993年)、中国藏学研究中心社会经济研究所的《西藏家庭四十年变迁——西藏百户家庭调查报告》(1996年)、北京大学社会学人类学研究所与中国藏学研究中心的合作项目"西藏社会发展研究"(1997年)等。以上成果均采用了社会学定量分析方法和人类学的参与观察方法相结合的研究手段,客观具体地描述和分析了民主改革前到20世纪90年代中期半个世纪西藏社会的变迁。

20世纪90年代以来的20多年间,随着社会学研究的不断发展,研究手段开始变得更加综合多样。伴随地理学、行为学等学科的交叉,国内对于少数民族地区的研究不再是单纯的描述和分析,而是将结合了民族学、人类学、地理学、区域经济学等学科的综合研究手段运用到微观社区研究中。在藏族社区研究领域具有代表性的研究成果就是费孝通先生的学生——徐平教授以西藏日喀则江孜县帕拉庄园(班觉伦布村)为研究对象,结合社会学和人类学的调查方法进行的长期深入的研究,其著作《活在喜马拉雅:写真西藏》(1999年)和《西藏农民的生活——帕拉村半个世纪的变迁》(2000年)以农奴制时代的社区生活、民主改革、改革开放等时间节点为主线,通过定性和定量的方法阐述了西藏农村的物质、精神生活和宗教习俗,全面深入地分析了藏族乡村社区的结构和面貌,将变迁的过程很清晰地展现出来。中山大学人类学博士刘志扬(2006b)以拉萨市娘热乡娘热谷地为研究对象,其著作《乡土西藏文化传统的选择与重构》从生活空间历史、亲属关系、社会组织、产业与生计、饮食与习俗、旅游与文化演替、宗教观念等方面分析和解构了班觉伦布村半个世纪以来的社会文化变迁历程,最后提出了在外力推动下藏族乡村社会的文化重构与社会发展策略。中国藏学研究中心的丹增伦珠在其博士论文《布达拉宫下的"雪村"》中对拉萨市的"雪村"进行了深入的微观研究。我国台湾清华大学朱文惠(2002)以云南西县塔城乡其宗村为例进行田野调查,研究了藏传佛教寺院与当地农牧村的共生关系模式。此外，中央民族大学的郝亚明（2004）、鲁艳（2009）等分别以拉萨某一社区为例进行微观深入研究，探寻内力、外力对社区变迁的影响和文化传承。西北师范大学郝文渊（2009）以甘肃肃南藏族社区为例探寻制度与政策影响下的藏区牧业社区变迁。

总之，21世纪以来，针对少数民族区域的研究主要的发展趋势为：在国家对少数民族地区资金和政策支持的背景下，多以应用性研究课题为载体，致力于通过分析少数民族地区现状和存在的问题及其推动机制来协调经济社会发展和实现国家长治久安的目标。从研究范式来看，研究多在田野调查的基础之上，结合多个相关学科的研究范式与方法，越来越多地运用定量的数理分析和定性分析相结合的手段，更加注重从微观层面来研究问题的实质和内部结构特征。

（二）藏区发展模式与城镇化研究

随着国家西部大开发战略的逐渐推进，以及中央对藏区发展的高度重视，有关藏区发展模式和城镇化的研究开始吸引一批地理与城市研究学者的关注。

1. 藏区发展模式

关于藏区的发展，一直存在两种争论。尽管这两种思路都不否定藏区的现代化和"富民强区"目标，但在具体的产业选择和目标重点方面存在较大的争议。

一种思路是力挺藏区工业化，以政府部门或具有政府背景的研究机构及部分学者为主。他们认为"无工不富"，藏区的现代化绕不开传统的工业化——资源开发导向型的工业化发展道路。在国土规划中大胆提出在藏区实现工业化的思路，认为工业化进程来自于农业的发展与支持，农业现代化是工业现代化的基础，工业化是经济发展的必然选择。他们根据高原现实经济和社会发展状况分析认为，高原传统农牧业基础十分脆弱，地方财政收入甚微，每年需要依靠大量来自中央政府的财政补贴，依靠农牧业难以维持高原长远的快速发展。而发展旅游业又受交通、通信等基础条件的严重限制，培植其他新兴产业还受高原的人力、科技水平和财力等制约。从区域比较优势看，在高原重点区域完全具有发展特色现代工业的优越条件，只要正确把握高原工业发展的总体思路，制定出合适的战略目标，明确总体发展方向，进行有效的区域工业布局，协调好高原各个产业之间的相互关系，完全有可能实现高原重点区域的主要工业健康而又持续的发展。在此基础上，提出了在高原重点区域应大力发展以钢铁、铁合金、有色、黄金为主的冶金工业，以盐化和油气化工为主的化学工业，满足高原内部需要的建材工业，以及具有一定基础的机电、轻纺和藏民族手工业（沈镭，2000）。相应的研究还提出了高原工业发展的区域分工和布局战略：①川滇藏接壤地区成为以铜、铅、锌、锂、金等金属和水能资源为主的原材料和水电能源生产基地；②柴达木盆地成为全国重要的石油天然气开采和石化加工业、盐化工工业生产基地；③河湟谷地成为以钢和钢材、有色金属冶炼、机电设备制造、建材和藏东北农副产品加工为主的高原综合工业生产基地；④藏南谷地成为全国重要的铬铁矿、湖盐采选生产基地和藏南农牧副产品加工业生产基地（赵建安，2000）。

另一种思路则对资源开发导向型的工业化道路提出坚决的批判和反对。温军（2001）认为这种发展战略存在三大问题：一是资源开发导向型工业化的传统现代化战略是难以持续的低效益经济；二是不利于缩小城乡发展差距；三是未能体现出区域经济发展的多样化特征。胡鞍钢和温军（2001）指出，国际经验表明实行资源开发导向型工业化的国家和地区及资源禀赋较高的国家和地区实际人均GDP增长率要比自然资源贫乏而人力资本富裕的国家慢得多，这是因为资源型产品需求弹性低，易受到外部市场需求变化冲击影响，加之资源开发易造成严重的环境污染和破坏，使其经济增长存在诸多不稳定性，同时也不利于其他产业部门提高出口竞争力。这种发展战略不仅使得这些国家和地区的生态环境遭到了前所未有的污染破坏，而且还造成了这些国家和地区民族文化生态的破坏及民族文化多样性的丧失。胡鞍钢和温军（2001）详细探讨了这种发展战略对藏区所造成的不利影响和一些不可逆的损失，如对国家投资的过分依赖、国有经济比重过高、工业企业普遍亏损、城乡收入差距拉大、人类发展指数低下、生态环境的巨大破坏及民族文化独特性的丧失等。温军和施祖麟（2000）也提出了不同于传统资源开发导向型的新型发展战略，认为藏区应立足于农牧业来寻求区域经济成长的再生之路，藏区经济发展就在于农牧业及其相关产业的发展，未来应围绕农牧业及其相关产业的发展，构筑推动区域经济发展的产业结构体系。

与以上观点相近的有王文长（2001）的研究，其并不绝对地反对工业化，而是提出了不同于传统的资源开发导向型的工业化发展道路，即藏区经济发展过程中的工业发展，主要表现为开发区间的工业发展，即主要依靠其他地区常规工业发展提供的技术装备实现对本区产业技术构成的改造，表现为农牧业、服务业等第一、第三产业现代技术含量的增加，而不是表现为藏区产业结构中工业比重的增大。从藏区经济发展整体来看，工业化的重点应侧重开发条件下工业技术对农牧业的技术改造。

樊杰（2000）也对近年来青藏地区的发展方式进行了重新审视，指出了青藏地区存在的诸多问题，揭示了为了促进青藏地区的发展，国家一直在资金、人力、技术和物资等方面给予青藏地区大力支持。反过来看，青藏地区过去和未来的发展都对国家的扶持具有很强的依赖性，这同我国其他广大地区的发展道路是不同的。在樊杰的研究中，提出了青藏地区的宏观发展战略，即以提高人民生活水平为目标的"富民"开发战略、经济与生态协调、经济与社会文化协调的发展战略、对发达地区的协作战略和对国外的开放战略；并将构筑青藏地区特色经济系统作为可持续发展的核心内容，分别探讨了支撑特色经济体系的3个支柱产业系列，即以旅游为主体的文化产业系列、绿色生态和特色农牧业系列、以民族工业和当地土特产品加工业为主的轻纺工业系列。

2. 藏区城镇化研究

目前关于藏区城镇的研究主要集中在藏区城镇化问题上，因为藏区的城镇化受自然地理环境、社会历史环境等因素影响，不同于内地的城镇化，在当前我国大力推进城镇化建设的浪潮中得到了诸多学者的关注。

1）关于藏区城镇化现状的研究。蒋彬（2002）、蒋彬和白珍（2004）从自然基础条件、社会经济制度、工业化水平、经济发展水平、城乡人口流动政策、思想观念等方面分析了四川藏区城镇化滞后的原因，并分析和揭示了四川藏区城镇化的不同类型及其形成途径。沈茂英（2010a）从人口城镇化角度研究了四川藏区城镇化面临的约束。建红英（2012）从人口流动、空间转移、产业转型等多个层面考察了阿坝藏族羌族自治州城镇化进程中的历史、现象、本质、问题、对策。李粲（2013）对西藏的城镇化现状进行了分析，认为西藏的城镇化与内地不同，其发展要素有非城镇化的特性，并提出西藏城镇化应采取"非城镇化"为主的经济发展路线和本土区域特有的城镇化路径。王生荣等（2013）、王生荣和李巍（2014a，2014b，2014c）分别从人地关系、制度创新、新型城镇化、城镇化与产业关系等角度，以甘南藏族自治州为例，探讨了少数民族生态脆弱的城镇化问题。

2）关于特色城镇化发展模式。李优树等（2013）以康定县为例，通过SWOT分析系统梳理了藏区城镇化进程中存在的优势、劣势、机遇和威胁，据此提出了针对我国藏区因地制宜的城镇化发展模式：以交通网络带为依托，以生态景观带为保障，以发展高原特色中小城市为主导，立足资源优势，壮大支柱产业。丁波和李雪萍（2014）借鉴费孝通小城镇建设思想为四川藏区城镇化提出了一些对策。沈茂英和杨萍（2015）提出了川西北藏区城镇发展的多点多极支撑战略。李雪萍和丁波（2015a）以甘孜县为例探索了藏区新型城镇化发展路径：注重发展自身特色，发展以旅游业为主的高原特色经济，不断完善公共服务设施和发展绿色城镇等,并总结出藏区"自上而下"和"自下而上"的二元城镇化动力结构。

3)城镇化与文化保护、变迁研究。蒋彬(2003,2005)考察了居民宗教活动变迁和更庆镇城镇化进程对文化变迁的影响,提出城镇化进程的加速推进必然导致传统文化的全方位变迁,甚至产生文化失调和文化冲突。马桂芳(2015)探讨了新常态下青海藏区城镇化与传统文化保护利用的关系。

4)藏区城镇规划研究。学者多从城市规划、旅游规划角度出发,结合藏区城镇的自然本底、生态环境、历史文化和民族传统等,探索如何保持、塑造特色城镇,如萨嘎县加加镇、甘孜州德格县等。此外,在旅游规划方面,杨振之和李玉琴(2002)以四川和云南藏区为例,高珊珊等(2010)以甘南藏族自治州为例,分别探讨了西部大开发背景下我国藏区的旅游城镇规划、建设与民族文化保护的关系问题。李巍(2005)在分析藏区的独特性和当前所面临的挑战的基础上,从基础研究、战略研究、专题研究三个方面构建藏区旅游概念性规划研究的主体框架。程华(2009)引入中国古典美学关于意境的理论,从意境创构视角入手,利用心理学、建筑学、美学、哲学、城市规划学的一些研究方法,结合旅游规划实践,针对郎木寺镇提出用于指导旅游规划意境设计的模式和方法。李得发(2013)以郎木寺镇为例,从构建和谐人居环境的角度出发,对郎木寺镇区乡土景观结构、问题及成因进行了系统分析和解读,为景观规划和设计提供了借鉴。

(三)藏区城镇社会空间研究

由于藏区城镇化水平有限,关于城镇社会空间的研究较少,但在一些旅游发展较快的地区,已经出现了一定的社会空间问题,如社会空间分异等。刘润(2012)研究了甘南藏族自治州郎木寺镇在旅游凝视需求导向下的城镇社会空间演变,具体分为朝观需求对宗教空间、探访需求对民居空间、消费需求对商业空间的影响。刘润等(2013)以郎木寺镇为例,从多元经济形态出发,阐述了牧业经济、寺院经济与服务经济对城镇商业空间结构的影响,并基于经济形态间相互作用探讨了商业空间结构的演变机制。刘润等(2014)基于社会关系视角对郎木寺镇的社会空间演化进行了详细研究,发现社会关系变化对传统社会空间(宗教空间、民居空间和商业空间)具有显著影响。郭志合(2015)以拉卜楞镇为例,详细阐述了藏区"围寺而商"类型城镇的发展模式:拉卜楞寺的兴建,催生了塔哇和丛拉;僧侣、信众、回汉商人的聚居形成了以拉卜楞寺为中心的各族商人共同行商的网络格局。

社会空间演化是一个动态过程，具有较强的内稳性和连续性。在当今时代发展背景下，现代化进程是造成社会空间演变的基本背景和根本驱动。旅游作为现代化进程的重要载体，是我国民族地区发展社会经济、实现现代化的重要产业支撑，其往往伴随着市场化、城镇化，甚至全球化等多种外部力量，由此带来显著的社会流动。藏区城镇多少具有了流动中城镇的角色。对于社会生态极为脆弱的民族地区而言，这必将引发社会空间的迅速变迁。不难发现，旅游开发已日渐成为影响社会空间的重要力量。然而，当前关于旅游引发的社会空间研究相对较少，保继刚和邱继勤（2006）以旅游小企业为研究视角，分析了旅游开发对阳朔西街经营环境、社区观念及交往模式等的影响。王哲和胡晓（2009）论述了旅游开发对普达措国家公园内落茸村的生活空间影响（建筑和服饰为代表的文化载体变化）、生产空间影响（冲击传统的半农半牧生活方式）和依存空间影响（信仰削弱，周遭环境改变）。吴爱华（2011）以鄂西神农溪景区罗坪村为例，认为旅游业的发展直接促进了一些业缘和地缘组织的形成，如旅游协会、旅游管理处、纤夫业缘群体、摊主业缘群体等。对于旅游引致的藏区城镇社会空间演变的研究更少。

当前，在全球化、城镇化和市场化的新发展背景下，旅游业在藏区社会发展中的地位急剧上升，相关利益主体不断增多，原有社会空间在经济利益的驱使下正迅速演变，面临着多重嬗变：从物质空间层面延伸至社会关系、社会结构维度。任何区域在轻度干扰状态下的自演化均属正常现象，无法避免，但针对旅游开发导致的过激变化应急需予以关注。短时间内的迅速变化必将产生诸多社会不适应，较多的社会矛盾和争端也就无法避免。事实上，城镇社会空间结构的合理有序也是一个地区旅游可持续发展的重要指标，探讨旅游开发背景下的藏区城镇社会空间演变有助于：①优化整合城镇社会空间结构，为政府部门合理调整旅游发展过程中产生的诸多社会空间问题提供参考和借鉴；②研究藏区旅游城镇发展的合理模式与对策，指导藏区民族城镇旅游的持续稳定、有序健康发展；③深入揭示旅游利益群体之间的社会关系及其变化的过程，为正确处理各种社会关系提供依据；④正确看待旅游发展与社会空间变迁的关系。

第四节 主要理论基础

一、文化生态学：社会空间演变的文化环境

文化生态是伴随着科学主义与人文主义由对立走向融合的趋势而发展起

来的，其以把握文化生成与文化环境的内在联系为主要使命（冯天瑜，1990）。1955年美国著名人类学家斯图尔德在其《文化变化理论：多线性变革的方法》一书中最早明确提出了"文化生态学"的观点，其认为人类在适应不同的生态环境时，文化也将会呈现出不同的生态现象。反过来，不同文化下的生态环境也各不相同。美国建筑学教授拉普卜特在其1977年的《城市形态的人文方面》一书中曾就人类与环境的相互关系进行了深入的阐释：城市空间中物质环境的变化与其他人文环境（如社会、心理、宗教、习俗等）的变化存在相关性。人与环境在人类学与生态学意义上的复合关系构成了影响地理环境的一系列"规则"（rules）。

社会空间的演变主要源自于文化生态环境的变化。旅游促使不同类型文化融合，推动目的地文化变迁。我国社会学家林耀华（1997）指出："所谓文化变迁，简单地说，就是指或由于民族社会内部的发展，或由于不同民族间的接触而引起的一个民族文化系统，从内容到结构、模式、风格的变化。"一般认为促使文化变迁的原因主要有：第一，由社会内部变化引起，包括民族社会自身的政治、经济、文化结构的变化；第二，外在的自然环境及社会文化环境的变化，如人口迁徙、政治制度的改变、与其他民族的接触等。美国著名社会学家奥格本（Ogbum）认为社会变迁主要是文化的变迁，导致文化变迁的因素主要包括四个方面：发明、积累、传播和调适（张娜，2007）。发明是指发明新的文化形式，积累是指有效用的文化形式的存在，二者是社会变迁的两个最重要因素。一般发明越多文化积累越大，社会发展的速度也就会越快。旅游业的快速发展，促进了文化的传播，增强了不同文化之间的相互融合与调适，进而推动着社会的变迁。

二、旅游凝视：社会空间演变的旅游驱动

法国思想家福柯（Foucault）最早提出"医学凝视"的概念，其认为"凝视"是凝视动作的实施主体施加于承受客体的一种作用力。受福柯的启示，1990年厄里（Urry）在其著作《旅游凝视——当代社会的休闲与旅游业》（*The Tourist Gaze: Leisure and Travel in Contemporary Societies*）首次创造性地提出了"游客凝视"（tourist gaze）的概念。厄里认为"游客凝视"是旅游体验中最根本的视觉特性，是旅游欲求、旅游动机和旅游行为融合并抽象化的结果，是游客对地方（place）的一种作用力（刘丹萍，2008）。厄里的旅游凝视理论主要包括：①旅游凝视具有"反向的生活"性、支配性、变化性、符号性、社会性和

不平等性质，旅游凝视具有浪漫主义的、集体主义的、观望的、环境的、人类学的等类型（表1-2）；②旅游凝视与摄影的关系密切，摄影是游客凝视的有形化和具体化，摄影是一种被社会性地建构的观看和记录方式；③旅游凝视对旅游目的地社会产生了深刻而广泛的影响，旅游地因旅游者的到访而被消费，可能引起旅游地文化发生所谓"舞台化"、表演化倾向，并使旅游地在时间上和空间上被重构，其结果就是该地被地方社会性地重构（social restructuring）。④在全球化背景下，一种"旅游业的反思"（tourism reflexivity）正在逐步成形，各个地方开始有目的地开发自身的物质与符号性资源，不再是作为旅游凝视的受体被动地顺应旅游开发，在"骚动的世界秩序中定位自己"（刘丹萍，2007）。

表1-2 旅游凝视的类型

类型	特征	说明
浪漫的	孤独的、持续不变的沉浸，以及幻想、敬畏、灵韵相关的凝视	多是中产阶级，热衷于欣赏自然界奇观。常称为"traveller"，如自助旅游、背包客、探险旅游等
集体主义的	共同体行动，一系列的短暂相逢，凝视常见的东西	多是工人阶级（或称产业工人阶层），喜欢集体狂欢的方式，如海滨度假地
观望的	共同体行动，一系列的短暂相逢，走马观花、收集不同的符号	大众旅游，全包价旅游
环境的	集体的组织，持续不变的和说教的扫视（以便做调查和指导）	绿色旅游
人类学的	孤独的、持续沉浸的扫视，以及积极的阐释	人类学家

资料来源：刘丹萍（2007）

三、空间生产：社会空间演变的空间政治

何为空间？空间作为一种"具体的抽象"，既是社会活动的结果—具体化—产物，又是社会活动的手段—预设—生产者（刘怀玉，2006）。空间具有何种特性？空间是政治的、意识形态的，充斥着各种意识形态（Lefebvre，1976）。传统技术统治论者多将空间视为纯粹的科学对象，忽略了空间所具有的社会关系、社会过程与结构。Soja（2005）批判：空间既是客观的又是主观的，是实在的又是隐喻的，是社会生活的媒质又是它的产物，是活跃的当下环境又是创造性的先决条件，是经验的又是理论化的，是工具性的、策略性的又是本质性的。

空间如何被占用？资本主义未灭亡是因其生产方式在空间上的无限扩张性与自我突破性，资本主义发现自己有能力淡化自己一个世纪以来的种种内部矛盾：占有空间并生产空间（Lefebvre，1976）。空间被资本化，一切空间要素都

被纳入资本生产的逻辑并成为资本生产的直接手段（庄友刚，2012；庄友刚和仇善章，2013；杨芬，2012），空间作为一个整体进入了现代资本主义生产模式，被用来生产剩余价值（包亚明，2002），其手段主要是通过官僚（国家）控制的集体消费、在多层面上对中心和边缘进行区分、将国家的权力强行注入日常生活（苏贾，2004）。事实上，资本主义通过对空间的占有和生产化解矛盾的做法并不是解决矛盾与各类危机的根本性做法，每一段时间的经济危机就是有力的证明。

何为空间生产？空间生产本质是一种生产方式（Lefebvre，1991），即"空间被社会行为/资本开发、设计、使用和改造的全过程"（Lefebvre，1991；Harvey，1978）。空间的生产与物品的生产不同之处在于，空间的生产属于某些特定的团体，它们占有空间是为了管理它、利用它（Lefebvre，1976）。学者庄友刚（2012）更具哲学化地认为空间生产是一种特殊类型的物质生产，广义上指自然的"人化"，狭义上是人按照自身需求创造空间产品的活动过程。叶超等（2011）认为城市空间生产是"资本、权力和阶级等政治经济要素和力量对城市的重新塑造，从而使城市空间成为其介质和产物的过程"。空间生产在语义上与空间重构、建设或置换等词具有显著差异：空间生产更强调在现代城市发展中，空间如同商品一般被分割、区分、开发、建设、装饰、销售，具有较强的主观目的性，空间重构、建设或置换虽也能反映出空间的变化，但并不能凸显空间的商品化、产品化趋势，也无法反映出隐含在空间变化过程中利益主体之间的生产关系。

空间生产始于何时？空间生产是特定发展阶段的产物。"空间的生产，在概念上与实际上是最近才出现的，主要是表现在具有一定历史性的城市的急速扩张、社会的普遍都市化及空间性组织的问题等各方面"。现代社会中的生产已经由"空间中物的生产"或者说空间中的生产（production in space）转变为空间的生产（production of space），即生产空间本身（包亚明，2002）。

空间生产内容为何？空间生产是一类空间功能与空间关系不断被有目的地生产出来的社会实践活动。①空间功能的生产，即形成以特定功能为主导的地理单元，如生产功能、消费功能。空间功能的生产是空间生产中相对基础、明显的部分。②空间关系的生产。空间不仅是物质的存在，更是社会关系的容器（Lefebvre，1991），生产着社会关系和被社会关系生产着（包亚明，2002），空间生产涉及政府、开发商、相关组织协会、经营者、社区居民等多元利益主体，是不同空间利益主体之间利益关系调整的过程。空间生产的结果"再现了支配的城市政治、经济与文化领导权"（何艳玲，2008）。空间关系的生产是空间生产中相对隐蔽的部分，为此，甚至有学者指出：空间生产根本上可以归结为社会关系再生产（Zhuang，2010）。

列斐伏尔主张通过三种元素检验社会的主要空间特征：第一，空间实践（spatial practice），指在特定社会的空间中实践活动发生的方式，包含生产和再生产及每一类社会形态的独特场所和空间属性。空间实践可确保连续性与某种程度的凝聚，在社会空间和给予社会空间的每种社会关系中，这种凝聚暗含着一种具有保障的竞争水平与独特水准的表现。第二，空间的表征（representation of space）即概念化的空间（conceptualized space），指特定社会描述或构思空间的方式，既与生产关系紧密相连，又与受这些关系影响的"秩序"紧密联系，因而也就与知识、符号、代码和"前沿的"关系有关。因此，也是科学家、规划师、城市规划专家、技术专家、社会工程师和具有科学爱好的艺术家的空间。第三，表征的空间（representational spaces），充满了各类复杂的象征，这种象征或被编码，或没有，其与社会生活的隐秘相关，也与艺术相连（可能最终更多被定义为表征空间的代码而非空间的符码）（Lefebvre，1991）。既是"居民"和"使用者"的空间，也是一些艺术家、作家和哲学家的空间。空间生产理论颠覆了历史唯物主义的基本假设，创立了空间性－历史性－社会性的三维辩证关系。

四、城市意象："他者"眼中的社会空间

城市意象即由于周围环境对居民的影响而使居民产生的对周围环境的直接或间接的经验认识空间，是人的大脑通过想象可以回忆出来的印象，也是居民头脑中的"主观环境"空间（顾朝林和宋国臣，2001）。心理学家认为人脑中存在的特定空间的"地图"是其实现空间感知（方位感知、环境感知）的重要依据。凯文·林奇（Kevin Lynch）是被公认的最早对认知地图进行系统研究的学者，在其《城市意象》（The Image of the city）一书中，首次提出了5类城市意象的构成元素：道路（path）、边界（border）、区域（district）、节点（node）和标志物（landmark），并为城市意象空间研究提出了一套完整的调查和研究方法。此后，对城市意象和城市空间感知的研究不断增多，国外研究中以Appleyard（1970）关于城市居民感知草图类型的研究成果最为突出，William（2002）加强了对不同社会阶层人群的城市意象研究。我国地理学界于20世纪80年代引入了国外关于感应与行为地理学的论著，研究人员提出城市意象是由市民个人所接受的稳定的城市结构，出现了运用照片辨认和认知地图调查等方法对广州、北京、大连、兰州等城市的意象空间结构及构成要素进行深入研究的代表性成

果（李郇和许学强，1993；冯健，2005b；李雪铭和李建宏，2006；张新红等，2010）。20世纪70年代初，随着城市旅游的兴起，城市意象地图方法逐渐被引入旅游领域（Chon，1990），并从意象的类型、构成要素、影响因素和空间认知过程等方面初步探讨了旅游地意象空间（Jenkins and Walmsley，1991）。其中，Reynolds是最早将意象应用于旅游研究的学者（Dadgostar and Isotalo，1992）。国内学者的研究在近年来兴起，研究人员同样借助照片选取和意象草图的方法分析旅游地意象空间结构和要素特征（蒋志杰等，2004；田逢军和沙润，2008；尹郑刚等，2010）。同时，开始重视旅游意象在旅游规划中的重要性（王红和胡世荣，2007；范文艺，2010；徐美等，2012）。随着国内外学者运用空间感知的相关理论与方法，对城市和旅游地进行具体的意象空间分析，为研究区域的规划、建设与发展提供了较为可靠的依据和指导。

第五节　研究思路与案例

一、研究思路

本书在传统关于社会空间研究的理论成果的基础上，更加偏向将"社会空间"理解为各类社会主体之间所形成的社会关系的结果，因此尝试借助社会关系来解释社会空间形成与演化的内在机制。在西部大开发战略的重大战略背景下，很多藏区城镇由于缺乏有效的工业化支撑，纷纷将旅游业作为加快城镇化发展的重要载体。旅游业的发展，极大促进了大量外来人流、物流、信息流在传统相对封闭且社会生态相对脆弱的藏区城镇中广泛流动，其结果必然引起旅游地社会空间结构的演变与重构。关注藏区还有一点重要的原因，藏区社会空间发育于特有的社会、经济、文化背景下，具有较强的独特性。对此类城镇社会空间进行研究对于丰富社会空间类型和特征研究具有重要意义，解读旅游发展背景下此类独特社会空间的演变发展对于同类民族地区今后发展具有一定的指导意义。

在此思路的指导下，本书内容大体分为四个部分。第一部分（第二章）对郎木寺镇的自然地理环境、历史文化环境、社会经济生活做了详尽分析，并探讨了宗教与郎木寺镇的紧密关系，即寺院成就了郎木寺镇，没有寺院则没有城镇，这为第四章阐述宗教空间在郎木寺镇社会空间中占据重要地位和产生重要影响埋下了铺垫。第二部分（第三章和第四章）从藏族一般的社会空间观念出发，解析在独特的自然、社会、经济、文化背景下所形成的关于图式、方位的空间认知，这是构建社会空间的重要观念基础。在空间认知的基础上，进一步对郎木寺镇的一般社会空间结构进行了较为全面的解读；此外，对社会空间重要构成的建筑空间也从建筑学、文化地理学的角度进行了微观探析。第三部分（第五章~第九章）对郎木寺镇社会空间的形成与演变进行了重点探讨，首先分析了旅游开发对相关利益主体的吸引，尤其是游客、居民、政府等主要社会主体对于郎木寺镇旅游发展的态度与行为的变化；其次，基于旅游开发后不同利益主体之间关系的变化剖析社会空间的演变；最后，从社会空间功能的角度进一步分析了社会空间的演变，并概括出旅游开发后郎木寺镇社会空间形成的动力、机制。第四部分（第十章）基于日常生活、空间特色、传统文化、传统经济基础、生态与社会环境方面对当前郎木寺城镇社会空间的演变进行了反思，并据此从意向空间、意境设计、空间秩序、空间管制的角度提出了社会空间整合的相应对策。

二、研究案例

郎木寺镇是藏区脆弱生态环境与独特地域文化的一个典型代表，选取其作为研究对象旨在通过对西部藏区城镇社会经济发展的反思，探析旅游开发之后西部藏区城镇社会空间结构的总体变化和发展趋势。曾有人提出这样的质疑：郎木寺镇乃弹丸之地，在如此小尺度的环境下能否产生社会空间的分异与演化？事实上，社会空间结构研究的焦点应该不在于地域范围的大小，而在于问题的集中程度。有些区域处于均质、相对平衡的状态，微观的统计分析无法深入揭示其隐含的内在区域规律性特征，需扩大研究尺度。有些区域范围虽小，但综合了历史、文化、宗教、民族、环境等多种复杂问题，且具有较大的社会开放性、流通性，其内部传统文化要素在不断接受外来文化的考验。文化之间的相互渗透、融合，市场经济的不断驱动，加剧了此类区域社会空间的再生长，其被影响、被改变的可能比大尺度区域大。如何保持理性可持续发展的思路，实现传统的延续、发展，实现传统与现代的共生，不仅是此类区域社会发展的重大问题，也是西部民族地区发展过程中应得到重视的问题。

20世纪80年代以来，郎木寺镇中心区呈现出了不同于以往的商品经济的繁荣，神性的宗教、宁静的民风和商业的追求在现实中不断交融，郎木寺镇正经历着巨变。郎木寺镇旅游开发，带来大量外来文化，在宏观上构成了外来文化与本地文化间的最大旅游凝视。文化之于心理、心理之于行为、行为之于环境，这些过程均在迅速、大量地发生着，而其他藏区城镇也不排除正在迅速、大量地复制着这些过程。郎木寺镇的传统社会空间正面临着前所未有的挑战，即原有以宗法、血缘为纽带的空间正逐步嬗变，这种嬗变的激烈程度和社会可接受的程度是衡量目的地社会可持续发展的重要指标。这不仅是一个区域发展问题，也是一个学术研究者所应尽到的基本学术关照问题，从这一层面上说，郎木寺镇不是一个孤独的城镇，而是一类区域。但目前关于社会空间研究大多停留在大中城市层面，对于民族地区城镇的研究较少，据笔者理解，此类区域的研究应综合人类学、宗教学、社会学、民族学等诸多学科，深入剖析，才能探析清楚其内在机理与规律，理顺符合此类区域社会经济良性发展的道路，服务地方社会。

第二章 郎木寺镇的基本概况

第一节 自然地理环境

一、独特的地理区位

郎木寺镇为甘肃省甘南藏族自治州碌曲县南部的小镇,地理位置为北纬34°05′,东经102°38′,地处西倾山支脉郭尔莽梁北麓的白龙江(又称为藏曲河)畔,青藏高原东部边缘,属于安多藏区。据藏族史籍《安多政教史》记载:自通天河之色吾河谷,北逾巴颜喀拉山,其东麓有阿庆冈嘉雪山与多拉山,据说由于摘取这两座山峰之名的首字,合并起来把自此以下的区域称为'安多'(智观巴·贡却乎丹巴绕吉,1989)。安多藏区包括青海的果洛藏族自治州、海西蒙古族藏族自治州、海南藏族自治州、海北藏族自治州、黄南藏族自治州;甘肃的甘南藏族自治州、天祝藏族自治县;四川的阿坝藏族羌族自治州等地。

独特的地理区位赋予了郎木寺镇优良的交通区位。郎木寺镇被两大湿地和两大山脉包围——西南侧为玛曲湿地和松潘湿地,东面为岷山和迭山。因此,郎木寺镇成为四川北上甘南、青海的天然通道,也是兰州去往九寨沟、成都的必经之地。目前,213国道和313省道穿境而过,在西、北分别与碌曲县尕海、拉仁关乡相接,东南与四川省若尔盖县红星乡比邻,距离碌曲县城84km,距离甘南藏族自治州府合作市165km,距甘肃省会兰州467km(图2-1)。白龙江从纳摩大峡谷流出,穿镇而过,白龙江西北属甘肃省管辖,即郎木寺镇;白龙江的东南侧由四川省阿坝州红星乡管辖,为纳木寺镇。郎木寺镇所在的甘南藏区自古以来就是中原地区通往青、藏及川北的交通要道,是内地与边疆联结的纽带,古时就有"南番中心"之称,也是藏区与内地联系通道上的重要门户和枢纽站之一。

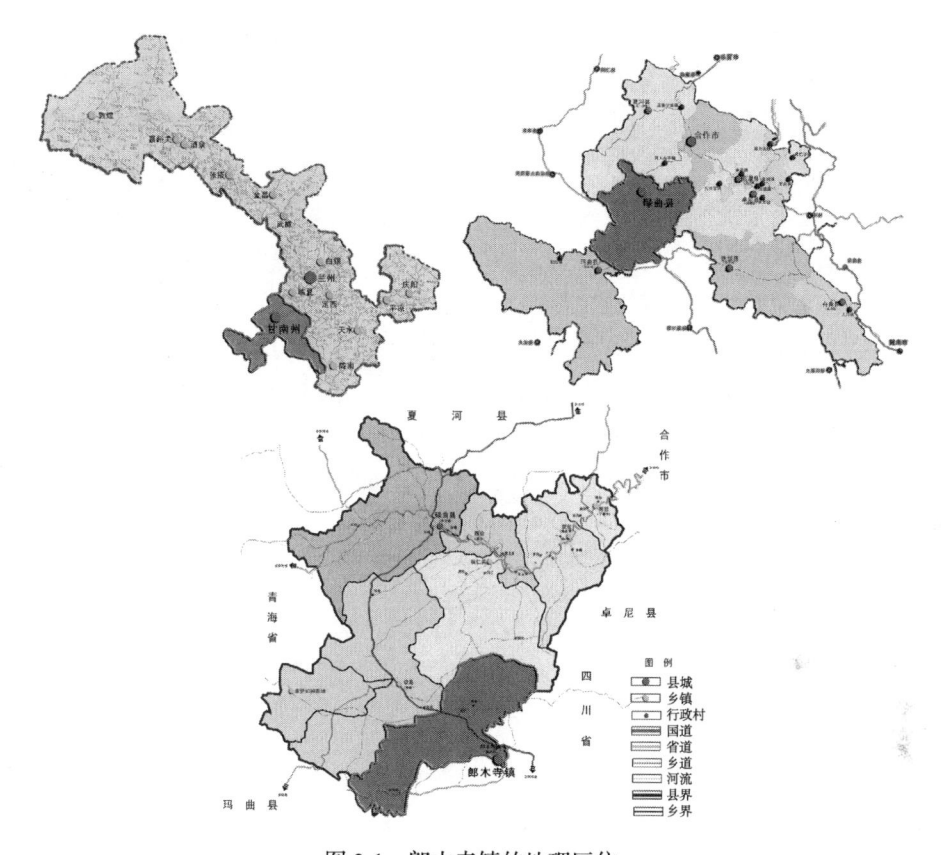

图 2-1　郎木寺镇的地理区位

从文化区位上看，郎木寺镇地处藏汉文化交流的前缘区和农耕文化、游牧文化的交汇区，属于由汉地中原文化、印度佛教文化、雪域高原的本教文化和其他文化因子融合而成的藏族文化圈，是汉藏过渡区域多民族文化的交汇融合区。郎木寺镇所在的甘南藏族自治州在藏区有着十分重要的地位，也是藏文化的发祥地之一，素有"卫藏尼哇"（第二西藏）之称，历史上曾经是甘、青、川藏区经济、文化、商贸和宗教活动的中心。费孝通先生曾经指出从甘肃南部一直到西藏察隅、珞隅的横断山区，存在着许多"分而未化、融而未和"的藏彝民族走廊，宋代以后这个民族走廊已经重组为汉、藏两大文化板块的分水岭。甘南正居于这条民族走廊东端的藏族聚居区，自古以来就为汉藏交界的前锋地区。历史上，吐谷浑、吐蕃王朝、唃厮啰、党项羌等一些少数民族政权和中央王朝的势力都一度延伸于此，为这里的社会、历史、文化发展书写了重要篇章（丁莉霞，2010a）。

从旅游区位上看，甘南藏族自治州在我国旅游区划中属于西北旅游大区甘肃旅游亚区的东线旅游区，处在我国西北旅游大区、西南旅游大区和青藏高原旅游大区的交接地带，是我国丝绸之路旅游线与大香格里拉旅游线的交汇点，也是兰州—临夏—甘南—九寨黄金旅游线路上的重要旅游目的地和中转点；在甘肃省旅游发展空间格局中，甘南藏族自治州为甘肃青海藏族旅游协作区和甘肃南部、川北旅游协作区的核心区域。在此优越的旅游区位下，郎木寺镇作为游客进出甘川的门户，是大九寨旅游热线上的重要节点城镇和甘川交接区的重要门户城镇。此外，郎木寺镇距离周边旅游景区较近，且资源组合状况良好，周围方圆300km内有尕海－则岔国家级自然保护区、西仓寺院、李恰如天池、玛曲黄河首曲和吉木都塘草原风景区、迭部扎尕那风景区和腊子口战役遗址、夏河拉卜楞寺和桑科草原风景区、卓尼大峪沟和禅定寺、临潭莲花山和冶海、和政滴珠山和松鸣岩国家级森林公园、广河齐家文化遗址、定西贵清山国家级森林公园等众多景区（点）。

二、典型的高原环境

（一）地质地貌

郎木寺镇位于秦岭南支——南秦岭加里东海西褶皱带，主要岩石有千枚岩、板岩、页岩、砂岩、灰岩、砾岩及侏罗纪煤岩。由于地质的长期作用，境内山峦重叠，岭峻谷深，沟壑纵横，发育了众多的支沟沟道，其地表水多产自于浅层的基岩裂隙，此外在相对形成的向斜构造地，充填了新生代古近纪/新近纪红层和第四纪黄土及近代松散沉积物。郎木寺镇地势较高，大部分地区海拔在3480m以上，地势南北高、中间低，南北部分别为郭尔莽梁和阿尼库合山，中部为开阔的草滩和沼泽地。

（二）气候特征

郎木寺镇属大陆性气候区，气候特征表现为高寒、湿润、光照丰富，雨量充沛，长冬无夏，春秋短暂，水热同季，全年有霜，温差大，灾害多。

郎木寺镇多年平均气温为1.2℃，极端最高气温为27.2℃，极端最低气温为-26.4℃，全年没有绝对无霜期。年均日照时数为2395.9小时，多雹、雷、风天气。按照平均气温10～21.9℃为春秋季、≤10.0℃为冬季、≥22℃为夏季的划分标准，郎木寺镇冬季长达315天，春秋仅有50天，境内长冬无夏，春秋相连。全年50%的降水集中在7～9月，平均降水量为391.8mm（表2-1）。

表2-1　郎木寺镇多年平均气温、降水量表

项目	1月	2月	3月	4月	5月	6月	7月	8月	9月	10月	11月	12月	全年
气温/℃	-9.1	-7.1	-2.2	2.3	5.7	8.3	10.5	10.3	6.6	-1.6	-4.6	-8.2	1.2
降水/mm	5.0	8.4	24.0	48.4	95.4	91.4	156.6	143.7	134.8	61.0	11.1	1.9	781.8

资料来源：根据碌曲统计资料整理

（三）水资源

郎木寺镇水资源较为丰富，镇域内主要河流有白龙江、黑河及其支流等。白龙江在郎木寺镇境内流经长度为14km，流域面积为81km^2，多年平均流量为1.3m^3/s，多年平均径流量为0.411亿m^3，河流经过处植被良好，河流输沙量较小。

黑河发源于四川省若尔盖县，流经郎木寺镇尕尔娘村，境内河段长度为27km，多年平均径流量为10.6亿m^3，多年平均流量为33.6m^3/s，结冰期为4个月，流域面积为111km^2。

境内还有少量的支流河及泉水，泉水主要为第四系下降泉，水质清洌、异常甘甜，自古不涸。更有奇妙之处：六月酷暑，水凉如冰；隆冬数九，白气蒸腾，泉不结冰。因此，藏民将其称为"神泉"，是碌曲县众泉之首。

（四）生物资源

生物资源主要为高寒生物区系，种类比较单一。郎木寺镇境内优质牧草以禾本科占优势，有老芒麦、垂穗披碱草、披碱草、麦宾草、垂穗鹅冠草、多变鹅冠草、肃草、蔺状早熟禾、中华早熟禾、冷地早熟禾、草地早熟禾、硬质早熟禾、紫羊茅、中华羊茅、洽草、黏糠草、羊草、赖草、芨芨草、藏异燕麦、密生苔草、黑褐苔、糙喙苔、矮蒿草、线叶蒿草、四川蒿草、禾叶蒿草、甘肃蒿草、蔗草、甘草、野豌豆、天兰苜蓿、多花黄芪、球花缪草等。木本植物主要有云杉、冷杉、圆柏和桦树等，主要分布在镇区寺院后山上及白龙江河谷地带。家养动物有牦牛、黄牛、犏雌牛、藏羊、河曲马、蕨麻猪和藏獒等。野生动物有苏门羚、黄羊、蓝马鸡、淡腹雪鸡、天鹅、甘肃马鹿、麝、旱獭、猞猁、藏原羚等，出产麝香、牛黄、虫草及大黄、秦、羌活、贝母等中药材，且资源丰富。

三、隐秘的山林格局

郎木寺镇处地空灵，山水相依，宛若仙境。白龙江（长江最大支流嘉陵

江的源头）流经郎木寺镇全境，逆江而上，经过红石崖便可到达郎木寺镇区。郎木寺镇呈狭长形分布于白龙江谷地，其四周环拱着桑吉拉木色山、曲布玛山、扎布山、念青山、斜玛山。郎木寺院缘山而建，山坡上尽显油绿的草场、翠绿的云杉和苍劲的柏树，形成了山河相间、草场林地相连、民居寺院相依的环境格局，有人曾形象地称这种独特的空间格局为"腰缠玉带，金盆养鱼"。"腰缠玉带"指的是白龙江像一条玉带缠绕在西北的山脚下，从半山到山脚下寺院佛塔，房屋建筑依次排开。"金盆养鱼"指的是整体的山势地貌。寺前的山，形似僧帽，寺东红色砂砾岩壁高峙，寺西石峰高峻挺拔，北面是岩石裸露的高山，郎木寺正处在这山丘合围的一片狭长的河谷地上，金碧辉煌（图2-2）。

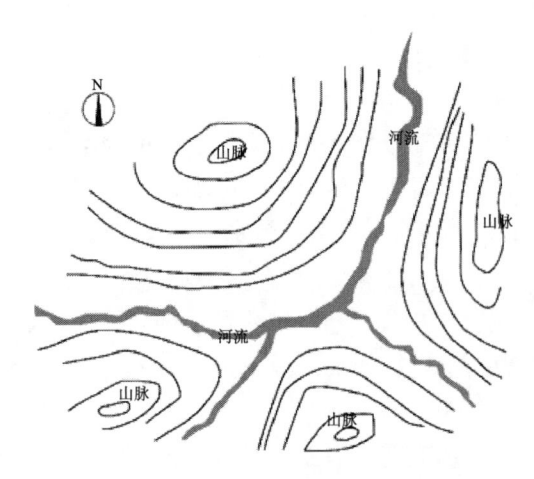

图 2-2 郎木寺的山林格局示意图

而郎木寺镇则以草地、林地为主。根据2009年碌曲县第二次土地调查数据，郎木寺镇总面积为 60 774.14hm^2，其中草地面积占绝对优势，为 59 727.94hm^2，占全镇土地面积的 98.28%；林地面积为 427.65hm^2，占 0.70%；交通运输用地面积 91.28hm^2，占 0.15%；水域及水利设施用地 97.08hm^2，占 0.16%；城镇村及工矿用地 205.89hm^2，占 0.34%；其他土地 224.3hm^2，占 0.37%（表 2-2）。

表2-2 郎木寺镇土地分类统计表 （单位：hm^2）

行政区域	耕地	林地	草地	交通运输用地	水域及水利设施用地	其他土地	城镇村及工矿用地
碌曲县	2954.7	44 791.58	376 613.07	713.34	4 068.63	3 765.71	1 391.04
郎木寺		427.65	59 727.94	91.28	97.08	224.3	205.89

资料来源：根据郎木寺镇政府提供资料整理

四、藏式的乡土景观

乡土景观是包含土地及土地上的城镇、聚落、民居、寺庙等在内的地域综合体，这种乡土景观反映了人与自然、人与人、人与神之间的关系（俞孔坚，2004）。在大的乡土景观分区上，郎木寺镇主要有由自然生态、宗教人文、传统聚落、城镇风貌组成的四个景观风貌区，并形成三种景观意象，即以郎木寺院为核心呈现出藏传佛教文化的"佛陀"意象，以传统民居聚落和现代城镇聚落为核心呈现出人本生活氛围的"人居"意象，以周边自然要素为核心呈现出"山水禅意，草木佛心"的"自然"意象（图2-3）。这三种景观意象分别对应了郎木寺镇乡土景观的内容构成和空间构成，它们鲜明的特征使郎木寺镇具有较强的"可识别性"和"可印象性"，并最终形成能被大多数人所认知、理解的"公众意象"。

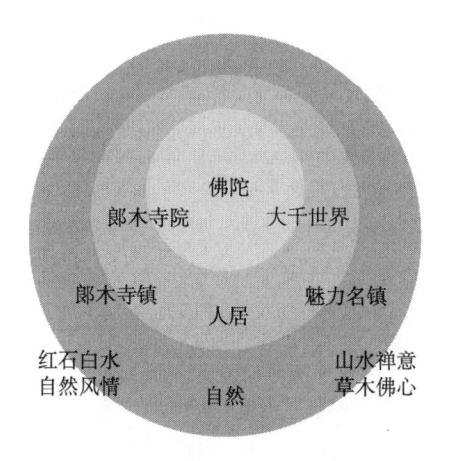

图 2-3 郎木寺镇乡土景观意象
资料来源：李得发（2013）

在具体乡土景观构成上，郎木寺镇乡土景观与藏区高原独特的气候环境紧密相关，形成了特色鲜明的帐房、塌板房、色彩绚丽的建筑群落等。郎木寺镇乡土景观的形成受藏传佛教影响深远，具有鲜明宗教意义的白塔、转经筒、水磨坊、风雨桥、煨桑台、插箭台、玛尼堆、风马旗等特色景观标志。这些乡土景观融合自然特性、民俗特性、宗教特性等于一体，类型各异，相互交织构成一套独具魅力的景观视觉符号，折射出郎木寺镇浓郁的宗教氛围与地域文化精神。

第二节　历史文化环境

一、神奇的历史传说

"郎木寺"（藏语 lhamo）作为汉语地名最早出现于 1935 年 8 月红军长征时的一份电文，其中共出现了 3 次。20 世纪 50 年代初，西北野战军根据藏语标注在军用地图上也写郎木寺。然而"郎木寺"的名称及其所指代的地方有着神奇的传说。

郎木寺所在地本称"章吉"，1748 年 3 月，坚赞桑盖尊者同河南蒙旗亲王丹津旺舒克一起动身前往江岔热水泉一带考察寺址，当到达"郎木"地方时，据传尊者的坐骑在现寺址上突然卧倒不走了，经查此地称"章吉"，意"三咀之间"，故寺址就定在此地（牛宏，2000）。后来"章吉"被"郎木"取代。传说很久以前，北山林中窜出一只母虎，盘踞在红石崖山洞。人们遂称红石崖为"达仓"（或德仓），藏语意为"虎穴"之意。离达仓不远处有一座秀丽的小山，山麓前有一洞穴，内有一天然岩石，形似仙女，藏语称为"郎木"，即"吉祥天母""仙女"之意（图 2-4）。《安多政教史》中记载："该处确有老虎之窝，由于山神们的神变，老虎对有情众生危害很大。水虎（壬寅）年，苟什德·丹巴拉卜吉来到这里，把山神当作坐骑而降伏了它们，在石崖之上留下了脚痕，开启了胜乐洞之门"（智观巴·贡却乎丹巴绕吉，1989）。自从"章吉"出现"达仓"，发现"郎木"后，人们就用"达仓郎木"代称"章吉"这个地名了，这一地名在安多藏区广为流传和使用，且历史悠久，简称"郎木"。关于"天母"还有一种说法，即最早启开这处圣地之门者为东科·云丹嘉措，撰有《圣地记》并赐予授记，认为此处乃二十四圣地之一，吉祥天母现显居住，故而得名"达合仓郎姆"。

图 2-4　虎穴仙女洞

另有认为,"郎木"是藏语的发音,全称为"噶丹协珠白噶尔卓委林",意为"在兜率天讲修白莲而获解脱的圣地",此地被称为是莲花生大师降服妖魔之地。传说,这里风光奇秀,却一度被猛兽妖魔占据而充斥着污秽和邪恶。莲花大师降服了猛兽妖魔,弘扬佛法。此后有很多高僧在此修法。直到,金刚持一世赛赤活佛莅临此地,察看风水,把寺院建在了有东南北三股清泉、大白伞盖佛母神山东面、大黑鹏鸟护法神山内侧、乌孜护法神山左侧、圆润宝砂之怀。

除了名字由来的传说,还有很多山、石、水、木相关的传说。神居峡谷是白龙江的发源地,藏民将其视为神仙居住的地方。峡谷风光奇秀,却一度被猛兽妖魔占据,充满污秽和邪恶。一天启明星升起,自然而鸣的海螺响于群峰之间,莲花生大师飞来降妖伏魔,开启了圣地之门,让幽禁在石洞中的吉祥仙女显现形体,以慈悲调服猛虎,引来了各方高僧喇嘛修持作法,抑恶扬善的阳光普照众生。峡谷内有座石灰岩溶洞,必须弯身才能钻进去,据说干过坏事、作恶多端的世人进不去。溶洞里面宽敞,可以站立行走,在里端最高处,钟乳岩石如一尊坐着的石佛,外观酷似仙女模样,藏民称为"吉祥天母",经常前来磕头跪拜、祈求平安。进到洞里的人,喜欢用钟乳石上的滴水洗头、洗脸,并在一块光滑的石头上来回摩擦全身,这样就能消灾祛病。洞中还有个"中阴洞",钻入这个洞内再出来,就可以脱胎换骨。溶洞的外面岩壁上,有一眼眼睛泉,缓缓渗出的神水,洗眼可治眼疾、保护眼睛、不得眼病,且更加明亮(邱兴银,2013)。

关于白龙江的传说。传说从前这一带树林茂密,鸟语花香,是野生动物的王国。有一年,山谷之间突然地火升腾,浓烟四起,无数生灵惨遭涂炭,在林边岩洞中修行的千年白龙欲前往求助,不料身子被卡在岩洞中无法施展,急得白龙咆哮不止。望着无数鲜活的生命在眼前消失,白龙不禁流下了无奈而痛苦的眼泪。然而,就是这串串的眼泪冲破岩石化作泉水。扑灭地火,拯救了生灵,从此再也没有间断过。后来人们为了纪念白龙,将从岩石地缝里流出的泉水称为白龙江,这些泉眼就是白龙江的源头。至今在四川境内的神居峡谷,茂密的树林边还有传说中白龙的住所,藏语称为周康,意为龙洞,源头的水在四川境内1公里多的流程,藏语称为乃溪,意为圣水。

二、多元的民族文化

白龙江在此将甘肃和四川分割开来,北岸为甘肃碌曲县的郎木寺镇,南岸为四川若尔盖县的纳木镇。弹丸之地的郎木寺镇融有藏族、回族、东乡族、撒拉族、保安族、白族、汉族等多个民族，不同的民族有着各自的传统与民俗。

不同的民族有着不同的宗教信仰。镇区有三座寺院，两大藏传佛教寺院（甘肃境内的郎木寺和四川境内的达仓格尔底寺）和一个逊尼派清真寺（图2-5）。清真寺的宣礼塔与藏传佛教寺院的佛塔相映成趣，每天寺庙早祷的钟声敲响的时候也是清真寺晨礼呼唤"班克"的时辰，"班克"声与早祷的钟声此起彼伏。藏传佛教寺院、清真寺和谐依存，藏民、回民、汉民相互尊重，转经、做礼拜，各自用不同的方式传达执著的信仰，过着平静安详的幸福日子。

图 2-5　三座寺院

作家孙泓洁（2007）在郎木寺不禁感慨："金顶的寺庙、红门的僧房、高大的殿堂，悠扬的梵唱，经商的汉民、修行的僧人、游牧的牧民、转经的藏民，还有戴白帽披纱巾的回民，人与自然、人与宗教和谐融于郎木寺的山水之中。"作家许晖（2007）同样惊喜地发现："这就是郎木寺，我理想中的和平之邦；它小小的，却印证了一切人类和平相处的黄金铁律：宽容、并存、互利。藏族、回族、汉族、撒拉族，全部和谐地相依一地。哪有什么'少数民族'，所有的人都是平等的。"

三、厚重的宗教文化

郎木寺院（尊称"达仓郎木赛赤寺"，"赛赤"在藏语里是法台的意思，法台相当于寺院主持，由于创建者坚赞桑盖曾是拉萨甘丹寺的法台故名）作为西藏哲蚌寺的子寺之一，也是格鲁派的著名寺院。寺院建筑飞檐翘角，红墙金瓦金顶，装饰豪华，气势非凡。寺院有佛像4000余尊及800多幅刺绣唐卡等，拥有五大学院（闻思学院、续部学院、时轮学院、医学院、印经院），规模宏大，寺院盛时喇嘛有千人之众，管辖邻近塔哇、甲科等村庄和双岔、赛赤两大部落，辖寺5座，在整个藏区乃至世界佛教界影响深远（石为怀，2007）。

郎木寺镇的东南部还有一个尼姑庵，为宁玛派（俗称红教，藏传佛教四大派之一）女性僧侣寺院，由托拉·阿旺跋藏于清雍正九年（1731年）在白龙江南岸（属四川地界）修建。寺院西北300m处为"天葬台"，为安多地区最大的"天葬台"之一，已有400多年的历史，四周飘着三色的嘛呢经幡，成群的秃鹫低空盘旋，肉体在这里消失，灵魂却得到了重生与超脱，呈现生命回归自然的独特法则。藏民多数信仰藏传佛教，转经祈祷是每日生活的必备（图2-6）。

图 2-6　虔诚的宗教信仰

清真寺位于回民村，始建于清末，早在清朝时甘肃和宁夏的回族商人落户到此经商，信仰伊斯兰教的回族、东乡族、撒拉族等渐成村落。原先的清真寺毁于"文化大革命"，1980年得以重修。清真寺规模宏大，造型美观，大殿是传统的古典式建筑，屋顶四角上翘，主装有绿色宝瓶，瓶顶悬挂镰刀形的月牙。

与达仓郎木赛赤寺一江相隔的是格尔底寺（全称为"安多达仓纳摩格尔底寺"），位于四川省若尔盖县红星村，是川西北最大的藏传佛教格鲁派寺庙，由黄教创始人至尊宗喀巴大师弟子第一世格尔登活佛根敦坚参尊者于明永乐十一年（1413年）创建，并传教宣法、讲经布道、利益众生，拥有续部学院、闻思学院、时轮学院、医学院、印经院，70余座大小不一的活佛肉身灵塔和佛塔。寺院建筑气势恢宏，金碧辉煌，宗教文化内涵丰富，在川甘青三省颇有名气。

在厚重的宗教文化孕育下，形成了多样化的宗教法事活动与宗教民俗活动，如供奉佛菩萨或者纪念活佛和上师的节日主要有祈愿法会、燃灯节、传小召法会等；加强宗教禁忌宣传的有雪顿节、放生节等；巫术色彩浓厚，以驱除鬼怪为主题的节日则有打鬼节、送魔节、施食镇魔法会等（周润年，1991）。郎木寺每年的主要宗教活动有：农历正月初四至十六日祈愿大法会，其间十三日举行展佛、十四日跳法舞、十六日舁（yú）弥勒佛绕寺等仪式；四月十四至十五日的观音斋戒，纪念佛祖降生、成道、涅槃；六月初九至十二日为香浪节和插箭节；七月初一至十五日举行"七月辩经法会"；七月八日跳米拉劝法舞；十月二十五日至三十日为纪念宗喀巴大师圆寂举行"五供"祈祷；十二月二十九日举行"九祭"，跳法舞，抛掷祭食以驱邪送祟，祈愿来年吉祥。此外，还有藏历年、娘乃节、唱山会、插箭节等与宗教相关的传统民俗活动（图2-7）。

图2-7 主要节庆活动

四、丰富的旅游资源

郎木寺于2004年被甘肃省政府列为全省风景名胜区。在2005年中央电视台策划组织的"中国魅力名镇"评选中，郎木寺以厚重的藏传佛教文化、优美和谐的自然风光和独特的民风民俗显示出非凡的魅力，与丽江、阳朔一起走进了"中国魅力名镇"的行列。郎木寺境内旅游资源丰富，绚丽多彩的奇山异水、浓郁古朴的安多藏族风情、悠久丰厚的藏传佛教文化共同汇聚成了其独特丰富的旅游资源。在自然旅游资源方面，主要有红石崖（典型的丹霞地貌）、纳摩大峡谷（图2-8）、花盖山（形状如藏八宝图案之宝伞而得名，山顶常年积雪，被誉为"雪山"）、虎穴仙女洞、章吉山（紧邻郎木寺院，山的阴面长满了松、柏、冷杉等）、千亩草原、白龙江发源地等（表2-3），周边还有花湖、若尔盖草原、唐克等。在民俗文化旅游资源方面，具有香浪节、插箭节等民族特色的民间节日和独具一格的民族风俗习惯，藏民俗风情浓郁。

图 2-8 纳摩大峡谷（左）与红石崖（右）

表2-3 郎木寺旅游资源

大类	子类	构成
自然旅游资源	山体	仙女洞、大峡谷、红石崖、杰吉大山、千亩草原、老虎洞
	河流水域	白龙江源头
民俗文化旅游资源	地方文化	宗教文化、水文化、民居文化、牧业文化、民俗文化
	节庆活动	洛萨尔节、毛兰经节、唱山会、香浪节、插箭节、尕扎节
	地方艺术	唐卡
	地方美食	酥油茶、奶茶、青稞酒、窝奶（酸奶）、酥油、奶酪、糌粑、藏包、蕨麻、风干肉、灌肠、熏腊肉
	宗教建筑	祥和塔、大经堂、弥勒佛殿、金瓦殿、堪布囊钦、奇桑盖囊钦、岗玛囊钦、赛赤中囊钦、念赞活佛囊钦、卡西囊钦等九处囊钦
	手工艺	藏银饰

资料来源：根据调研整理

五、历史沿革与行政管理

郎木寺镇历史悠久。秦汉时期郎木寺属羌族主要的活动区域之一。隋唐时期属唐朝廷与吐蕃的战争割据地带。明清时期朝廷对少数民族地区实行土司与寺院结合管理的制度，即政教合一，郎木寺为部落土官头人与寺院喇嘛共同管理，明朝归陕西都司洮州卫地统一管理，清时统归巩昌府、洮州厅管理。

（一）秦汉时期——羌族活动中心，中央统理

根据《史记·五帝本纪第一》记载，从帝尧陶唐氏七十六年（公元前2261年）舜摄行天子之政将三苗迁徙到三危一带（即甘、青、川毗邻地带）开始，碌曲就是羌人活跃的地区之一。夏、商、周时期，碌曲一直属羌人地区。秦统一中国后，实行郡县二级制，分全国为36郡，碌曲郎木寺时称羌中，即羌族人居住的地方，在秦朝亦被纳入中原王朝版图。据《扩地志》记载："临洮郡即今临洮，亦古西羌之地，在京西四千五百五十一羌中，从临洮西南芳洲扶松府以西，盖古诸羌地也。"西汉时，朝廷设置了高级官员护羌校尉统管甘、青羌人军务、民政来治理羌人；东汉时，羌人发展到150余种，其中钟存羌居于县境内的西倾山主峰与尕海湖一带。

（二）十六国时期——分裂与动荡，战事频繁

碌曲在三国时为魏所属。十六国时期，甘、青、川边缘地区战事频繁，政权更迭和战乱使得碌曲的经济文化受到很大的摧残和破坏，导致了其长期的没落。南北朝时多为吐谷浑所据。

（三）隋唐时期——设立州郡，兵争地带

隋开皇三年（583年），改州、郡、县三级行政区划为州、县两级，隋设旭州（即洮源县，今碌曲）。炀帝大业三年（607年）洮州改为临洮郡，治美相，领11县，其有洮源县（今郎木寺）。唐初，撤州设郡，废临洮郡，置洮州，治美相，废洮阳、洮源，设西沧州，不久即裁，并入洮州。武德五年（622年）6月，"吐谷浑寇洮、旭、迭三州，岷州总管李长卿败之"。武后万岁元年（695年），吐蕃再次攻打洮州，唐派大将迎战。此时，碌曲等地属河西九曲，成为朝廷与吐蕃的战争割据地带。五代十国期间，境内为吐蕃所居。

（四）宋金元时期——战略重地，加强管理

宋太宗至道三年（997年），实行路、州、府、县四级制，甘肃属陕西路。北宋时，甘肃境内的少数民族内部经济占有与阶级关系有了很大变化，开始向封建社会转变。宋历代朝廷授封少数民族政权，加强对当地的管理。金王朝最高统治者把洮河上游地区看作战略和通往巴蜀吐蕃的要道。元世祖至元年（1269年），元中央设立总制院，下辖三都元帅府，洮州归入吐蕃等处宣慰使司都元帅府，治所河州（仅临夏），为元朝管理吐蕃的行政机构之一。

（五）明清时期——制度新变，政教合一

藏传佛教自传入境后，在明朝有了较快的发展，当时聚居念经或结庐研修佛理的僧人已经出现，到清朝藏传佛教发展进入鼎盛时期，郎木寺院正建立于此时。这一时期，朝廷对少数民族地区实行土司与寺院结合管理的制度，即政教合一。郎木寺的政教合一则表现为部落土官头人与寺院喇嘛共同管理。

部落的土官头人、寺院的活佛、僧官、管家就是封建部落时代郎木寺的统治者，他们在各自的辖区内有至高无上的权力。土官一般由朝廷在执政部落的头人中任命，并子承父业世袭。担任土官管家的头人被称为大头人，大头人由土官指定，各个小部落各有1～3个小头人，小头人又各配勤务员1名，藏语称作"根布"，小头人由牧民选举产生，每3年换届一次，选举时由土官提名，部落头人大会讨论通过，政绩良好者可以连任，政绩不佳者则会遭到罢免。

活佛实行转世制度，按照藏传佛教的说法，活佛即人间菩萨，有能力、资格成为佛，但由于悲悯众生，在佛前发下宏誓，普度众生，只要众生未得解脱，自己永不成佛，因此在藏传佛教中，活佛不断地在人间转世。寺院管家由活佛指定。碌曲的寺院可以分为集政治权力与教权于一体的政教合一寺院和只有教权没有行政权力的寺院两种，达仓郎木赛赤寺院就属于政教合一的体制，部落时期既是郎木寺部落的宗教领袖又是地方行政机构。而其他寺院则属于纯宗教组织。

土官与活佛是各自辖区的最高统治者，政教合一寺院的大活佛（郎木寺），除了拥有土官所拥有的政治、经济和军事等行政权力外，还拥有统治精神层次的教权。土官和大活佛都拥有发号施令和征收税负的权力，他们处理各种案件与纠纷，设有军队和监狱。根据郎木赛赤寺院现任寺管会主任洛藏加措活佛的回忆和对寺院已有文献的整理发现，郎木寺院曾经为巩固统治和处理纠纷而设置9种刑法，主要有手铐、烙铁、监牢等，对于偷窃者，没收家中全部财产，

罚白银450两，若不交罚款将处割耳、削鼻、烙字等刑罚。由此可以看出，部落时期寺院对社会的统治是相当严厉的，不仅影响着牧民的经济生活，更是决定牧民的精神生活。在当时的社会背景下，这种制度也有一定的积极意义，经济上的约束和宗教教义上的规诫有利于当时经济的发展、社会治安的维护和人心的教化。

碌曲于明朝归陕西都司洮州卫地统一管理，康熙七年（1688年），巩昌布政使司移兰州，改为甘肃按察使，至此，陕甘两地开始分治。乾隆十三年（1748年）改洮州卫为洮州厅。因此，清朝时，碌曲统归巩昌府、洮州厅管理。

（六）民国时期——政府、寺院共管

1913年划甘肃为七道政区，改洮州厅为临潭县，碌曲县为临潭所辖。由于民族宗教信仰，郎木寺为拉卜楞寺势力所属。

（七）新中国成立之后——民主改革，取消特权

新中国成立初期，马良股匪在碌曲一带活动频繁。1953年，西北军区甘青剿匪指挥部在夏河成立，剿匪期间移驻西仓新寺，后移至郎木寺。同年，西北军区在碌曲境内双岔、尕海、郎木寺各建兵营一处。1953年6月，大规模剿匪战斗结束，马良等被俘。其后郎木寺进入稳定的发展时期，然而这一时期郎木寺开始面临着藏区遗留的问题——即封建剥削与特权阶层的问题。

在藏区，新中国成立前各寺庙普遍通过占有土地、牧场进行地租剥削和高利贷剥削（由于生产力普遍较低，农业生产抵御自然灾害能力较差，加之封建农奴制的严重剥削，寺院往往放高利贷），并对信众征收宗教税。在西藏，寺院作为西藏的三大领主之一，占据着大量的生产资料和社会财富，据统计，西藏共有寺庙2700多座，拥有耕地面积占全藏耕地总面积的39%（彭应全，1983）。新中国成立后，这种带有半殖民地半封建性质的藏传佛教与新生的国家政权不相适应。在此背景下，藏区开展了民主改革，将政教分离，废除僧侣的特殊地位和寺院封建农奴的等级制度，宗教信仰成为公民个人的自由。1959年，西藏正式废除农奴制，进入社会主义时期，从此彻底结束了藏区政教合一制。"三反三算"（即反叛乱、反封建特权和反封建剥削，以及算政治迫害账、算阶级压迫账和算经济剥削账）运动使得寺庙失去了神权政治所赋予的各种特权，取而代之的是藏区先后建立的各基层组织政权，打破了寺院长期垄断土地和贸易的局面（嘎·达哇才仁，2007）。

在碌曲县，1984年由县委组织部批准成立碌曲县佛教协会和伊斯兰教协会

（简称"两协"），协助政府部门贯彻宗教政策，指导宗教活动场所开展正常的宗教活动。1985年"两协"召开，第一届代表大会，推选出协会会长、副会长、委员。

在郎木寺，废除寺院中的封建特权、封建剥削、干涉行政司法的现象和封建管理制度，转而采取了民主管理方式，遵照党的民族宗教政策，在社会主义三大改造中，依然保护寺院，保障活佛、喇嘛、阿訇等宗教职业者的行教自由，允许他们开展正当的宗教活动，同时尊重和重视宗教界中上层人士在群众中的威望和影响，把他们列为统战对象，进行安置（碌曲县地方志编纂委员会，2006）。寺院管理组织由僧代会（19名）、寺管会（设学习组、治安组、办公室、财务组、生产组）、僧教组织（设医药、时轮、续部、闻思、印经五大学院）三部分组成。

在行政区划定方面，1953年6月18日成立了洮源工作委员会（县级），同年10月1日，成立碌曲行政委员会，隶属于甘南藏族自治州，1955年6月成立碌曲县人民政府，1956年成立郎木寺区，1958年与尕海成立跃进人民公社，是年年底成立尕海人民公社，1961年称郎木寺乡，实行乡辖公社制度，1966年又更名为长征乡，1968年恢复原名郎木寺，成立革命委员会，时年改为人民公社体制，1984年初恢复乡政府体制。乡政府驻地郎木村，郎木社区逐渐发展壮大起来。2002年撤乡设镇。郎木寺镇土地总面积为616km^2，现辖郎木、贡巴、波海和尕尔娘4个行政村和13个村民小组，9个自然村。

第三节　社会经济生活

一、社会生活

（一）传统的社会生活

1. 宗教是社会生活的灵魂

藏族社会是一个宗教化水平极高的社会，但并非全民信仰。才让加（2007）指出：绝大部分藏族人信仰藏传佛教，其余有的信仰本教，有的信仰伊斯兰教，有的信仰天主教，有的根本不信教。藏传佛教的发展历史久远，对藏区社会生活影响极为显著，尤其政教合一后，藏传佛教在经济、文化、政治、社会等诸多领域占据主导，成为藏地社会主导的意识形态。至少在民主改革前，藏族社会一直由藏传佛教主宰：佛教势力掌控着社会的一切事务；佛教势力占据着至少三分之一的社会财富；佛教文化是社会的主流文化；佛教的世界观、人生观和价值观已被全社会广泛接受，并且成为无可争辩的生活指南（华热·多杰，2009）。

藏民的生产生活离不开藏传佛教，生老病死都需要请僧侣念经，如为祈福或超度亡灵需到寺院念大经供饭，布施全寺僧人。据记载，"1952年郎木寺院的赛赤活佛在双岔讲经说法，由该部落送银千两作为酬谢"（丁莉霞，2010b）。正如杨森所感慨，藏族把神佛放在绝对中心的位置，完全按照神佛的旨意行动，在生产上，春播秋收要喇嘛打卦问吉日，雪灾、冰雹要喇嘛念经去驱除⋯⋯藏民对喇嘛的崇拜到了无以复加的地步（杨森和路赟，2005）。在社会发展水平相对较低的藏区，由于寺院在藏区具有垄断的教育功能，因此藏传佛教的教义成为普通藏民获取知识的重要来源。正因为此，藏区一直有"一人出家，全家荣耀"的传统观念，每一户藏族家庭有两三个男子就要送一个去当喇嘛，这样能够增添整个家庭的功德，使家庭所有成员受益（陈昌文等，2014）。藏民需要供养寺院，因为藏传佛教认为对佛法僧进行供养可获得无量福德，不堕地狱、恶鬼、畜生三恶趣。早在赤松德赞时期就确定了"三户养一僧"的制度，明确了藏民需要为寺院供奉香火（包括松枝柏枝）、酥油、茶、青稞等，这种支出一般在藏族家庭收入中占到约20%的比例。当前，在郎木寺，宗教生活仍是郎木寺社会生活的重要组成部分，通过对居民的问卷调查，发现每年每户居民的朝佛支出和家庭法事支出为10～500元不等，平均每户每年宗教支出为100元左右。调查显示，2010年郎木寺村家庭平均收入为17 718元，佛事支出占家庭总收入的5.6‰，说明宗教开支已不是居民的生活负担，寺院和居民在物质上不存在相互依赖关系，但居民与寺院的关系仍旧密切（表2-4）。可见，社会生活已经离不开宗教，宗教已成为了居民的精神归属与情感寄托，而宗教也离不开居民的供养，形成了僧俗共生的关系（图2-9）。

表2-4 居民对郎木寺院的认知

居民去寺院的频率			家庭做法事的原因		
类别	频数	比例/%	类别	频数	比例/%
每天	15	39.47	习俗	9	42.86
一周	6	15.79	有灾	3	14.29
半月	2	5.26	丧事	20	95.24
一月	4	10.53	还愿	0	0.00
三月	1	2.63	家人生病	3	14.29
半年	4	10.53	过年	4	19.05
一年	3	7.89	其他	1	4.76
不去	3	7.89			

资料来源：刘爱文（2011）

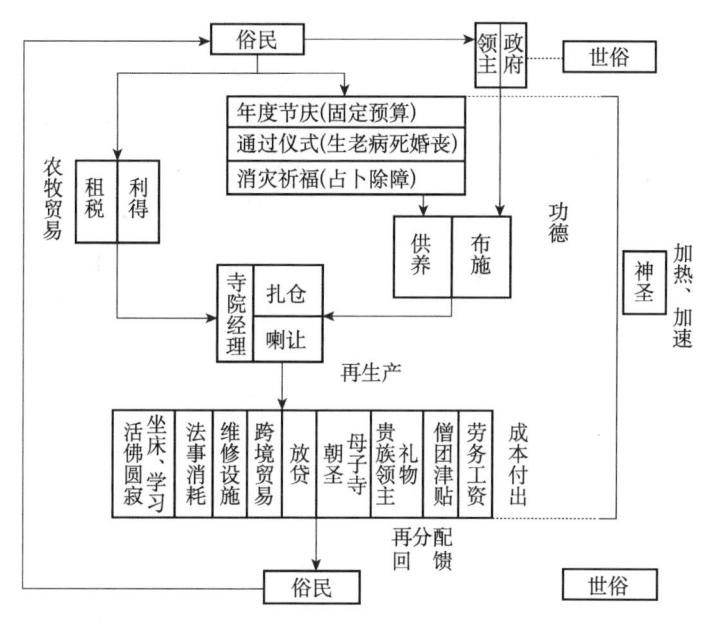

图 2-9　寺院僧俗共生关系

资料来源：朱文惠（2013）

藏传佛教对藏民日常生活的影响还体现在调整生态脆弱地区的人地关系，进而形成一套藏传佛教生态伦理观。藏传佛教寺院曾长期进行封山育林，不准人们进森林乱砍滥伐（刘俊哲，2007）。佛教一直坚持"不杀生"的理念，致力于生态保护知识的宣传教育，在教学中将保护生态、爱护环境作为日常讲经授学的重要内容：每座山峰都是神山，每块森林都是神林，每棵树木都是神树，任何人不得任意砍伐；秃鹫是神鹰，鱼类是神鱼，旱獭是菩萨的使者，每个野生动物都是菩萨喂养，众生不能随意猎捕。因此，受藏传佛教影响，藏区生态环境保持良好。

宗教是经院的哲学，更是普遍存在的生活方式。历经数百年，藏传佛教早已渗透到郎木寺镇社会、经济、文化、生活的各个领域和各个方面：地因寺而神性，人因寺而佛性。其地、其人、其山、其水，古朴厚重又不失灵秀，恬淡之余却平添了几分神秘（李巍等，2013a）。藏传佛教构成了藏区社会关系网络的基础，促使了传统文化的形成与延续，推动了居民日常生产活动、经济活动的有序运行，是藏区城镇空间延续的基础。

2. 草原是社会生活的核心

郎木寺是一个以藏、汉、回等民族聚居的纯牧业镇，自由奔放的草原生活是其整个社会生活的核心。草原生活是一种怎样的生活？草原游牧社会是一种怎样的社会？毋庸置疑，草原生活是一种以畜牧业为主要生计方式的生活，自然也决定了草原游牧社会与农耕社会的差异性。牲畜是草原生活的核心，畜肉、乳酪、皮革、毡裘等畜产品为草原民族提供了吃、穿等基本生活物资，正所谓"全部财产皆在于是，家畜供给一切需要"。牲畜还具有交换价值，可与农耕民族交换获取其他生产、生活物资。牲畜还具有生产资料的价值，是一种具有扩大再生产性能的活的生产资料，牧民祈望牲畜的繁殖（邢莉，2014）。

牲畜使得草原生活成为一种逐水草而居的生活，藏人赶着牛羊选择最佳的放牧位置，不断迁徙，正如《黑鞑事略》所言："水草尽，则移，初无定日。"唐人令孤德棻写道："虽有城郭，而不居之，恒处穹庐，随水草畜牧。"这种迁移既有冬夏季节性牧场的变更，也有同一季节内水草营地的选择（韩茂莉，2003）。

藏民需要跨越高山大漠找寻水草丰茂之地，长年累月的迁移生活迫使藏民需要克服各类艰难险阻，加上严峻的高原生态环境，磨炼了藏民的耐力与冒险精神，培养了坚毅、进取、豁达的民族性格（任继周等，2010），铸造了他们强悍的体魄、灵活的应变能力及吃苦耐劳、忍辱负重、坚忍顽强的文化素质（邢莉，2014）。

草原生活还培育了藏族人热情好客的性格。藏族人重礼仪，来往过客，无论相识与否，只要你推门而入，主人就为来者熬茶，端出酥油糌粑。款待客人用"手抓"，多是胸叉和肋条肉，若是端来一盘肥美的羊尾巴，尾梢还留一撮白毛，那你就是这家最尊贵的客人了。

草原生活培育了独特的社会关系。长期以来藏民族以游牧经济为主，过着逐水草而居的日子，居住帐房随季节和草场而迁移，常年居无定所，没有固定的聚落组织。部落是藏民族唯一遵从的社会组织方式。

有学者曾这样描述草原生活对游牧民族人格心理的影响：草原文化的天然性和群体性造就了游牧民族的单纯质朴和诚实守信的人格特征；草原文化的尚武性和英雄性造就了游牧民族勇敢强悍和自强不息的人格特征；草原文化的流动性和开放性造就了游牧民族热情好客和开拓进取的人格特性（尹慧，2010）。

在郎木寺镇，每一户家庭同时拥有4~5个相隔一定距离的草场，每年（农历五月十七日左右、七月初九左右、九月二十二日左右）牧民经常需要在不同草场间迁移以保证牧业正常进行。在藏区，有"夏季放牧上高山，春秋返回山腰间，冬季赶畜去平川"（格桑本和尕藏才旦，2000）的说法。夏天天气暖和，牧民会在夏季草场放牧，住在牛毛织成的帐篷里。每年十月中下旬后，天气变得寒冷，牧民会搬到冬季草场，住进土建房或砖建房。一年之中最为繁忙的季节是夏季和秋季。这段时间里，妇女基本上承担了家里大部分劳作。妇女们每天早上四点钟起床，先挤奶，一般会挤到天完全亮开时，然后去远处背水，再回到帐篷打酥油，晒牛粪，织帐篷等。男人的事情很少，只需骑着马（或摩托车）看着牛羊，等天快黑时赶着牛羊回家。

放牧是草原文化重要的文化元素，它为草原文化的发生与发展提供了最原始、最核心的动力（任继周等，2010）。畜牧业是适合藏民生存环境、物质需求和灵魂归宿的生产方式，不是所谓的落后的原始的生产方式（伦珠旺姆和昂巴，2003）。20世纪50年代碌曲人民公社成立后，县政府提出逐步推行"定居放牧"（即划区轮牧），制定了"三包五定一奖"的方针：坚持包产、包膘、包投资、定人、定畜、定草原、定繁殖、定报酬，完成一项奖励一项；同时还提出"牛羊上山、粮食进川"，"开光平滩、牛羊上山"，"牧民不吃商品粮"等口号。20世纪80年代后，郎木寺公社开始推行以草畜双承包为特点的家庭联产承包责任制，把草场和牲畜分给牧户。这些政策在促使郎木寺镇走上了定居定牧的生产和生活方式的同时，也使得郎木寺镇许多冬季草场被开垦，如1959年大批河南支边青年来此开办农牧场，导致草场破坏和牧业倒退。此外，划分草场、"封山禁牧"、定居工程及家庭草畜双承包制的发展模式在很大程度上割断了人居、草地和家畜的有机联系，破坏了草原原有的生活习俗，"马背上的民族"也越来越将摩托车、汽车等现代化交通工具作为其主要的出行工具。

（二）现代化的社会生活

1. 政府工程与现代化生活

为促进藏区社会生活的现代化，郎木寺镇实施了一系列的政府工程。郎木寺镇政府不断加大牧民定居点建设工程，解决未定居牧民群众和简陋固定居所牧民群众的定居问题，位于镇区东北部的游牧民定居点就是近年新建的大规模居住区域。牧民定居工程多采取县城、乡镇、公路沿线集中的定居模式，可带动乡镇商业、餐饮、服务等第三产业的快速发展，改善牧民生产生活条件、提高牧民生活质量、为牧民群众与城镇居民同步享受医疗、教育、就业等提供了便利条件，还可减轻政府管理成本、推进牧区走向小康。

自2004年开始，国家在甘肃实施了"以工代赈易地扶贫搬迁试点工程"，重点扶持甘南藏族自治州玛曲、碌曲、夏河、合作、卓尼、迭部6个牧业县市的自然保护区、湿地、江河源头等重点生态保护区域的游牧民定居建设，并为定居点投资建设了完善的道路、供水、供电及学校、卫生室、村委会等公共服务设施。

郎木寺镇的郎木村是甘肃省、甘南藏族自治州确定的改革发展试点村和州上进行重点建设的小村镇之一。近年来，在各级领导和有关部门的重视下，郎木寺镇政府将水、电、路、通信、文化、教育、卫生等基础设施建设作为带动全镇经济社会全面发展的切入点，通过实施新农村建设使郎木村的基础设施建设不断完善，使郎木寺镇的经济社会发展的"软、硬环境"逐步得到了优化和提升。目前郎木寺镇完成了国家二期农电网改造，实现了所有的行政村公路、广播电视村村通。为切实改善农牧民群众看电视、听广播难的现状，丰富农牧民群众的文化生活，2013年，镇政府给牧民发放了750套"户户通"卫星接收器。

牧民生活在走向现代化的同时，寺院僧侣的生活也日益现代化。根据寺院调研发现，手机是年轻僧侣日常生活的必备。他们利用手机与亲戚朋友联系、发送祝福短信，听藏语歌曲和进行学术交流，近年来办理业务和参加优惠活动的僧人数量逐年增加，每月200多人办理优惠套餐，近200名僧人办理了无线上网业务（葛昊祖等，2011）。当然这也是部分学者所担心的宗教世俗化问题。但无论如何，在现代化的潮流下与趋势下，僧人也正在走向或正在适应现代化生活。

2. 教育与医疗卫生

新中国成立以来郎木寺镇教育实现了由以寺院教育为主的宗教教育向现代教育转化的飞跃，居民接受教育的意识不断提高，现代教育取代了寺院宗教教育。国家扶持性的民族教育政策是郎木寺镇教育发展的最大动力。目前郎木寺镇有4所小学，适龄儿童的毛入学率达90%以上。镇区拥有郎木寺中心小学及郎木寺院小学，其中郎木寺中心小学有12个班，325名学生，大部为藏族学生，回族学生有40余人。郎木寺院小学建于1998年，共有6个班，专为甘肃、青海、四川等地家庭贫困的孩子提供免费教育，送孩子进郎木寺院小学完全采取自愿原则，郎木寺院小学生源不限于郎木村，而是整个郎木寺院辐射范围内，这也是寺院当下承担社会责任的一种体现。此外，目前郎木寺院还在积极与厦门市团委联系，由厦门企业家捐助的寺院希望小学正在建设之中。

在医疗卫生和保险方面，有一家镇中心医院，有医护人员23人，床位8个，1辆救护车，医疗设备基本健全，每天平均接待病人数为40人。另有一些个体诊所零散地布置在郎木寺镇区商业大街两侧。郎木寺镇实施了农牧村新型合作医疗、城镇职工医疗保险、城镇居民医疗保险、养老保险制工作，医疗、社会保险覆盖面不断扩大，并建成了医疗设施齐全的标准化乡级卫生院。

3. 婚姻生活与生育

旧时藏族的婚姻执行严格的"等级内婚"和"血缘外婚"制度。旧时藏族社会等级严明，婚姻关系也只允许发生在严格的等级约束框架内，即农奴的子女永远不允许和头人的子女成亲；社会阶层在旧时藏族社会是人们不可逾越的鸿沟，人的身份与生俱来且终身不变。而"血缘外婚"则是藏族社会婚姻制度最本质、最严格的要求，父系血亲和母系血亲之间的恋爱与婚姻受到排斥，近亲严格禁止通婚，至少要隔 5～7 代方可通婚。每个藏族群众在其社会化的过程中，近亲不能通婚的观念被反复灌输和强化，成为受到价值观影响的一种思维定势和社会行为准则。新中国成立后藏区民主改革完成之后，农奴制被废除，与之相伴的旧社会藏族的等级制度也随之覆灭，藏族人的婚姻不再受到等级的限制。而血缘外婚的准则成为藏民婚姻遵循的最基本要求。

随着社会的不断进步和人们意识的不断提高，郎木寺镇居民的婚姻生活发生了显著变化。以前人们的择偶标准表现为对方是否能干、有力气等，或者是否是干部吃公家饭的；而现在，郎木村的青年除了遵循血缘外婚的原则之外，有着广泛的择偶余地，其婚姻形式也表现出多样性，藏汉、藏回通婚普遍。郎木村的马会计介绍："藏回通婚之后，藏民有的依然信奉藏传佛教，有的会改信伊斯兰教，一个家庭两种信仰的人较多。有'早上妈妈去寺院转经啦，爸爸去清真寺啦'的俗语。汉藏、汉回通婚后，汉民有的选择信教，有的选择不信教。"

传统藏族的生育行为基本上是在自然的、非人为干预的状态下进行的，因此容易形成多育的习俗，但高原环境恶劣、医疗条件简陋、营养缺乏，再加上母婴病频发等因素，婴幼儿面临着高死亡率的威胁（许德坤，2002）。民主改革尤其是改革开放以来，随着藏区社会经济发展水平的显著提高，医疗卫生和妇幼保健的条件与质量也有了较大改善。在郎木寺镇现有的家庭规模下，子女数目与家庭结构类型基本保持一致，两个孩子的主干家庭占最大比例；一个孩子的核心家庭次之，这与郎木村居民的生育观念转变有关，还有一个原因是所调查的育龄期家庭一个孩子的状态是暂时的，多数家庭会选择再生。孩子数目在 3 个以上的家庭现已较少，究其原因孩子养育成本的提高使得一般家庭不愿生育过多的孩子，生育观念的转变和计划生育政策是 3 个孩子及以上家庭数目减少的根本原因。而对于理想的孩子数目，接近 70% 的家庭选择了只生两个孩子，这与计划生育政策的限制是相吻合的，而生育 3 个子女的诉求反映了对藏族社会传统生育观念的继承。

二、经济生活

2007年,按照"牧业稳镇、旅游活镇、科技兴镇、项目推动、开发带动"的发展思路,郎木寺镇经济发展迅速,全年完成地区生产总值2655.45万元,比2004年增长12.61%,占碌曲县GDP的15.71%,其中第一、第二、第三产业分别完成了1260.45万元、373万元和1022万元。现已初步形成了以畜牧业和旅游业为主导的产业体系,经济发展水平处于全县前列。2009年,全镇完成牧业增加值2450万元,人均纯收入达到3511元,实现劳务输出540人次,实现劳务收入172.8万元。旅游业已经成为郎木寺镇的第二大支柱产业。

(一) 牧业生产

牧业是郎木寺镇的核心产业,近年来随着碌曲县"168"现代农牧业发展行动计划、"一特四化"发展战略等的实施,高原特色生态畜牧业获得了快速发展并被纳入首位产业。郎木寺镇也出台了多项支持畜牧业发展的系列政策、文件,如支持建设贡巴村牦牛养殖专业合作社等。2009年全镇实现牧业增加值2450万元。

目前,郎木寺镇藏民的收入主要依靠出卖牲畜和畜产品(如牦牛奶、酥油、曲拉、牛羊皮、羊毛、牛绒、牛粪等),还有打工、经商、政府补贴及城乡居民最低生活保障金等。刘爱文(2011)根据对郎木寺镇居民收入估算后发现普通家庭年收入为17718元,但不同家庭的收入差距比较大(图2-10),家庭收入0.5万~1万元的低收入者占35.71%,2万~3万元的中高收入者占28.57%,而1万~2万元中收入家庭比例仅为14.29%。家庭收入逐渐呈现出分化的趋势。

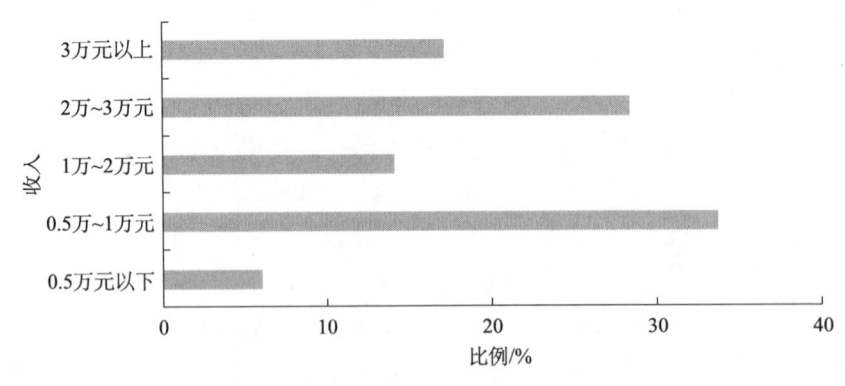

图2-10 郎木寺镇居民收入等级分布图
资料来源:刘爱文(2011)

在家庭消费方面，主要包括维持生计的日常生活支出、牧业生产支出、房屋修建支出、经商投入、看病支出、宗教活动支出等。就日常生活支出而言，由于地处高原受环境限制，所有家庭的生活资料除牛羊肉外都需要购买，居民大部分收入都用来维持生计，低收入者几乎将全部收入都用来购买粮食等；生产性支出是居民主要的开支之一，主要包括购买饲料、干草、牛奶分离机、剪毛机等物品的花费和草场围栏修护、购买摩托车、三轮车等的花费；房屋修建投入则是一般家庭最大的支出方式，但这类支出也仅限于部分需要修建房屋的家庭，然而这部分家庭往往生活条件较差，收入较低；看病支出同样经常出现在经济条件不好的贫困户之中，生病与贫困户在一定程度上有了因果联系（刘爱文，2011）。

（二）寺院经济

新中国成立后，政教合一的体制被打破，寺院开始依靠布施、化缘等手段促进寺院发展。1955年赛赤寺院大活佛在川西铁布沟一带化布施（化缘），一个月时间化得青稞4000斤[①]、白洋（民国银元）5670块，在当年农历9月至11月，在玛曲一带化得牛278头、马129匹、白洋36 750块，按当时市场价折合10多万元。由此可以看出活佛在牧民心目中的地位之高，而给予活佛越多的布施就越有宗教皈依感，甚至很多牧民留足自己简单的吃穿之后将其余全部财产尽数捐给寺院。寺院经济作为集体经济，在当时社会生产力水平普遍较低的情形下，带动了相关产业的发展，对于区域开发与发展起到了重要牵头作用。

民主改革后，随着"农禅并举，以寺养寺"政策的不断推行，寺院失去了原先地方势力的支持，更多靠自养产业发展，如经营农牧业、商贸、宾馆、餐饮、藏医药加工、资本借贷、旅游业等，也有部分收入来自于村落（部落）信众群众（图2-11）。这一时期，郎木寺院响应国家政策，积极发展旅游、商贸、餐饮、住宿、藏医院、租赁等寺管产业，通过"以寺养寺""兴办自养"发展的路子，实现年收入60多万元，上缴国家税收2.8万元，解决就业人员18人。创办实业不仅增加了寺院的经济收入，更减轻了信教群众的负担。此外，寺院管理委员会作为寺院的代表，还广泛与政府、社会团体、社会各界人士进行多方面的联系，也因此发生了各种经济活动，增加了寺院经济的实力。

[①] 1斤=0.5kg。

图 2-11 藏传佛教寺院经济构成

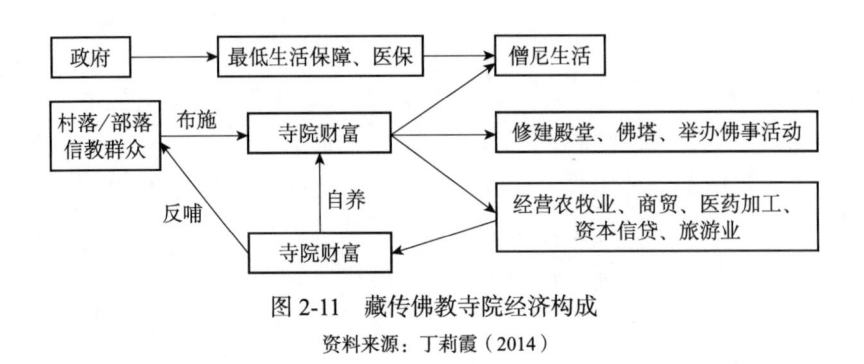

资料来源：丁莉霞（2014）

（三）边境交易

虽然当前郎木寺镇的商贸地位受到现代相对便捷与完善的交通运输系统的冲击，然而郎木寺镇在三省交界区的重要地位仍较为显著。每天大量的货运汽车从此经过，大量的布匹、茶叶等生活用品在此销售，甚至这些商品直接在室外就可以很快销售完。藏民、回民也会在赶集期间，在郎木寺镇的路口、路边从事简单畜牧产品的交易，多半将自家的畜产品出售换取生活所需物资。每逢法会期间，郎木寺院集聚一批来自三省边界地区的信众、香客和游客，各路商贸交易者也在此集聚，出售各类商贸产品。

（四）商业发展

店铺是构成商业的最小单元。根据调研，郎木寺镇核心区各类店铺数为134家。按照经营活动特征可将店铺划分为商品服务、餐饮服务、住宿服务、休闲娱乐、日用服务、准公共服务、服装销售、享受服务和其他九大类型。其中，以商品服务、餐饮服务、日用服务、住宿服务为主，占据了店铺总数的67.1%（表2-5）。再结合经济形态特征（服务经济、寺院经济、牧业经济），可将店铺划分为现代、特殊和传统三种类型，可发现服务经济下的现代店铺共有75个，占总店铺数的56%，牧业经济下的传统店铺41个，占到整个店铺数的30.6%（图2-12）。因此，近年来，以旅游为主的服务经济开始迅速崛起。自旅游开发以来，旅游业不断兴旺发达，各地的经营者立足甘、青、川三省的特产，面向海内外的游客从事商贸，这个高原小镇成了名副其实的三省枢纽。

表2-5 郎木寺镇店铺基本情况

店铺类型	经济形态	店铺属性	店铺数/个	百分比/%
商品服务	服务经济	现代	29	21.6
	寺院经济	特殊	1	0.7

续表

店铺类型	经济形态	店铺属性	店铺数/个	百分比/%
餐饮服务	牧业经济	传统	17	12.7
	服务经济	现代	10	7.5
	寺院经济	特殊	2	1.5
住宿服务	服务经济	现代	9	6.7
	寺院经济	特殊	2	1.5
休闲娱乐	服务经济	现代	9	6.7
日用服务	牧业经济	传统	20	14.9
准公共服务	服务经济	现代	7	5.2
	寺院经济	特殊	1	0.7
服装销售	牧业经济	传统	4	3.0
	服务经济	现代	4	3.0
享受服务	服务经济	现代	7	5.2
其他	—	—	12	9.0
总计			134	100

资料来源：刘润等（2013）

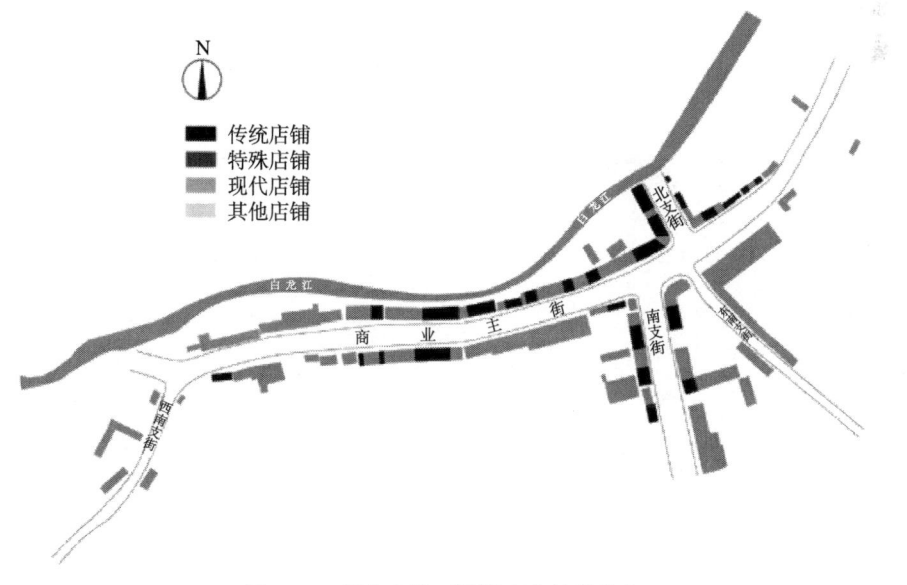

图 2-12　郎木寺镇不同类型店铺的分布

资料来源：刘润等（2013）

（五）旅游经济

郎木寺镇旅游资源独特丰富，尤以安多藏传佛教文化和原生态的自然环境最为知名，一直享有"东方小瑞士"的美誉，并于2005年入选"中国魅力名镇"。近些年来，随着甘南旅游发展环境的不断改善，基础设施建设及资金投入的逐年增加，旅游业呈现了强劲的发展势头，成为继牧业之后的第二大经济支撑。2010年郎木寺镇实现旅游接待人数6.78万人次、旅游收入2862.51万元，分别占当年碌曲县总量的46.76%和40.3%。据统计，2011年国庆七天长假中，郎木寺镇共接待游客16 760人次，其中国内游客16 460人次，国外游客300人次，旅游综合收入500多万元，与2010年同期相比，游客人数、综合收入增长10%左右。

第二章 因寺院而兴起的城镇

第一节 藏传佛教的传入

一、藏传佛教的起源与发展

（一）本教

本教是藏族固有的、根植于原始公社时期的宗教，分为原始本教和系统本教两部分。原始本教又被称为"黑本"或"墨本"，主要因为其教徒们留着长发，用黑布包头。信奉该教的百姓"重鬼右巫"，崇尚念咒、驱鬼、占卜、禳拔仪式，以禳灾解祸、祛病除邪。系统本教，相传约于公元前5世纪由古象雄（象雄在象雄语中意为大鹏鸟所居之地）王子辛饶创建。辛饶按照佛教的方式对原始本教进行了一次改革，统一了象雄地域存在的各种原始宗教仪式，创建了"白本"或"雍仲本教"，这便是正统本教的起源（柏景，2006）。本教的主要日常宗教活动有占卜、杀牲祭神、驱鬼伏魔、盟誓丧葬等。本教相信"万物有灵"且多神崇拜，其神祇大体可分为自然神灵（如四大种神灵、日月星辰神灵、山湖树木神灵）、动物神灵（如狮、虎、龙、鸟、牛和祖先神灵）和生产生活神灵（如农业神灵、牧业神灵及宅院神灵）三大类（拉巴次仁，2010）。本教主张宇宙三界说，即将世界分为天、地和地下三个部分，天上住着"赞"神，地上住着"年"神，地下住着"鲁"神。本教包括医学、天文、地理、占卦、历算、因明、哲学、宗教、美术、舞蹈、音乐等浩如烟海的知识体系，对于藏区产生了重大影响，也深刻地影响着其后传入的佛教。

（二）起源与种类

藏族佛教史籍普遍认为在佛教最早是在第二十七代普拉托托日年赞时期传入吐蕃，有物从天而降，内有《宝箧经》《六字真言》《诸菩萨名称经》及一座金塔。在朗日伦赞时期，朗日伦赞为实现部落统一采取武力先后征服了苏毗、臧博、达布等地，但统一并不稳定，很快新旧贵族在政治与经济利益上出现分歧，征服的地区纷纷叛乱。朗日伦赞死后，松赞干布继位，吸取了其父亲的教训，为实现长久稳定的统治，必须在思想领域掌握主动权。西藏本土的本教认为神与神之间地位的平等一致，各个部落都有自己崇拜的神。因此，部落之间也是平等的关系，不承认在各个部落之上凌驾一个更高层次的政权。本教的这一属性决定其不能成为统一吐蕃王朝的上层建筑（梅进才，2000）。一种新的能够满足统治需求，统一社会思想的宗教成为政治发展的需求。

松赞干布统一西藏后，在文化上采取了相对开放的政策，积极向周边地区派遣学生和官方使者学习交流，但是周边国家和地区正值佛教盛行之际，因此佛教的思想便开始传入西藏。佛教思想为新起的统治阶级提供了巨大贡献：它用先世个人的德行所为解释剥削、压迫及平穷富贵，要求人们放弃斗争，忍受现实一切苦难来换取来世的报应。佛教提出了以"忍受苦难，广行善业"为中心的最基本道德规范：不杀生、不偷盗、不邪淫、不妄语、不两舌、不恶口、不绮语、不贪、不嗔、不痴；提出了布施、持戒、忍辱、精进、禅定和智慧六度。松赞干布积极引入佛教，并将其确定为约束个体行为的基本行为准则与道德规范，并与代表旧贵族利益的本教进行了斗争。没落的氏族、贵族将本教作为维护既得利益的武器，这与兴起的封建农奴主阶级要解除旧社会制度产生矛盾。

赤松赞德继位后采取了种种措施抑本兴佛，一方面巩固了佛教在西藏的地位；另一方面，由于大力支持佛教发展，给信徒带来了沉重的经济负担，助长了反佛的情绪。本教乘虚而入，谋杀赤祖德赞，支持朗达玛夺权，并采取了一系列的灭佛运动，这些举措并未改变西藏的社会现状，相反加剧了社会危机，使得藏区社会战祸连年。灭佛之后的百余年被称为"灭法期"或"黑暗时代"，民众强烈要求社会安全、恢复生产。在此背景下，佛教再度兴起。在其后的几百年中，佛教改变了斗争策略，开始融合本教中的某些仪式，进而逐渐形成我国藏区一个新的佛教宗派，即藏传佛教。可见，藏传佛教是佛教传入西藏后与西藏本土宗教（本教）不断交融而发展起来的一个佛教支派，并先后形成宁玛、萨迦、噶举、格鲁等众多派别。

1. 宁玛派

宁玛派即旧教派，其含义为"古""旧"之意，就"古"义而言，这一派自称其教法是由莲花生大师所传，11世纪形成，是藏传佛教最早产生的一个教派。就"旧"意而言，这一派自称以传承吐蕃时期所译的密教典籍为主，不同于佛教后弘期的仁钦桑波等所译的新派密教经典，其是最早传入西藏的密教，并吸收了原始本教的一些内容，重视寻找和挖掘古代朗达玛灭佛时藏匿的经典，所以称为"旧派"。由于该教派僧人只戴红色僧帽，故又称红教。宁玛派的传承总分为两大传承系统：经典传承（直接传授经典）和伏藏传承（发掘埋藏的经典而传播）。宁玛派的教法全部包括在九乘三部里，九乘包括显三乘、外密三乘和内密三乘，三部指内密三乘中的最后一乘，包括心部、界部和要门部，即大圆满。宁玛派不像其他教派那样一直有一个中心寺院和地方势力有比较密切的结合关系，即便在元朝时期曾与中央建立了联系，也未曾形成一股稳定的寺院势力。直至16～17世纪，前藏地区才出现一些规模较大的宁玛派寺院，如敏珠林和多吉札寺等。如今，红教不仅在中国藏区传播，在印度、尼泊尔、不丹、法国、美国等多个国家也有分布。

2. 噶当派

藏语"噶"指佛语，"当"指教授，通俗说法是用佛的教诲来指导凡人接受佛教道理。后弘初期，学法僧人中，重秘法者轻显教，重师承者轻经论，重戒律者则反对密法，致使显密相违，教法修行次第混乱，甚至不少自造经文流布，或以恶咒骗人，混杂佛教。因此，阿里古格王益希微等人从印度迎请来著名佛教大师阿底峡尊者传教。阿底峡去世后，仲敦巴继承其教法，于1056年在拉萨河上游的热振地方传教，建立热振寺。仲敦巴去世后，其"三同门"弟子分别传法形成教典、教授、教诫三个主要教派。该教派以修习显宗为主（不排斥密宗），主张先显后密，调和了显密二宗的关系。由于教理系统化、修持规范化，因而对藏传佛教其他各派都有重大影响。噶举、萨迦派的一些重要僧人都向噶当派学习，而格鲁派则直接是在噶当派的基础上建立的，故有"新噶当派"之称。此外，藏传佛教中一切大论的讲说，也都源于噶当派。11～12世纪，噶当派曾因获得一些地方势力支持而快速发展，在西藏佛传佛教各教派中以僧徒众多、寺院广布而著称，对其后的各大教派均有重大影响。但噶当派并未掌握单一地区的行政权力，在政治上，其实力远远赶不上萨迦、噶举等教派。15世纪时格鲁派兴起以后，因格鲁派是在噶当派教义的基础上发展而来的，因此原属噶当派的寺院，先后归并到格鲁派，噶当派从此在藏区隐灭。

3. 萨迦派

萨迦的藏语是灰白色的意思，因为此派主寺萨迦寺建立之处土色灰白，故得名。因寺墙上有红、白、黑三色（分别代表象征智、悲、力的三怙主——文殊、观世音和金刚手），又被称为"花教"。萨伽派于1073年由昆·贡却杰布创立，并由其子贡噶宁布弘扬广大。从贡噶宁布开始的五位教主，被称作萨迦五祖。五祖中最有为有名者除贡噶宁布外，为第四祖萨班·贡噶坚赞和第五祖八思巴（本名罗追坚赞，曾为忽必烈灌顶，受封国师与"大宝法王"）。在第四祖时，萨迦派已成为西藏地区一支重要力量，尤其是"政教合一"割据势力的重要构成，直接控制地方政治、经济权力。萨迦派在卫藏地区的实力更强，这是其与元朝建立联系的基础和前提条件。1235年，八思巴继位，1260年忽必烈复迎八思巴到内地传经，并封八思巴为国师，赐玉印，这使得萨迦派在元朝王室中获得了绝对权威的地位，主要体现在：①佛教上层人物主持西藏地方政务事务的政教合一制度是从八思巴统治西藏地方以后开始的；②佛教上层人物由经济上的地主阶级地位开始走向政治上的统治阶级地位（梅进才，2000）；③萨迦派掌握西藏地方政权，是在元朝中央政府的直接指挥下进行的，而非独立的西藏地方政权；④萨迦派上层人物为巩固和发展自身势力范围，均依附元朝王室势力，使萨迦派盛极一时。

4. 噶举派

藏语"噶举"中的"噶"字本意指佛语，"举"意为传承，故噶举意为佛语传承，重视师长口传、门徒心受的传教方法。噶举派俗称"白教"，有两个传承：一个是由玛尔巴、米拉日巴、塔布拉杰一系传下来的达波噶举，一个是由琼布南杰传下的香巴噶举。后来香巴噶举逐渐衰微消失了，而达波噶举则兴旺发达，最后又分成四大支八小支等众多支系派别。噶举派是西藏历史上最早实行活佛转世制度的派别，在西藏以不重著述而重视实际的修行最具特色，强调刻苦的修行，造就了如米拉日巴等众多实践苦行修炼的高僧。噶举派最核心的修法是"那洛六法"与显、密两种大手印的教授，其中尤以大手印教授最为著名。追溯噶举传承，帝洛巴（988～1069年）是第一位人身导师，被尊为印度噶举传承的创始者。帝洛巴从禅观中直接得到金刚总持及许多本尊的授记，在未证得大成就之前，他以榨芝麻及零工为生，也因此而得名。目前噶举派的寺院状况及它在整个藏族地区的影响，仅次于格鲁派和宁玛派。

5. 格鲁派

藏传佛教的格鲁派，因僧人戴黄色僧帽，故俗称"黄教"，是藏传佛教中的后起之秀。13～14世纪，藏传佛教萨迦、噶举等派逐渐在政治上得势，上层僧人热衷于追逐名利，沉谜酒色，且多有横行不法者、加之教派之间战乱频繁，"颓废萎靡之相"日益严重（阿绒甲措，2004）。在此背景下，宗喀巴大师进行了宗教改革，明永乐七年（1409年）正月，在当时的帕竹地方政权阐化王札巴坚赞和内邬宗宗本南喀桑布等的支持下，在拉萨大昭寺首次举办大祈愿法会，同年兴建甘丹寺作为道场，创立了格鲁派，在西藏有很大的影响。由于继承了全部噶当派教法，所以其又被称为"新噶当派"。又由于最初宗喀巴大师创建甘丹寺，历代甘丹寺主持成为格鲁教法的当然法台，故又称作"甘丹派"。格鲁派学修并重、讲修并重的学风使其成为藏传佛教中影响最大的派别。由于最晚出现，它几乎吸取了以前诸藏传佛教的各个教派的各种教法，如有名的萨迦十三金法、噶举的大手印、宁玛的密修马头明王、噶当的十六明点（又称"十六滴"）、夏鲁的时轮金刚、觉域的断法教授等。因此可以说，一切精华皆已凝聚。格鲁派的教义，认为释迦如来的一代正法，不外教、证两种，而一切"教"的正法，又摄在经、律、论三藏之中；一切"证"的正法，摄在戒、定、慧三学之中。因此，三藏未可偏废，三学亦须全修。宗喀巴大师圆寂后，其门徒以拉萨为中心，向东西方向发展，西至阿里，东抵康区，北及安多，格鲁派迅速传播发展，到16世纪中，此派寺院已遍及藏族分布的各地区。清代以来，格鲁派的达赖、班禅等活佛系统成为藏区最具影响的宗教领袖。

（三）发展与传播

早在东汉初年，佛教就沿着举"丝绸之路"由西渐经中亚传入中国，甘肃的河西走廊（包括河西走廊藏区）、陇右地区最先受到了佛教文化的洗礼（丹曲，2015a）。唐代以前，青藏高原许多部落东下，在甘青川地区就已经形成了西羌、西戎部落。吐蕃建立王朝后，与唐朝之间征伐不断。唐朝在安史之乱后，国力日衰，陇右河西之地为吐蕃所占用，并被编为"同乔汉户十一东岱"及"十二汉部"，隶属苏毗茹。在地理空间不断扩张的同时，土蕃王朝历经几任赞普的提倡与努力，逐渐将佛教确定为西藏主流宗教信仰，取代了本教。吐蕃军队征服西北诸民族以后，导致了周边地区的"蕃化"，这一时期据学者考证，熙、洮、泯、河、迭、宕、兰、徨、鄯、廓等州（以青海河湟地区为中心，包括今甘南的大部分地区）生番达150余万人（汤开建和杨惠玲，2005）。为了安定社会秩序，开始在新领地修建一些佛教寺庙，吐蕃王朝末年朗达玛灭佛引发吐蕃王朝的崩溃及战乱不休，迫使大量僧侣逃离卫藏，而避往边远地区（丁莉霞，2010b）。9世纪中叶，吐蕃政权土崩瓦解，散居在河西陇右地区的吐蕃军队与西藏本土脱离了联系，散居在甘青宁川地区的众多藏羌部落互不统属，各自为政（丁莉霞，2010b），这又为各个地区藏传佛教的发展提供了地方环境基础。吐蕃王朝的宗教政策与对外扩张为藏传佛教向藏东地区发展和扩散提供了重要的环境保障。

后弘期以来，藏传佛教各教派陆续创立，许多大德高僧如噶玛巴、萨班等人东来安多藏区，活跃于西夏、甘凉、河陇一带，如噶举派多名高僧曾充任西夏帝师，与西夏王室结成了特殊的供施关系。11世纪前后，藏传佛教各教派初步形成，12世纪各教派与一定的封建割据势力结合在一起，以僧俗一体、政教不分的形式出现在社会上，即政教合一制度的雏形。一些大的寺院逐步成为当地的政治中心，教派教主成为地方政府的政治领导，掌握了当地政教大权（刘勇，2007）。甘肃的藏传佛教寺院主要出现于宋代以后。

元朝建立结束了青藏高原200多年来的分裂割据局面，为沟通与西藏地区的关系，并达到"因其俗而柔其人"的目的，元朝采取了扶植藏传佛教的政策，也有学者认为这是为了与汉文化抗衡。元朝尤其对于萨迦派尊崇有加，很快萨迦派取得了在西藏地区的政治、宗教领袖地位。为了巩固元朝的统治，蒙古统治阶级封赐给寺院土地和大量属民。1260年，元世祖忽必烈封八思巴为国师和帝师，又颁布《珍珠诏书》，"命其管领所有僧众"，同时谕示，"僧众们不可违了上师的法旨"。1264年，忽必烈设置总制院（后改为宣政院），作为管理全国佛教事务和吐蕃地区行政事务的中央机构，并命令帝师八思巴领总制院事。由此奠定了政教合一体制的框架。1269年，元世祖忽必烈册封萨迦派教主八思巴，由其负责管辖卫藏13万户。此外，忽必烈统领天下释教，在西藏、蒙古和北方部分汉族地区又大力推广藏传佛教。元朝时期，西藏庄园制度逐渐建立，寺院封建主与庄园制度紧密结合，取得了各种特权。从此，在中央政权管辖下，西藏地区形成了政教合一的地方行政管理体制。元朝的政策使得藏传佛教获得长足发展，青甘宁地区的藏传佛教更是快速发展起来。萨迦派传入甘南地区的情况如何？据智观巴·贡却乎丹巴绕吉的《安多政教史》和二世嘉木样的《丹珠经纲目卓尼历史如意宝》记载，萨迦法王八思巴（1235~1280年）应忽必烈召见，路经卓尼，见此地山川灵秀，命其弟子西绕益西在此建寺弘法，元贞元年（1295年）动工修建禅定寺，标志着藏传佛教萨迦派传入甘南地区，自此萨迦派在洮泯一带广为传播（丁莉霞，2010b）。

明朝建立后，效仿元朝，实行"多封众建"政策，即对西藏的各主要教派和地方势力首领均加以分封，并通过分封及袭职、替职和朝贡等形式使其各自直统于中央（罗莉，2003）。明永乐七年（1409年），宗喀巴在拉萨达孜县境内创建甘丹寺，这标志着藏传佛教最后一个派别格鲁派的诞生。宗喀巴很快得到明王朝的支持，发展迅速，蔚为正统，成为全西藏的宗教势力，进而向川康、甘青等藏区传播（华锐·东智，2010）。此时，曾依靠元朝发展起来的萨迦派由于失去靠山逐渐衰微。在甘南地区，明朝天顺三年（1459年）甘南洮州地区的禅定寺由萨迦派改宗为格鲁派，此后萨迦派寺院知知寺、垂巴寺、擦多寺、侯家寺、马奴寺等许多寺院都已改宗为格鲁派，成为禅定寺的属寺。而噶当派、噶举派、宁玛派及本教等教派也早已传入了甘南藏区，并建立了寺院组织，使得藏传佛教不断深入民间，影响扩大到社会各阶层，在藏族社会中发挥着举足轻重的作用（丁莉霞，2010b）。

至明末清初，格鲁派在藏区已经成为主流教派，因此也自然成为统治者积极争取的一股重要力量。清朝入关前，为争取蒙古势力的归附，采取了"优礼喇嘛，扶植黄教"的政策，对于喇嘛"既在经济上给予优惠待遇，免其子孙纳贡赋，又在政治上特别优待，不以常法处置，并给予救书为凭证"（张羽新，1988）。清王朝清楚地认识到"卫藏安，而西北边境安；黄教服，而准、蒙之番民皆服"，在其取得统治后，采取了"辑藏安边""安众蒙古"（即"兴黄教，即所以安众蒙古"）的怀柔政策，对宗喀巴及其创立的格鲁派（黄教）上层喇嘛大加赐封和授予名号（敖红，1993）。此外，在礼仪、习俗上，沿用前朝"因其教不易其俗"及"以俗尚为治"的策略。至乾隆时期，清朝推崇藏传佛教到了无以复加的地步，雍和宫乾隆御制《喇嘛说》中提及"盖中外黄教总司以此二人（即达赖、班禅），各蒙古一心归之，兴黄教即所以安众蒙古，所系非小，故不可不保护之，而非若元朝之曲庇诮敬番僧也……盖佛本无生，岂有转世？但使今无转世呼图克图，则数万番僧无所皈依，不得不如此耳"。此时，甘南境内先后创建了两大格鲁派寺院——拉卜楞寺和郎木寺。其中郎木寺创建于乾隆时期。在政教合一制度的保障下，出现了"僧徒争建寺，番民争施地，番民竞为僧"的社会氛围。格鲁派寺院迅速扩张，广建属寺，形成了一批教阶森严的藏传佛教寺院群落（丁莉霞，2010b），新建的许多寺院，或拥有众多属寺教民，或拥有大量部落土地，或拥有著名的高僧大德，成为诸寺之母（丹曲，2015b），尤其以拉卜楞寺、郎木寺、禅定寺影响最大，进而控制了绝大部分的甘南藏族部落和甘青川交界的大部分藏区。截至2009年，甘南藏族自治州拥有藏传佛教寺院121座（含本教、宁玛派、萨迦派、格鲁派，唯有噶举派绝迹）。

二、郎木寺院的形成与发展

纵观郎木寺院的发展历史，大体可分为创建、壮大、毁灭和重建四个阶段

(图 3-1)，每一阶段均与外在的社会环境紧密相关。

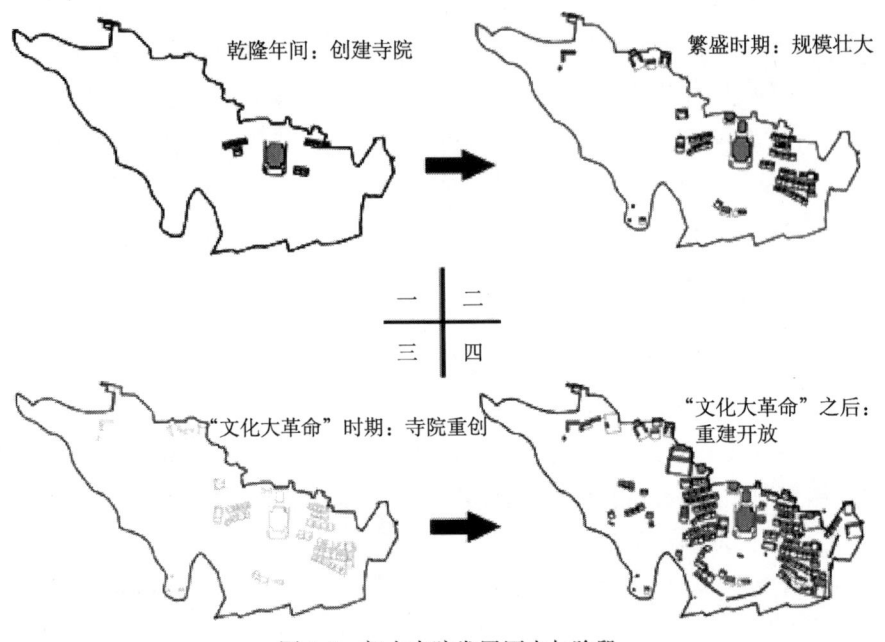

图 3-1　郎木寺院发展历史与阶段

（一）乾隆年间：创建寺院

早在 1564～1643 年，藏历第十绕迥水虎年，三世格尔德·洛藏丹巴热卜吉到此留下足印，开启胜乐洞门之后，又有圣·噶丹加措和地仓嘛呢巴·喜饶扎西二人先后在洞中居住过。到藏历第十二绕迥铁猪年（1731 年）时，托拉·阿旺拔藏最初在此地修建静修院，随后陆续有僧侣来此修行。

1735 年，青海河南蒙旗亲王丹津旺舒克以嗣子身份继承王位，本来地位不稳固，又面临拉卜楞寺（由一世嘉木样于清康熙四十八年即 1709 年创建，其后逐渐发展为拥有闻思、上下续部、时轮、医药和喜金刚六大学院，并作为安多藏区的政治、经济、文化中心的寺院）一世嘉木样 1721 年过世后其两大弟子赛仓·阿旺扎西和德哇·罗藏顿珠在转世灵童的认证上发生分歧：丹津旺舒克欲借阿旺扎西选自己的儿子为灵童来扩大影响；王妃南嘉卓玛为了维护自己利益，则排斥丹津旺舒克。后来寺院中要求嘉木样大师转世的意见逐渐占上风，通过了寻访转世灵童的决定，赛仓·阿旺扎西在寻找嘉木样转世灵童的卜算相兆中出现了一只黄鼠狼，恰好丹津旺舒克之子噶登三珠出生时，有天降花雨的梦兆。更为关键的是德哇·罗藏顿珠所认定的转世灵童郭喇（即后来的二世嘉木样久美旺吾）得到王妃南嘉卓玛的积极支持，因而在权位争夺中处于优势，而丹津旺舒克之子嘎登三珠支持的一方竞争失败，这直接导致了他与拉卜楞寺的间隙。

1738年赛仓·阿旺扎西圆寂后，丹津旺舒克与王妃南嘉卓玛的僵持才发生转变，德哇·罗藏顿珠出任拉卜楞寺的法台，力排众议，于1743年将郭喇迎至拉卜楞寺坐床，从而结束了长达20余年的转世之争。直到藏历第十三绕迥之土龙年，即乾隆十三年（1748年），丹津旺舒克亲赴拉萨敦请赤钦·坚赞桑盖返回郎木寺故里建寺，借以与拉卜楞寺的势力抗衡。日后，嘉参桑盖尊者虽为一世嘉木样大师的弟子，与拉卜楞寺也有往来，但不十分密切，而成为河南蒙古亲王所立的另一个活佛系统（牛宏，2000）。

赤钦·坚赞桑盖最终决定在白龙江北岸章吉山阳面山腰间建寺院。寺院创建时，河南蒙旗（今青海省河南蒙古族自治县）亲王丹津旺舒克作为檀越（投资或出资）奉献了土地，并从蒙区派两位台吉奉献寺属"拉德"（香火户）和草场（西至莫藏、东至拉艾）。1749年，坚赞桑盖前往合作寺弘法，合作寺格勒嘉措和泽脱活佛等将合作寺奉献给尊者护理。1751年，卓尼杨土司莫索贡保（杨汝松）和嘉扬诺尔吾（杨冲霄）对坚赞桑盖大师尊崇备至，为寺院奉献了用新经版首次印刷的《甘珠尔》大藏经、供器、乐器、僧人坐垫、一些属寺（吉仓那日寺）、部落（阿拉五部落）、庄园、森林、土地等，并承诺做郎木寺的施主（碌曲县地方志编纂委员会，2006）。四川若尔盖、下麦、热河东巴、郎哇等地呈献了第一批僧侣，答应做四季学期的施主。寺属庄园及大寺的拉德、双岔农牧区六族、阿拉六部落、姜地三族、仓儒五"拉德"、章卫诺姜、塔儒贡哇两部、哲隆吧、苏木泰贡切、泰吾茸三部落、麦加、博吾、旺藏、下木果儿、尕尔娘、卡西、文巴、塔哇"拉德"三村等先后为兴建黄教发祥地之一的大伽蓝贡献资助。1752年建大经堂，成立了显宗闻思院，后来又建立了密宗喜金刚学院。在各方的积极支持下，寺院逐渐发展和壮大起来。

坚赞桑盖1678年生于碌曲县双岔乡秦科村，幼时就异常聪明，拼读与诵，稍学即成。11岁在达元巴活佛慈智木桑格座前受戒出家，27岁赴拉萨学法，在班禅大师洛桑益西的指引下加入哲蚌寺郭芒扎仓，并投拜第一世嘉木样大师协贝道吉、赤钦华丹智华、赤钦洛桑达尔吉、杰彭措嘉措等几十位佛学高僧为师。其后潜心学习显密经教及十科十明，39岁考取然见巴格西学位，49岁担任拉萨上密院的"赇嘛翁则"师，52岁时担任拉萨上密院的堪布，兼任甘丹寺相则扎仓的法王，55岁任噶丹寺赤哇，是藏传佛教经典集大成者。1747年，青海河南蒙古亲王丹津旺舒克赴拉萨朝拜七世达赖格桑嘉措时，指名邀请嘉参桑盖尊者返里弘法。达赖喇嘛说："以往还未曾有过噶丹赤巴去边隅的先例，但你这位施主异乎寻常，可按赤巴本人的意愿行事。"是年，70岁的坚赞桑盖应河南蒙旗亲王邀请返回安多地区弘法，并建立寺院。坚赞桑盖的历世本生为圣·优婆离、年敦·卫贝南觉尔、圣·嘉饶桑盖、夏钦·仁钦嘉参等的化身。寺院建成后，坚赞桑盖任郎木寺第一任赤哇。1756年，坚赞桑盖两手合掌、跏趺而坐，示现圆寂。此后，郎木寺历世活佛和法台（如阿坝曲尖嘉措、拉然巴阿坝罗桑谢热、松州克珠嘉措、索波罗桑曲培、大恩活佛罗桑生格靠等）继承弘扬第一世赛赤活佛的弘法大愿，致力佛性修炼，学问通达、业绩显赫，在整个藏区乃至世界佛教界影响深远。

在郎木寺建寺之时，四川若尔盖草原上的12个部落为了阻止河南蒙旗亲王的势力进入川北草原，也大力扩建这一带的静修院，双方兴起了一股比赛建寺的热潮。经过100多年的建设，相继落成两座规模较大的寺院——即今天的四川格底儿寺和甘肃赛赤寺。坐落在甘肃的寺院，由于其创建者坚赞桑盖尊者享有很高的佛学地位，曾担任过拉萨甘丹寺第五十三任赤哇，格鲁派中一般对担任甘丹寺赤哇者尊称为"甘丹赛赤"，故信教群众在寺名中加了"赛赤"二字，尊称"达仓郎木赛赤寺"。

（二）繁盛时期：规模壮大

这一时期郎木寺院快速发展壮大，相继成立四大学院，即续部学院、印经院、时轮学院和医药学院。1781年第二世赛赤活佛洛桑坚赞桑盖时郎木寺大经堂落成，并从西藏迎请精通密法的俄然巴智化帕吉，按照拉萨上密院的规程成立了"居巴扎仓"，以后发展为续部学院。1814年，第二世赛赤活佛洛桑嘉参桑盖由于与蒙古管家华尔丹桑盖意见不合产生矛盾，故移居属寺合作寺30余年，期间寺院由洛桑丹贝卓美活佛主持。1847年，郎木寺院建立了印经院，开始印经制版。1848年，93岁的第二世赛赤活佛返回郎木寺，逗留十天后在前往夏米等四部落弘法时圆寂。1857年，郎木寺察道尔活佛认定年仅3岁的嘉华丹增桑盖为第三世赛赤活佛。这一消息被合作寺得悉，要将灵童接去，两寺为此发生了争执，后经协商，决定先将灵童迎至合作寺。后来，第三世赛赤活佛前往拉萨时，途径郎木寺，得到丰厚的程仪。从拉萨返回后不久在合作寺圆寂，享年23岁。三世赛赤短暂的一生几乎没在郎木寺呆过，这大大影响了郎木寺院的发展，所以，对第三世赛赤活佛的转世两寺都非常重视。最后，从第四世赛赤活佛开始，郎木寺与合作寺各自迎请了赛赤活佛的化身，从此，两寺的关系便渐渐疏远了（牛宏，2000）。1904年，四世赛赤活佛邀请拉卜楞寺时轮学院的金刚上师嘎道哇俄旺扎西，按拉卜楞寺时轮学院的规程成立了"丁科尔扎仓"，即时轮学院。1953年，在五世赛赤活佛洛桑南杰龙仁桑格的主持下，郎木寺按拉卜楞寺医药学院的规程创建"曼巴扎仓"，即医药学院。

经历代兴建，郎木寺镇逐渐发展为甘青川边境地区宗教、文化、经济、政治中心，1940年前有僧众590人。至1949年初，郎木寺院有四大学院，规模宏大，成为甘川界处的名刹和佛教圣地。寺内除四大学院的经堂外，建有色赤拉章、弥勒殿、罗汉堂、千佛殿、三层宝塔殿、药师佛殿、怙主殿、邬仗那大师殿、马头明王殿及活佛的昂欠、僧众居住的房屋等。至1958年，郎木寺院已成为甘、青、川三省交界地区规模宏大的名寺，住寺僧侣达594人，大小活佛23位，属寺十余座，大小经堂及金瓦、弥勒、寿安、狮面母、护法、马头明王、莲花生大师等佛殿、佛塔五十余座。寺主赛赤活佛寝宫及下属各活佛、堪布"囊欠"十余处，僧舍百院。寺内奉安的主要圣物有从印度、尼泊尔、汉、蒙、藏等地迎请的各种金银珠宝铸造塑制的大小佛像4000多尊，刺乡、堆秀、绘图等"唐卡"佛像800多幅；佛经藏卷有金汁写成的《甘珠尔》《丹珠尔》大藏经两套及木刻印刷版大藏经和其他各类经典。此外还有达赖、班禅赐予历代主持赛赤活佛的封诰、印签、华盖、法衣、马旗等珍贵文物多件。从该寺的创建历史和珍藏的圣物上看，它是该地区仅次于塔尔寺、拉卜楞寺的一座规模较大的藏传佛教寺院，是甘南藏区除拉卜楞寺以外的又一处显密兼备的格鲁派教法中心。

（三）"文化大革命"时期：寺院重创

新中国成立初期，政府采取温和而宽松的宗教政策。宗教上层和部落头人分别担任政府、政协领导等职务。1959年7月，洮江县发文《关于喇嘛寺有关问题的通知》，要求对已经确定保留的寺院保留原状、不得破坏，寺院留存的经典要妥善保管。因此，在土地改革时期，郎木寺院并未遭到任何破坏，并成立喇嘛学习班，对还俗的喇嘛进行集中教育学习。1963年，郎木寺院时任赤哇龙仁桑盖被送到甘南藏族自治州政治学校学习。然而，"文化大革命"期间，郎木寺院被毁。1966年5月，碌曲县委发出通知要求各级干部群众积极参加文化大革命，"文化大革命"在碌曲宣告全面爆发。1966年8月《甘肃日报》刊登新华社关于首都红卫兵向"四旧"猛烈开火的消息后，碌曲迅速开始了"破四旧"活动。僧人被迫还俗，活佛转世等制度被废除，正常的宗教活动被禁止。1968年寺院被关闭，1969年寺院内所有的经堂、佛殿和僧舍被拆，僧人全部遣返原籍，寺址变为一片青稞田地，并以"破四旧"的名义烧毁宗教文物，寺内存藏的大量圣物和珍贵文物全部毁于一旦，连赤钦·坚赞桑盖的肉身也被付之一炬，僧侣被迫还俗，损失惨重，永远无法弥补。

（四）"文化大革命"之后：重建开放

党的十一届三中全会以后，随着拨乱反正，党的民族政策和宗教信仰政策又得以贯彻，为满足藏族群众的宗教需求，"文化大革命"中遭到毁坏和关闭的寺院开始复建。1980年，郎木寺院准许重新开放兴建。是年9月22日，三十余名僧人在原寺址废墟上支起一顶帐篷，作为临时诵经堂举行了开光诵经仪式，从此拉开了重建寺院的序幕。1981年6～9月，碌曲县开放了原来八座藏传佛教寺院和3处伊斯兰教活动场所，国家投资寺院复建经费21万元，解决木料600余方，金银2400两。郎木寺院真正复建是在1981年第五世赛赤·罗藏南杰·龙仁桑盖活佛的主持下进行的，"文化大革命"时被迫还俗但未成家的僧侣陆续返回寺院，1991年中断了30年的活佛转世制度得以恢复。在此后的近20年中，先后重新建成弥勒殿、灵塔殿（重制了赤钦灵塔）、马头明王殿、护法殿、祈寿殿、藏经宫（原赛赤活佛囊欠）、赛赤活佛寝宫、祥和大白塔等。牧民们也恢复正常的宗教活动，在家中设立佛龛、去寺庙礼佛转经、请喇嘛到家里念经，因为"文化大革命"而破坏的传统民族文化习俗得以传承。汶川大地震中，郎木寺院大经堂等21座房屋受到不同程度的损害，加之年久失修，亟须维修。随后，中央拨款200万元对其进行了维修。2014年，甘肃籍全国人民代表大会代表洪润清建议国家将甘肃藏区郎木寺列为全国重点文保单位。现有住寺僧侣400多名，已具备相当规模。

第二节　郎木寺的形成与发展

一、游牧时期的郎木寺

（一）人口状况

郎木寺是碌曲县最早出现居住人口的地方。据考证，早在5000年前，人类的祖先就在郎木寺白龙江源头生息繁衍，成就了新石器时代的寺洼文化。历史上，碌曲先民逐水草而居，历代朝廷由于鞭长莫及，均未能对该地区人口实行有效管理。据载，康熙十四年（1675年），碌曲西仓土官及唐隆郭哇共管辖帐房（牧户）1800多户，4000余人。双岔土官共管辖土房（农户）200户，帐房（牧户）400 户，2500 余人。

（二）部落发展

郎木寺藏族祖先最早源于上古时期活跃于西北地区的强大部族——羌、氐诸部。4 世纪，西北各地出现了民族大迁徙、大动荡、大融合的局面。"原慕容鲜卑的分支吐谷浑叮气由辽东西迁，经内蒙古阴山，进入今甘肃、宁夏西北，后向南、向西发展，统治了今甘南、川西北和青海等广大地区的氐羌部族，并于公元年建立了政权。统治 200 余年间，一度是称雄西北地区的强大游牧政权"（周伟洲，1985）。这一时期，郎木寺以游牧和狩猎为业，逐水草而居，这是由青藏高原独特的地理环境决定的（格桑本和尕藏才旦，2000）。据《晋书·吐谷浑传》载："有城郭而不居，随逐水草，庐帐为屋，以肉酪为粮。"《南齐书·河南王传》载："其王治莫驾（应为贺）川，多畜，逐水草，无城郭，后稍为宫室，而人民犹以毡庐百子帐为行屋。"

吐蕃王朝兴起后，于 713~742 年，向东入侵青海的吐谷浑及川西北高原的党项、白兰诸羌，并将其称为"安多"，并派遣兵马镇守边防，于是吐蕃王朝在碌曲县内开始屯兵戍边，欲进犯洮州、岷州，以抗衡唐朝。《旧唐书·列传·卷一百四十六》记载："吐蕃既得九曲，其地肥良，堪顿兵畜牧，又与唐境接近，自是复叛，始率兵入寇。"此时郎木寺归吐蕃管辖（图 3-2）。

842 年，吐蕃王朝崩溃。吐蕃本土爆发了王室后裔之间的争夺王权的混战，很快，驻守于河陇地区的吐蕃将领、军政要员也卷入了混战。9 世纪中叶，河陇一带和吐蕃本部都先后爆发了奴隶平民大起义（安玉源，2004）。

元朝，蒙古军队将领青藏高原纳入蒙古版图，元朝在河州设立吐蕃宣尉司都元帅府，并确立 13 万户的地方建制制度（蒙古统治者针对当时乌思藏分裂、割据逐步建立起来的地方行政单位，是元代管理乌思藏地区的整个行政体系中极为重要的环节），形成了以若干自然分割空间为单位的甘南地区传统聚落的形式。

二、寺院诞生后的郎木寺

寺院的命运与郎木寺镇的命运绑到了一起。寺院成就了城镇。自寺院诞生后，郎木寺镇的发展步入了新的时期，如迅速促使人口集聚、牧业生产、商品交易，郎木寺镇逐渐由部落发展为一个在藏区初具规模的小镇。

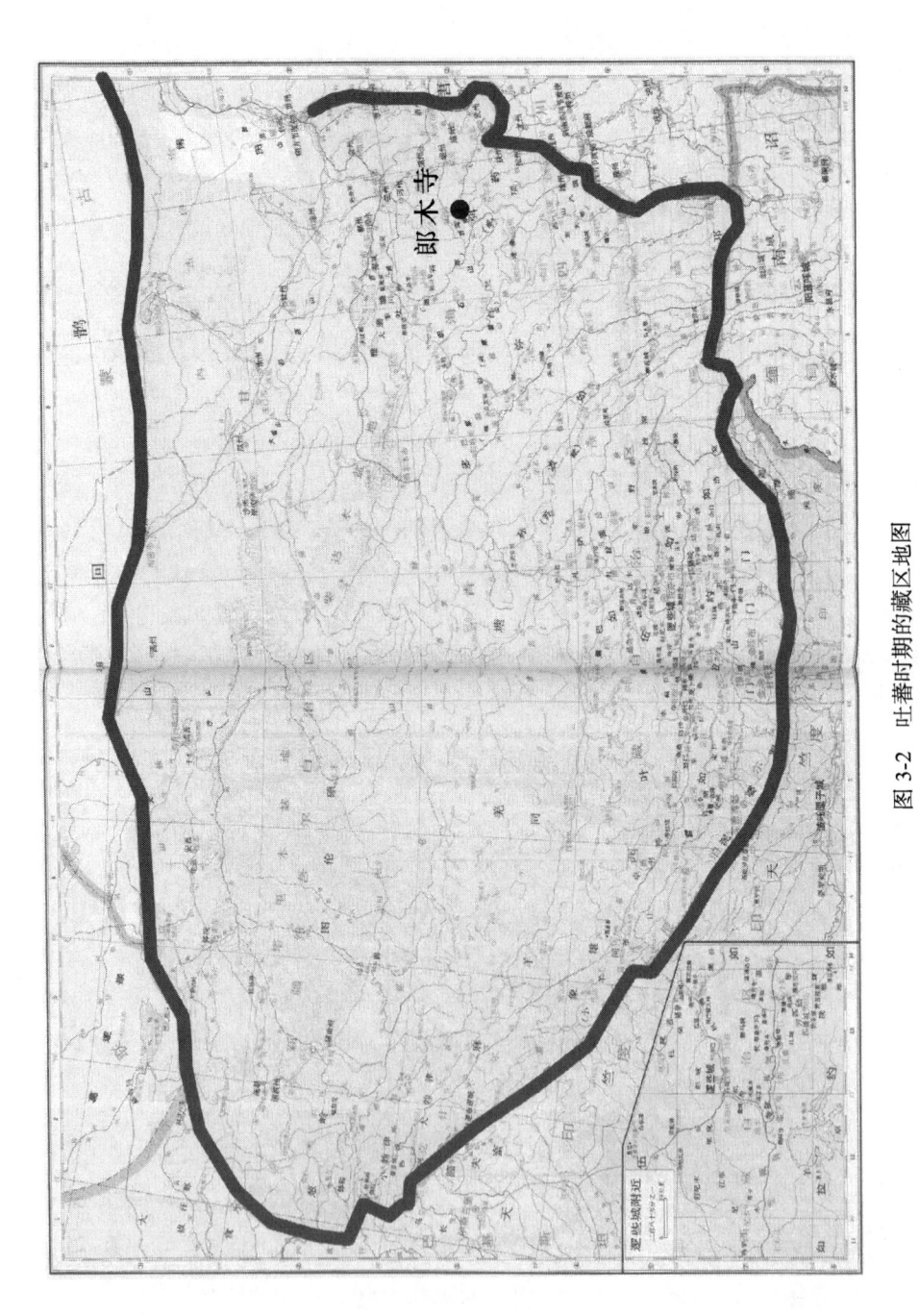

图 3-2 吐蕃时期的藏区地图
资料来源:《中国历史地图集（1996年版）》

（一）人口状况

碌曲县共有双岔、西仓、赛赤、阿拉、吉仓五个藏族部落，其中郎木寺属于赛赤部落。清朝乾隆十二年（1747年），第五十三任拉萨噶丹寺赤哇坚赞桑盖活佛在青海河南蒙旗亲王丹津旺舒克的邀请下，经第七世达赖喇嘛格桑嘉措允准，到安多弘法。乾隆十三年（1748年），坚赞桑盖创建郎木寺院，当时双岔大约60户居民作为香火户随其前往，赛赤部落也就在此时形成。该部落共辖11个小部落，其中牧区4个部落，即卡细、文巴、尕尔娘、斯日卡哇，寺院附近镇区7个部落，即尕尔玛、仁贡玛、加科、加尔布、加尔布哇尔玛、吉可河、麦加。

此后，更多人口开始迅速向郎木寺镇集聚，新中国成立前，境内以藏族、回族、汉族等民族为主，人口数量在2000人左右。不管是宗教牵引力还是当时政府采取的迁移政策，都导致了郎木寺镇人口的迅速增加。除了数量上的集聚，还有以宗教为枢纽带来的社会、文化、心理的统一。如果说迁移而来的人口还只是简单的机械化增加，那么以宗教为中心形成的宗法、血缘关系迅速将原先分散于各地的人连接到了一起，人们对郎木寺逐渐形成了特定的地方感（地方依附）与情感认同。相对一致的社会化标准和观念快速形成。

（二）牧业生产

寺院的诞生，使得牧民也开始慢慢定居下来，原先四处游牧的牧民减少了，人口的集聚又显著增强了牧业生产能力和水平，这一时期牧业生产逐渐成为郎木寺社会经济发展的主要支撑。放牧主要是以小部落为单位的，分属于各个部落组织。许多牧户组成部落帐圈组织，甚至更大的部落组织。部落间的草场有明确界线，但牧民却没有固定的住所和草场，因此是流动的。在部落内部，每个家庭草场的分配是在部落首领的主持下，每年都采取抓阄的方式来决定。在规定的地界内，牧民们以部落为单位，夏秋两季统一进行定期搬迁，分区轮牧，冬春两季分散放牧和居住（鲁文潇，2013）。

寺院的诞生改变了郎木寺生产资料所有制。郎木寺所在的赛赤部落生产资料所有制有封建宗法式的集体所有制和部落成员个体私有制。劳动产品的分配则呈现出以下特征：第一，部落、村庄和寺院公有的草场，实际收入为土官和活佛所有，其原因为赛赤部落被郎木寺院政教合一体制管辖。第二，部落及寺院领导者，可通过政治宗教特权增加收入，土官通过司法权收取罚金的形式来聚敛财物，寺院活佛通过化缘来增加寺院财富。第三，寺院的各种宗教活动参与了劳动产品的再分配。寺院向部落牧民派经，即由各部落的牧民群众向所在的寺院供饭，时间一般在旧历的二月、三月、四月、六月、八月、九月、十月、十一月和十二月的中旬，给寺院供饭是部落公民的义务，不论贫富。一般情况下，牧主两年轮供一次，供饭时间一到三天不等，完全取决于供饭者的财力和自觉性；富裕牧户三年供饭八次，贫困牧户也可以三到五户联合起来每年供一次。由于经济条件的不同，不同的牧户给寺院供饭的花销也不尽相同。除了可以直接供给现金之外，还可以供给牛羊及大茶和青稞等。牧民的婚丧嫁娶都要请寺院的和尚念经，牧民也有定期请和尚到自家念经的习俗，此时牧户需要对来念经的和尚进行布施、供饭，至于供给多少也是牧户自愿的。第四，富裕的牧户也可以通过租佃、雇工和高利贷等方式来增加自己的财富。租佃多在亲戚朋友间进行，有些并不缴纳租金，但要为雇主做一定时期的劳役。雇工以月工和日工较多，一般工资为每天青稞2～3斤。

事实上，多数牧民没有自己的草场和牛羊，所以大家的生计方式也多是从事租佃放牧、到经济富裕的牧主家里做长短工及到寺院做常年雇工来维持生计。加之生产力本身低下，社会产品被牧主以各种方式占有的越多，牧民的损失就越惨重。根据《碌曲县县志》及碌曲统计资料，1955年年底，郎木寺区域不同阶层所占的比例为：牧主2户，共11人，占部落总人口的8.33%，有牲畜1881头（马、牛、羊），占部落牲畜总数的38.94%，人均牲畜占有量为171头；上等户4户，11人，有牲畜1167头，占总数的24.17%，人均牲畜占有量为106头；中等户19户，共71人，占总数的53.8%，有各类牲畜1682头，占34.82%，人均牲畜占有量为23.69头；贫困户15户，共39人，占总数的29.59%，有牲畜数量仅为100头，占总牲畜数量的2.07%，人均占有量仅仅为2.56头（表3-1）。

表3-1 1955年郎木寺社区（部落）阶层牲畜占有量

项目	户数/户	人口数/人	占总人口比/%	牲畜数量/头	占总牲畜比/%	人均拥有量/头
牧主	2	11	8.33	1881	38.94	171
上等户	4	11	8.33	1167	24.17	106
中等户	19	71	53.8	1682	34.82	23.69
贫困户	15	39	29.54	100	2.07	2.56

资料来源：《碌曲县县志》及碌曲统计资料

这一时期郎木寺社会具有非常明显的二元特征，贫富差距极大；人口数量极少的牧主和上等户占有社会绝大部分的财富（牧区最大财富为牲畜和草地），而占全社区人口83%的中等户和贫困户只占有社会财富的36%；尤其是占社区人口30%的贫困户拥有的财富量不到整体财富的3%。严格的阶层分化和财富拥有分别形成了中下等阶层人口与上等阶层财富拥有量的正反"金字塔"构造。正是在牧业经济下，郎木寺社会经济结构逐渐形成，这也是日后郎木寺发展的根本基础。

（三）商品贸易

碌曲历史上泛指"羌中"，十六国前凉时，是丝绸之路河南道的必经之地。郎木寺独特的地理区位决定了其商贸业的发展。郎木寺自古以来就是出川入甘的"南番中心"，是汉藏"茶马互市"沿线的重要交易场所。在唐朝，郎木寺地处大唐和吐蕃统治区的边界，也是两条茶马古道（松洮古道、洮岷古道）和唐蕃古道支线青海道的交会地带，其中松（松潘）洮（洮州，今临潭）古道是北宋甘南茶马古道中的西线，直接经过郎木寺。1047年，宋朝正式在四川设茶司，在甘南设马司，管理茶马贸易之事，"凡市马于四夷，率依茶易之"。郎木寺之所以能够成为茶马古道西线的重要节点，主要是因为当时宋朝"茶马之政"的国策。北宋时期，中原与西夏、辽金、蒙古三面为敌，战火不断，战马需求量极大，当时的茶马互易主要在陕甘川地区。其中茶叶取于川蜀，马匹主要来源于黄河首曲的"河曲马"，而郎木寺几乎正是黄河首曲的门户之地（裴黎光，2016a）。

清同治四年（1865年），甘肃大河家的马尕主麻兄弟、马哈洛、蒋全顺，旧城的张六七子、马古尔麻因经商至郎木寺（镇）落户（段金录和姚继德，2002）。至光绪十一年（1885年），时有回族23户，百余人，分驻在格尔底甲科和色赤甲科（四川若尔盖县地方志编纂委员会，1996）。清末民初若尔盖的郎木（格尔底）寺也建立起商贸市场。开始是帐篷商，以物易物，后来才逐渐有坐商（川易，1979）。与此同时，甘肃临潭、临夏等地商队取道郎木寺，进入四川成都、马尔康等地经商，郎木寺逐渐发展成为畜牧产品和内地日用品交换的中转站之一。新中国成立前，郎木格尔底寺是茶叶、皮毛、粮油、布匹、百货等商品的交易市场。市场上有商户丁成哥、张永年、马布多等二十余家（松潘县志编纂委员会，1999）。

因此，凭借其三省交界的优越区位，郎木寺逐渐发展成为边境商贸型小镇。区位成就了郎木寺的贸易，牧业经济的生产方式则是根本性因素。牧业经济下提供的肉、乳、乳制品和不多的青稞这些单一经济产品和不耐存储的特点与生活需求差距太大，难以形成自给自足的自然经济形态状况（伦珠旺姆和昂巴，2003）。尤其藏民以肉、乳为主食，茶可"攻肉食之膻腻，涤通宵之昏寐"，即具有消食、御寒、解乏的功效。到宋代，饮茶在牧区已经很普遍，如"夷人不可一日无茶以生""不得茶，因以病""一日不饮茶则滞，数日不饮茶则病""宁可一日无食，不可一日无茶"等，上至贵族，下至庶民，无不饮者。因此，藏人愿意用牛羊肉、乳畜产品与汉人、回族商人换取茶叶、粮油、布匹、盐等生活用品。

（四）寺院经济

吐蕃王朝时期曾先后制定过"三户养僧""七户养僧"制度，寺院、僧人的生活所需均由王室提供，寺院、僧人不必从事经济活动。吐蕃王朝崩溃以后，寺院和僧人失去了经济来源，一般僧人的生活靠家庭接济度日，但要扩大寺院规模，必须要有更强的经济实力。在此背景下，为维护寺院的存在与发展，各教派的寺院成立了专门的经营性组织、财务等管理机构，出现了专门从事经济活动的寺庙商人，寺院通过收受布施、借贷、地租和经商等，积累了资金、土地、牲畜等大量财富（刘勇，2007）。政教合一制度实施后，寺院与地方政府出于各自需求合为一体，地方政府为其划拨田地，并确定牧民供养制度。寺院的这种独特优势积聚着贵金属、劳动力与土地等经济要素，寺院经济也便优先快速发展起来，实力雄厚。"故寺院拥有大宗田产，放租给农民而后佃户收取租粮，故寺院积有大批资金，其资本之雄厚远非普通人可比较，即土司头人亦不能与之匹敌"（胡翼成，1942）。在青海、四川和甘肃藏区，一些较大寺院借助汉藏经济贸易的大的背景，积极参与茶马交易，一时之间成为甘青川边界重要的商贸中心。

郎木寺位于甘青川三省边界的区位优势，使得寺院经济一度主导着部落的发展，成为牧业经济之外的另一重要构成。然而游牧时期，游牧生产方式导致藏民没有固定的生产生活场所，汉、回民也不敢轻易深入草原从事商贸交易，加上藏族社会"重牧抑商"的思想，因此郎木寺商贸业发展总体上受到一定限制。寺院诞生后，最大的好处是围绕寺院出现了定居的藏民，这便是郎木寺商业交易的重要前提。在安多藏区，"南部（番人）会市多聚集于寺院，凡会期将届，商贩不速而来，所市上物皆番地土产，皮张、茶糖、布匹尤为大宗。凡番人所需要者类皆有之，寺院会集，具有定期"（黎小苏，1934）。自明永乐年（1403～1424年）以来，来郎木寺修行的僧侣增多，朝拜者络绎不绝。清朝末年甘肃临夏、临潭等地大批商队向东南经郎木寺进入四川阿坝、马尔康、松潘、成都等地经商，向西经过郎木寺到青海省察卡驮运湖盐，以及向北经郎木寺前往甘肃进行贸易，郎木寺成为通商必经地、人居集聚地和畜产品、内地日用品的集散地。

寺院的诞生进一步刺激和保障商贸发展，因此出现了商贸发展与寺院规模壮大成正相关的现象，郎木寺亦是如此。随着郎木寺院的规模不断扩大，地位不断增强，其对商户的保护作用更强，商贸更加稳定。以牲畜、毛皮等为主的商品由于具有较强的市场需求，吸引了更多商人的参与，商贸规模不断增大。政教合一制度确立后，寺院的垄断能力进一步增强，从源源不断的商品贸易中获取大量利润，这也正是寺院热衷于商品贸易的重要原因。甚至，一些较大的寺院（如拉卜楞寺、塔尔寺等）一跃成为了各民族之间商品交换中心场所（李峰，2001）。"蒙番人经商多为喇叭资本，领自寺院"。相反，那些规模较小的寺院，由于信众也较少，无法集聚大量的人流物流，自然无法刺激商贸业的发展。

（五）城镇建设

曾有学者提出"寺院城镇"这一概念，专指在藏传佛教寺院诞生后出现的部分城镇，这部分城镇的出现并非因为寺院是政治中心，而是寺院及其周边牧民的经济需要（勉卫忠，2008）。早在20世纪30年代，人类学家于式玉教授在藏区考察时发现："各处寺院建立起来之后，一部分老百姓为了供应活佛差役，也就离开了游牧的大队，来到寺旁定居下来，内地商人，为供给寺院用品……也同他们一起住下来。以后，收买皮毛的商人，也从四方聚居到此。百姓、商人乃形成了今日寺旁的村庄。"久而久之，村庄人口越来越多，为满足不断增长人口的各种需求，便需要更多的基础设施建设，如道路、供水等，也需要食宿、就业、医疗等服务设施建设，村庄逐渐连成村落，出现集市，当政权组织定居于此时，城镇就不可避免地出现了（李霞和陈丽霞，2010）。显然，郎木寺镇也属于此类，因寺院而逐渐孕育出城镇，尽管可能没有拉卜楞镇或隆务镇显著。

1927年的《宣道周刊》曾对郎木寺镇全貌进行描述：虽然还称不得一个镇子，但有两座总人数差不多1200人的喇嘛寺。小点的寺院，坐落在红砂岩峭壁之下的阳坡上，赏心悦目地掩映在松林之中。直直越过山谷，在壮美的短峡谷的右边，是坐落在高达15 000ft（英尺）塔状石灰质山峰的阴影中的大寺院。浓郁的常青林木，遍布在辽阔半面山坡之上，构成了寺院的自然背景，红白相间的建筑就点缀其间。涨满了崖壁下小溪的激流，在寺院正中汹涌而下，流过简陋得难以形容的贸易点。方圆三四百码[①]的范围内，四个或五个藏族小村落，一起构成了郎木寺的全貌（Ekvall，1927）。

[①] 1码（yd）=0.9144m。

三、旅游发展时期的郎木寺

（一）人口状况

郎木寺是碌曲县人口分布最密集的地区之一。新中国成立前，郎木寺的人口数量没有明确的记载。新中国成立后，对郎木寺人口数量才有初步统计。1953年和1964年第一、第二次人口普查数据均无确切的关于郎木寺乡人口的记载。1982年第三次人口普查，郎木寺总人口为2897人；1990年第四次全国人口普查结果为3503人；2000年第五次人口普查郎木寺镇人口为4147人。根据碌曲县统计局数据，2008年郎木寺镇4727人（目前共有729户、4969人，其中农牧业人口4608人）。新中国成立初期到改革开放，郎木寺镇的人口基数较小且增长较为缓慢。改革开放以来，郎木寺镇人口增长速度明显加快（图3-3），人口密度不断上升。

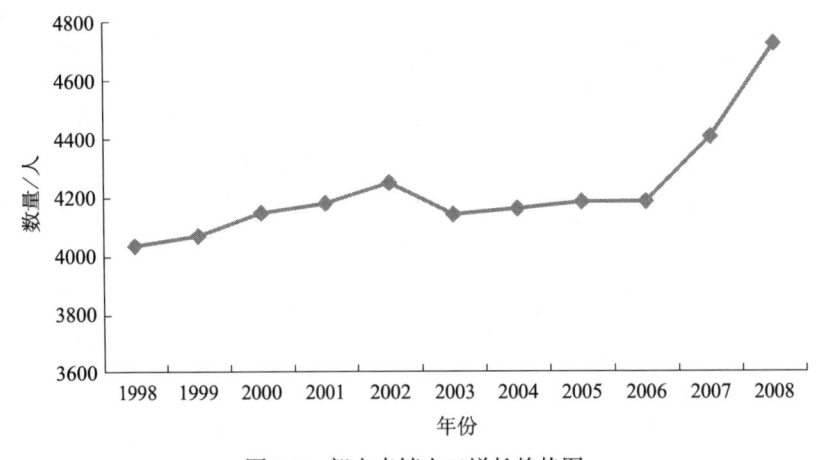

图3-3 郎木寺镇人口增长趋势图

随着旅游业等服务产业的迅速发展，郎木寺镇区逐渐成为人口集聚的重要场所。根据第四、第五次碌曲县人口普查资料，郎木镇区人口由1990年的1438人增加至2000年的1851人（表3-2），尤其以加科村民小组最为增幅显著，10年间净增人口388人，这主要是由于旅游推动下的外地经商人口迁入带来的人口机械增长，而增长的这部分人口以汉族和回族为主。仁贡玛人口增长亦是如此。从加科的历史看，自20世纪50年代开始就成为汉藏回杂居的地方。卡哇和吉可河作为以藏族牧民为主的村落人口则以自然增长为主。这就比较充分地体现了郎木寺镇区人口机械增长为主、自然增长为辅的特点。2009年，郎木寺镇区人口为2499人（包括郎木村户籍人口和外来从业人口），占全镇人口的52.87%，在全镇9个自然村中，有4个自然村人口在200～600人，有5个自然村人口在200人以下。

表3-2　1990～2000年郎木村人口的变迁

单位	1990年 总人口/人	2000年第五次人口普查 户数/户	总人口/人	两次比较 增加人口/人	年增长/%
郎木寺镇	3503	925	4299	796	2.06
郎木村	1438	410	1851	413	2.56
仁贡玛	188	72	282	94	4.14
加科	854	91	466	388	5.88
卡哇	208	54	265	57	2.45
吉可河	188	47	233	45	2.17
镇机关	443	146	605	162	3.16

数据来源：碌曲县第五次人口普查资料

（二）产业结构变化

藏区的产业结构长期以来一直以畜牧业为主，脆弱的生态环境也限制了其工业化进程，因此藏区普遍存在产业结构单一、产业经济效益较低的问题。然而，高原生态环境、文化历史却是发展旅游的重要资源基础。自古以来，寺院都是旅游活动开展的重要资源支撑和空间载体。郎木寺院诞生后，逐渐孕育出丰富而又神秘的宗教文化，吸引了众多宗教朝觐类旅客。自从郎木寺院恢复以来，郎木寺旅游得到了快速发展，逐渐成为郎木寺社会经济发展的新引擎，在全镇产业经济结构中占据越来越重要的地位。2007年郎木寺镇旅游业发展势头强劲，全年共接待境内外游客6.39万人次，占碌曲县接待游客总数的47.33%；其中，境内游客2.29万人次，境外游客4.1万人次；旅游总收入达4601.2万元，占全县旅游总收入的71.65%。旅游业作为第三产业的重要构成，对住宿业、餐饮业、购物、交通等相关产业具有较强的带动作用，并刺激社会就业。不难预测在未来，旅游业将超越畜牧业成为第一大产业。

（三）城镇用地变化

1. 用地变化的时空演替

郎木寺镇区土地利用的演化以寺院的兴衰为主线，大致经历了萌芽期、成长期、发展期、成熟期、稳定期五个阶段。在不同阶段镇区用地表现出不同的时空特征，在时间上表现出延续性和不同类型用地此消彼长的关系（图3-4），在空间上则表现出不同用地规模的增减和布局的变化（图3-5）。

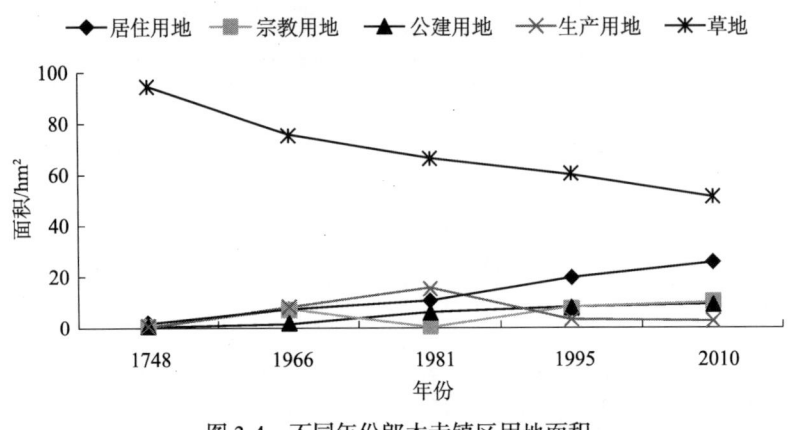

图3-4 不同年份郎木寺镇区用地面积

资料来源：李得发和李巍（2011）

第一阶段（1748年以前）：城镇土地利用演替的萌芽期。该阶段大多数城镇用地还处于未开发状态，土地利用类型以草地为主，有个别的居民点零散分布，其中草地和居住用地分别占镇区用地总面积的97.88%和2.12%。直到1748年郎木寺院建立，土地利用类型中增加了宗教用地。在空间上居民点分布在沿河的二级台地上，与镇区道路共同构成"点轴"的空间布局形态。

第二阶段（1748~1966年）：城镇土地利用演替的成长期。1966年土地利用类型在前一阶段的基础上出现了宗教用地、公建用地和生产用地，分别占镇区用地总面积的6.8%、11.35%和7.98%，居住用地和草地面积分别占镇区用地总面积的5.88%和77.98%。这一阶段镇区的土地利用类型有五种，其他四种用地以宗教用地为中心靠近河流和道路布局，形成"块状"的城镇用地布局模式。

第三阶段（1967~1981年）：城镇土地利用演替的发展期。在"文化大革命"后，寺址变为一片青稞田地，1978年以后城镇用地中以商业和服务业为主的用地和居住用地大规模开发，行政和文化教育事业较快发展，用地面积逐渐增多，而草地面积逐渐缩减，形成商业用地和居住用地为主的土地利用构成。该阶段城镇的土地利用表现出社会经济发展的特征，城镇用地发展的重心发生转移，逐渐向道路与河流的交汇处集中，城镇用地呈现"带状"的空间布局形态。

第三章　因寺院而兴起的城镇

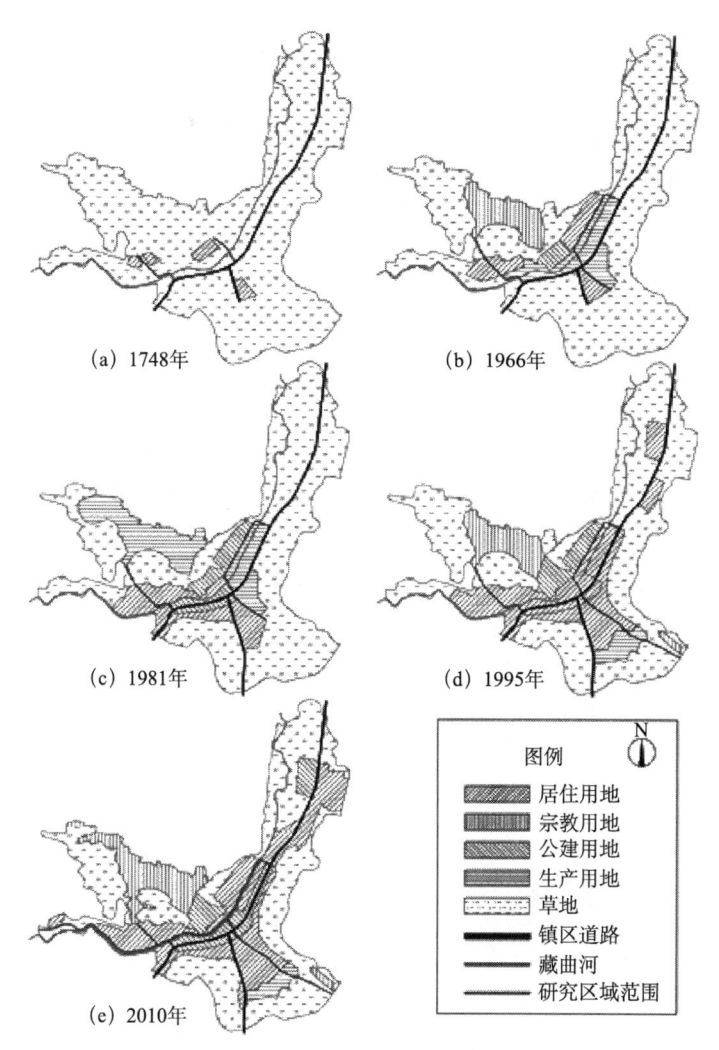

图 3-5　郎木寺镇区土地利用类型分布图
资料来源：李得发和李巍（2011）

第四阶段（1982～1994年）：城镇土地利用演替的成熟期。1981年郎木寺院恢复重建，原来的寺址被重新复原，生产用地扩大到14.69hm²，占总面积的15.34%，居住用地和公共建筑用地在原有规模上进一步扩大，草地和生产用地开始衰减，形成以寺院用地、商业用地、居住用地为主的城镇土地利用结构。该阶段构成镇区用地结构的各类用地表现出快速增长与衰减的差别，居住用地和公建用地进一步向道路与河流的交汇处集聚，并与宗教用地相接，逐步形成以寺院和商业核心区为中心的"组团状"的土地利用空间布局形态。

第五阶段（1995～2010年）：城镇土地利用演替的稳定期。经过前四个阶段的演化，镇区土地利用表现出现代化和多样化的特征，并最终确立了较为稳定的城镇用地结构，形成了以宗教用地、居住用地和公建用地为主体，各部分用地均衡发展的土地利用结构。确立的土地利用结构沿白龙江与省道313向东北—西南和西北—东南两个方向拓展，形成以寺院、行政办公区和商业中心区为核心的"连片状"发展模式，在空间上形成以道路与河流为骨架，以公共服务区为核心向东北、东南、西南和西北四个方向延伸的空间格局。

2. 用地变化的职能表征

通过对郎木寺镇区土地利用的时空演替及其各阶段的用地构成进行分析，笔者得出了在城镇发展的过程中城镇的主要职能与用地构成相互关联，城镇的主要职能与不同历史阶段城镇用地构成中的主要成分相一致，概括起来郎木寺镇的主要职能经历了"宗教职能—行政职能—经济职能—旅游职能"的演变过程，具体分为以下四个时期。

第一个时期（1966年之前）：城镇的主要职能为宗教职能。

郎木寺镇因郎木寺院的建立而兴起，当地人们为了民族文化的传播和延续建设了具有象征性的建筑物和构筑物，形成具有精神象征的寺院、纪念馆等公共活动场所。寺院是整个城镇的精神领域，在空间上统领着整个城镇的生产与生活，其他各类城镇用地以寺院用地为中心呈同心圆或扇形向周围拓展，寺院用地在城镇用地构成中占主体地位，在全局上引导着城镇用地的发展方向及其用地结构的空间形态变化，同时反映了以宗教为主的城镇职能。

第二个时期（1967～1981年）：城镇的主要职能为行政职能。

政府行政权力对城镇用地开发及其构成有着很强的干预，行政权力能够推动城镇用地构成在短时期内发生改变，对城镇的用地扩展和性质起着调控和导向作用，在不同程度上改变着城镇土地的利用方式和利用结构，从而影响城镇用地空间形态的转变。因此，以行政职能为主要职能表现为行政办公用地在城镇用地构成中的比例上升，而其他各类用地相对下降。

第三个时期（1982～1995年）：城镇的主要职能为经济职能。

经济的快速发展促进了城镇社会发展水平的提高和商业、金融业的兴起，经济的快速发展也使城镇的用地扩张成为可能，为了适应城镇经济快速发展的需求，要求用作城镇经济发展的商业、金融业用地在空间上扩展规模，形成以商业、金融业用地占较大比例的城镇土地利用结构。城镇的经济职能成为这一时期城镇的主要职能，城镇用地向着商业经济发展有利的方向拓展，城镇的发展表现出以经济职能为特征的空间增长。

第四个时期（1996～2010年）：城镇的主要职能为旅游职能。

随着社会经济的发展和人们生活质量的提高，以旅游业为主的第三产业逐渐成为城镇发展的主导产业。旅游业的发展为郎木寺镇区用地结构的转变提供了新的可能，用作旅游资源开发和旅游基础设施建设的用地在城镇用地构成中的比例增加，促使城镇的用地结构发生转变，土地利用的重心发生转移，使城镇的其他用地以作为旅游用途的用地为中心在空间上发生集聚，同时也反映了旅游职能为这一时期城镇的主要职能。

第四章 郎木寺镇的社会空间解读

第一节 藏族的空间观念与空间想象

一、空间观念的辨析

空间观念与时间观念，构成人类认识环境的重要基础。有人认为空间观念形成于对空间的分割，只有当混沌的空间被分割为不同的个别部分以后，才是可以辨认的（王钟陵，1984）。有人认为空间是人类对周边环境秩序化控制的一种结果，空间是人类把世界进行初步秩序化的一种简约有效的先验范式（唐小蓉和陈昌文，2012）。有人认为空间观念由社会生活形态塑造，人类对空间的界定和划分最初来自对原始社会组织形态的模仿，社会组织形态的复杂化使人类的空间观念也更趋复杂，人们对社会事实的情感反映也体现于所赋予空间的象征意义中（涂尔干和莫斯，2000）。还有人认为空间是一个文化概念，不同文化往往拥有不同的空间观念或对同一个物理空间赋予不同的意义（黄应贵，1995）。

可见，空间观念是伴随着社会生产、生活实践孕育而出的，是特定文化的产物，决定着社会群体对生活世界的感知与表征（海力波，2007）。不同文化、地区、民族的空间观念存在差异。"天圆地方""四方上下曰宇"等是汉人古代朴素的空间观念，"中心－四方"（神圣中心最为尊贵，左比右尊、北比南卑）与三界（神、人、鬼三界）是侗族的空间观念（赵巧艳，2014）。纳西族依据太阳升落确定东西方向，依据河流流向划分南北方向，依据人或动物与自然界的关系确定上下、左右、前后等空间方位（白庚胜，2003）。

空间观念是空间构建的基础和依据，某种空间观念必然对应一种独特的空间形态。除了空间观念外，空间构建还需要具体的物质基础即环境，两者的

"相互结合运作"才能构建出某种空间形态（黄应贵，2002）。因此，要掌握藏区城镇的社会空间结构，首先需要了解藏人有意识或潜意识中形成的空间观念。

二、四方形与曼陀罗图式

（一）四方形

四方形空间观念的来源主要有两个。第一，早期西藏的神话传说，人们认为吐蕃大地是一个骚动不安的女魔。女魔的身躯和吐蕃处于军事鼎盛时代（8～9世纪）的面积一样大，其分开的四肢与西藏有人居住的现有边界相接。为了能在大地上面居住和发展文明，需在女魔的四肢上钉上钉子，以在三块大地的四角建立起寺庙的形式，使女魔遭受折磨，寺庙就是这些钉子（石泰安，1998）。然而这在风水学上另有一番解释。据史料记载，文成公主进藏时，带了很多风水大师，文成公主本人也精通风水之术，其发现西藏地形俨若"罗刹魔女仰卧"的形状（图4-1），是一个不吉之地。娥圹湖恰是罗刹女的心脏，红铁山好似罗刹女心骨；东方的切玛（沙山）形状像罗刹女的阴部；南方的地形如蝎子抓食；西方的岩形如魔鬼巡视，北方直达梁多地方一带的山形，如象群的战阵；东南界为凶神游地；西南界是恶鬼聚处；北方是部多（魔鬼名）的卧处。但周围地理环境也有好的地方，如东方地形像竖起的灯炷，南方地形像宝塔，西方地形像在曼遮（圆形的坛供）上安放螺杯的形状，北方地形像盛开的莲花。为镇住女魔，先建四镇边寺，即在女魔的左肩上建昌珠寺，在女魔的右肩上建噶泽寺，在女魔的左足上建仲巴江寺，在女魔的右足上建藏昌寺，以上为镇肢或镇边四大寺。根据勘察，"若尚不能克制'女魔'，需再修四大重镇神庙"，即在左肘上建洛扎昆廷寺，在右肘上建布曲寺，在左膝上建江扎东哲寺，在右膝上建真格杰寺。以上四寺史称镇节或再镇边四寺。接着根据推算，又修建四镇翼寺，即在左掌心上建隆塘卓玛寺，在右掌心上建朋塘吉曲寺，在左足心上建蔡日喜卓玛寺，在右足心上建仓巴弄伦寺，以上史称镇翼四寺。共为十二镇魔寺。

第二，吐蕃人对自身与其近邻关系的认识。吐蕃人认为自己四面被围和受到威胁：东部是汉地，南部是印度，西部是伊朗（大食）和拜占庭或安纳托利亚的佛森，北部是突厥人和回鹘人或冲木的某一位格萨尔。其自身处于由各国组成的四方形的中央（"地的肚脐"，地即为女魔），其后东南西北被分为四个部落。军队行军路线也是沿着四个方向进行,即分成四"角"、翼或旗,它与降伏女魔时的第一个方阵是一致的。这一方阵被称为"角的征服",可以制服吐蕃的四"省"。

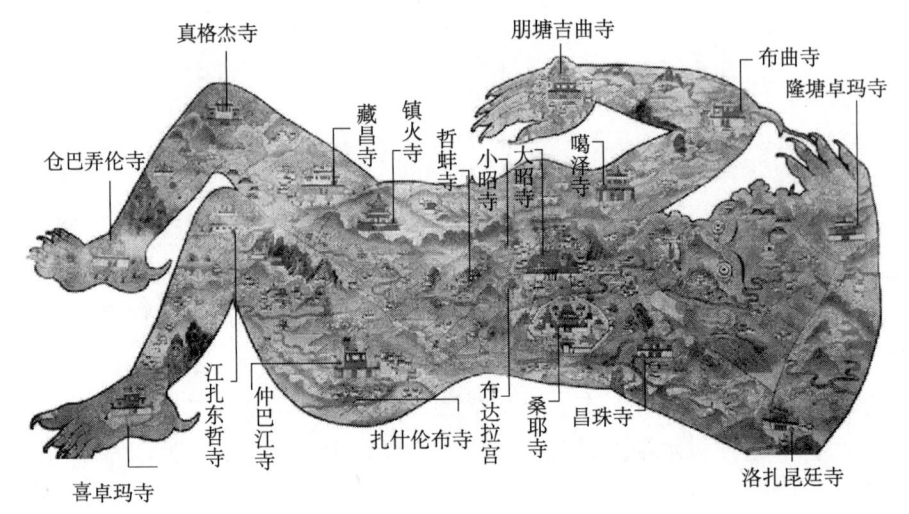

图 4-1 魔女晒尸图(唐卡)

(二)曼陀罗图式

曼陀罗图式是宇宙的空间结构模型。曼陀罗是梵文 Mandala 的音译,原是古印度《吠陀经》中表象宗教宇宙模式的神秘图形,特指球体、圆轮等。密宗取"坛"这个中心要素,作为一种象征性的场所,藏语称曼陀罗为几阔尔,意为中央或基础性的圆圈,有时也意译为坛场或坛城(孙林,2007),是供养、受法、修行、证悟的场所(图4-2)。这与早期佛教传统有关,为了选择修法之地或摆放重要物品,避开不净之地,常划出圆形、方形、三角形的区域,或建立上述形状的土坛,其后慢慢发展为曼陀罗(吉布和杨典,2006)。此外,曼陀罗的中点与佛教的空间观有关。佛教常以"十方"来表示空间,即东、西、南、北四方,再加上东北、东南、西北、西南四方,以及上、下两方,佛教的这种空间观是一个相对、虚拟的空间观,只有确定某一中心点,空间才有意义,即十方是由一个中心点所产生相对位置的感觉。正是因此,藏密曼陀罗以此中心来确定中央主尊的地位,以其为中心的五方佛是密宗的根本。英国学者布洛菲尔德(1990)曾解释:"坛场的外围被画成莲花状(笔者注:有学者指出不是莲花,而是传说中的铁围山),代表着宇宙的四周表面。信徒于其禅定修持时会现观或亲自见到莲花于其心中开放,并魔术般地展开直到变成宇宙的一朵莲花。

其中心或心脏呈现我们已经描述过的'十'（五个小圆圈构成的十字）状。中心圆内包括五位叫作耆那最胜者的佛陀。他们是这样分布的，有一尊位于中心，四方各有一尊（在某些坛场中，每一尊佛陀又都由两尊菩萨簇拥，从而形成了'十'形的布局）。坛场的这一部分代表着世界的心脏，也就是出自空（它与纯洁的心相同）的五倍智力的表现物。大家将会发现'十'这种形状在其他所有的圆中也反复出现，这样就是使每个圆都成为它所属的一个变大的平面图之对称图。这就是世间万物的相互影响及大世界与小世界之统一的标志。在提供该图案的原形中，画在同心矩形之中的每一个小圆圈都是菩萨的一种形状，四门中的四个圆圈均为守护神。如果坛场更为复杂一些，那么其中可能具有位于适宜位置的某些其他神。"

图 4-2 曼陀罗图式

关于曼陀罗的种类，佛教密宗经典中记载的曼陀罗大约分为四种：大曼陀罗、三昧曼陀罗、法曼陀罗和羯摩曼陀罗。无论何种类型，它的平面基本构图都是以十字轴线对称为基本结构的，内作井字形分隔，方圆相涵，向心辐射（叶阳阳，2010）；其一般造型都以突显宇宙的整体结构为要点：具有中心圆（或中心），四方大门，外围的圆轮，还有最外部的方框。因此，曼陀罗中的符号围绕着中间的核心聚集在一起，方形与圆形构成了曼陀罗的边界与结构。这些是曼陀罗作为坛场来汇集宇宙各部神圣力量的基本要素。除了圆形、方形外，三角形也是曼陀罗核心构形元素，三角形在印度教的怛特罗派中，是被用来表示神力的扬特罗的重要图形，祈愿降伏对方（蒲佳，2008）。

在方形或圆形的土坛上，安置诸佛、菩萨，加以供奉，"此坛聚集诸佛、菩萨功德成一大法门，如辋、辐具足而成圆满之车轮"。圆在佛教中本来指法，曼陀罗正是对佛法的一种完美诠释和表达，是佛教的精神宇宙图式的一种呈现（唐小蓉和陈昌文，2012），是僧人和藏民日常修习秘法时的"心中宇宙图"（图4-3）。佛教兴起后曼陀罗图式得到继承和发展，被赋予了更为丰富的宗教奥义。例如，曼陀罗的圆形代表着循环，即没有时间、永不停止。曼陀罗的研究者——知名心理学家荣格，有较长一段时间，他每天醒来的第一件事就是绘制一幅曼陀罗图，直到达到他所说的"豁然醒悟"的境界为止。荣格认为曼陀罗是某种秩序的原型，是心理整合和完整性的原型，是"个人心智中各种相互对立力量趋于统一"的象征，是人类追求最高精神境界、协调自我人格的象征性图案。它源于人类的集体无意识，对全人类来说是共同的，是人类集体潜意识的象征物。曼陀罗图形是人的内心的外在投射，能用图画的方式来表现，通过曼陀罗图形协助人类由自我的实现，转变为追寻心灵上的彻悟，从痛苦中解脱，重新发现人生的意义与目的。

(a) 无量寿佛坛城　　　(b) 胜乐金港坛城　　　(c) 绿度母坛城

图 4-3　曼陀罗

资料来源：吉布和杨典（2006）

曼陀罗的宗教空间观念对寺院布局产生了重大影响。寺院开始追求空间形式的宗教象征意义，按照"坛城"的理想空间图式进行修建，其基本形制为以佛殿为中心，周边殿布置走道及房间和外围的转经道，再外为城镇街道及居民区，民居开门方向朝向寺院中心（柏景等，2009）。在前弘期西藏寺院均采用曼陀罗形式布局，因此可以直接显著地体现曼陀罗图式，拉萨大昭寺、小昭寺、山南昌珠寺、扎囊扎塘寺、桑耶寺等前弘期所建的寺院均建在河谷平原地带，且平面布局均采用曼陀罗形式。西藏桑耶寺在我国最早将曼陀罗直接应用于寺院建造中。据《西藏网统记》载，桑耶寺由数十座大小不等的，微观上独立、宏观上又服从整体布局的宏大建筑群组成，乌策大殿与须弥山（佛教"世界的中心")对应，大殿两旁各建有一座神殿，东南西北四方建有江白林、阿雅巴律林、强巴林、桑结林四座神殿，象征着四大部洲。四座神殿附近各有一小殿，红、绿、黑、白四座塔分别位于主殿四角，共计八个小殿，象征八小洲（图4-4）。后弘期藏传佛教寺院布局更加成熟，不再局限于河谷平原地区，也开始依山而建，由于寺院不是一次建成而是经过无数次扩建、改建后形成规模，因此在空间形态上不容易发现曼陀罗的图式，然而寺院表现出很强的向心性，很多寺院仍然表现出以措钦大殿等重要建筑为中心的布局特征（黄跃昊，2015），这与曼陀罗构图非常接近，即突出"中心"。此外，曼陀罗还用于建筑装饰上。法海寺大殿顶部三个藻井（我国传统建筑装饰，是一种穹顶状的天花）就是曼陀罗在建筑装饰上的应用。如今，曼陀罗图式已经开始应用于城市规划与改造（如西藏昌都旧城改造），全国也有不少按照此图式修建的寺院景区（如平顶山香山寺景区等）。

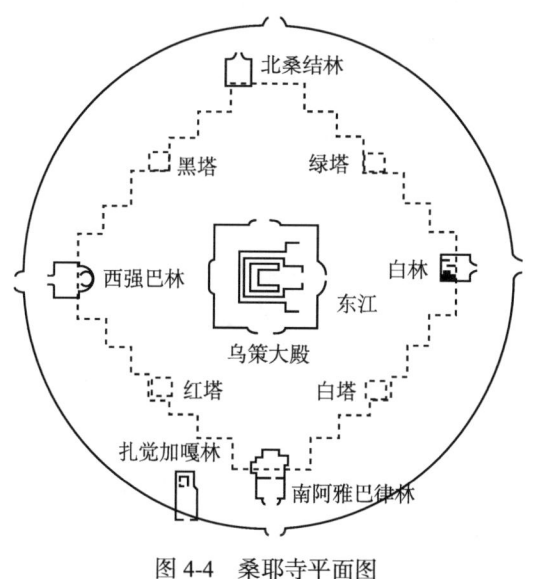

图 4-4 桑耶寺平面图

曼陀罗还影响着城市的空间结构。曼陀罗的宗教思想会自发指引信仰者的社会行为，进而导致城市空间结构的变化。拉萨旧城有以大昭寺为核心向外辐射的三条转经道，即"囊廓""八廓""林廓"，其中"囊廓"为大昭寺内环绕觉康主殿、近似方形的转经道，处于三条转经道的最内一圈，因此亦称内转经道，形成于吐蕃早期；"八廓"又被称为八廓街或八角街（实际上并非有八个转角或呈八边形），街道形状大体为方形，在藏语里是"中圈"的意思，初步形成于吐蕃早期；"林廓"为环绕大昭寺、小昭寺、布达拉宫、药王山等拉萨老城的重要宗教圣迹和场所的外转经道，形状不规则，形成于15世纪。其中，在过去道路交通系统普遍相对落后时，依托宗教朝觐所形成的八廓街和林廓路，曾一度是拉萨城市的主要交通要道。总之，此三条转经道空间及在此空间内的宗教场所、设施对于拉萨城市空间格局的形成与发展起到了重要作用。

三、水平空间与垂直空间

除了四方形和曼陀罗图式，藏族人还存在独特的水平与垂直的空间观念。水平方向，形成混合了四方形观念、曼陀罗等在内的图案。两者组合就形成了一种以曼陀罗的神山来表达的空间想象图式（俞孔坚，2004），在藏地城镇布局、建筑设计上有所体现。在垂直方向，藏族人倾向于把空间分成若干层，天、地和人之间构成垂直平面，天一般为7层或9层，每一层都是某一特定时代修造坟墓的地方，人们就可以这样逐阶下山（石泰安，1998）。地下也一般有9层或7层。当然具体数字并非基于数理而更多地是源于比喻。为了能够进入这9层必须通过"天门"（指房顶通光和通烟的洞）和"地门"（灶膛），通过"木神之梯"或"木神之绳"即可攀天或下凡，因此在高地（房顶或山顶）的供养神香的香气迫使天门开放。不同高度的自然环境有不同的社会形态：上部是冰川，是带有绿玉色（蓝绿色）之鬃和白色身躯的母狮之居住地，它后来成了吐蕃的象征；山岩区，是雄鹰的居住地；黏土地中生活有野牦牛，牧场或草原中放牧鹿，河流或湖泊中生活有"金眼鱼"；森林里有猛虎逞凶；平原是野驴的栖身地（石泰安，1998）。在藏区河谷城镇，几乎无一例外，几乎所有的聚落都自上而下地分布在河谷山麓：牧场位于上部，农田位于谷地，森林位于山腰，形成了牧区、森林、农区呈阶梯分布的典型乡土景观（俞孔坚，2004）。

四、色彩中的空间观念

（一）藏区的色彩观念

自然环境与色彩观念。藏区，气候高寒，阳光充足，空气稀薄，尘埃和水汽含量少，大气透明度高，色彩纯度很高，万物呈现光鲜的色彩。久而久之，在此自然环境下的藏民形成了与此相适应的独特的色彩审美观（如认同高纯度的色彩），并体现在日常生活的方方面面，从服装到建筑都有体现。当然，色彩还可以发挥对环境的改善功能，如选用温暖而热烈的暖色系作为藏族建筑色彩有助于人们在寒冷的气候中在视觉上寻求能与之相平衡的生理感受（刘加平，2009）。

宗教思想与色彩观念。早期的本教用白、黄、红呈现宇宙万物的组构关系；但宇宙三维空间东南西北四方位又分别由白、绿（蓝）、红与黑构成。藏传佛教中的"地、水、火、风、空"密宗五要素分别对应黄、白、红、绿、蓝五色。佛经中"息业"（息灭疾病邪魔和危难之业）代表白色，"增业"（增益福寿财富之业）代表黄色，"怀业"（怀柔调伏神天人鬼之业）代表红色，"伏业"（诛灭制伏怨敌邪魔之业）代表黑色。佛理三界中的红（中性和阴性）为"赞界"，白（阳性）为"天界"，蓝（阴性）为"禄界"。六字真言"唵嘛呢叭咪吽"用白、绿、黄、蓝、红、黑来代表消除众生孽障。蓝、白、红、黄、绿五色经幡是藏族向蓝天、白云、火红、黄土、绿水这些自然万物祈福生灵的象征（图4-5）。

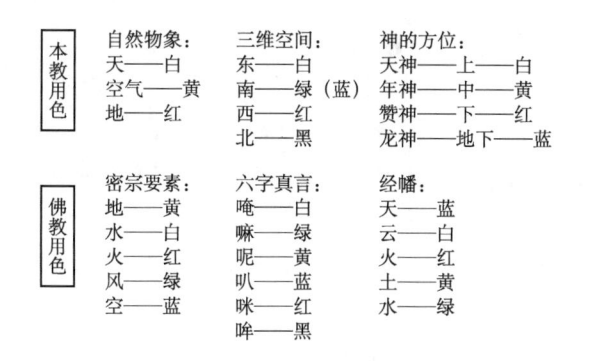

本教用色	自然物象： 天——白 空气——黄 地——红	三维空间： 东——白 南——绿（蓝） 西——红 北——黑	神的方位： 天神——上——白 年神——中——黄 赞神——下——红 龙神——地下——蓝
佛教用色	密宗要素： 地——黄 水——白 火——红 风——绿 空——蓝	六字真言： 唵——白 嘛——绿 呢——黄 叭——蓝 咪——红 吽——黑	经幡： 天——蓝 云——白 火——红 土——黄 水——绿

图4-5 本教与佛教用色
资料来源：根据徐彬（2015）重绘

（二）色彩中的空间与方位

藏族认为色彩具有很强的文化表征性，"刻意运用理性的色彩规律突出自然视觉效果的对比，构成对比与统一的视觉语言，在对比中求色域的宽度，在统一中求色域的集合，再次体现一切从自然来，并又由人来理解自然，借物表达"（徐彬，2015）。藏族色彩的使用在藏族社会结构和文化结构中，蕴含着本民族最基本的文化内涵，是一个民族表达思想感情最具有艺术感染力的形象语言。藏族色彩体系所显现出的规律特征，是藏族人民在漫长的历史长河中发展形成的诸多文化现象的集中体现，它最能表现藏族人民对色彩的情感取向，也最能反映民族性格和审美情趣（李巍和冯斌，2015），其中也折射出丰富的空间与方位的观念。

在藏区，色彩在较长时间的使用中逐渐形成了相对约定俗成的空间表达与表征（表4-1）。白色藏语为"尕鲁"，在宗教意义上为吉祥、美好、善良的象征，其主要受到本教白石崇拜的影响。藏族传说中白石怀孕生下了一只猿猴，猿猴又衍生了他们的直系祖先，因此白石被尊为神，视为人类诞生之母。此后，藏族便在屋顶、山头、墙头、门檐等处堆积白石，以驱邪避灾，随后就慢慢演变为一种建筑装饰，也出现在日常生活中。红色在藏族民间社会，被赋予辟邪、吉运升腾等含义。最初红色与早期本教祭祀中以鲜血供奉凶神有关，在战争中红色主要用于服装以示威严，也常在纪念宗教领袖及英雄时使用。藏文典籍中常用"红脸藏人"表示其勇猛和凶悍。在寺院建筑中，红色用于护法神殿、灵塔殿，象征此建筑的威严和庄重（潘晓伟，2008）。金色（或黄色）来源于贵重金属黄金的色彩，代表高贵和权力。因此，凡是被顶礼膜拜的神圣对象或权力地位高高在上的人物，基本都会用黄金来点缀和装饰。在早期的神话传说中，均暗示了金色与藏传佛教之间的千丝万缕的渊源关系。《西藏王统记》中提到为修建大昭寺遣除障碍，藏王得到神旨建造一个十一面观音像，该观音像"其上有三面，金色，现威怒相，为增事业"。蓝色象征天空，表现的是一种冰清玉洁、超然物外的特质，还可以是勇敢和正义的象征。在藏族人日常生活中，蓝色主要用在服装上，还常用在具有鲜明藏民族特色的藏式门帘、帐篷上。绿色表示江河湖泊，表示功德业绩或聪明善良，也可以代表女性扮演菩萨的化身，还意味着驱魔等。黑色象征着护法神。佛教世界分为天上、地上和地下三个层次，黑色对应着地下，常被理解为不详、辟邪，因此主要用于建筑的门窗等部位的涂饰。

表4-1 藏族民俗中常用色彩的心理联想

色彩	具体联想	抽象联想
白色	白云、雪山、奶酪、牛奶、酥油、白牦牛、白象、白海螺、白石、白色哈达、白衣、白色帐篷、白色经幡、白墙	吉祥、祝福、神圣、纯洁、诚挚、和平、美好、忠诚、正义、合理、正确、善良、高尚、祥和、喜悦、温和等
金色（黄色）	土地、黄金、佛衣、黄墙、金顶、宗教器物	光明、希望、丰收、富贵、高贵、神圣、佛祖、华丽、吉祥、兴旺
红色	鲜血、肉类、火焰、红珊瑚、玛瑙、僧衣、边玛檐墙	杀戮、血腥、残暴、凶兆、厌恶、敬畏、强悍、权势、博爱、慈善、吉祥
蓝色	天空、绿松石（蓝色）、药剂佛	宁静、智慧、纯洁、稀有、英勇无畏、正义
绿色	江河湖泊、树木、绿度母	生命、发展、延续、活力、功德业绩、聪明善良
黑色	黑夜、黑牦牛、黑墙、黑窗框、黑色门框、黑色唐卡、门神像、护法神像	黑暗、邪恶、灾难、不详、地下、死亡、神秘、凶狠、非正义、愤怒、罪恶、危险、辟邪等，在特殊情况下也有威慑、有力、刚强

资料来源：丁昶（2009），略有调整

不同建筑空间的色彩使用体现出不同的空间等级性。宗教建筑外观色彩一般为红色、黄色（金色），象征着权力、势力和高贵；普通民居建筑外观色彩一般不用红色，以黑、白、灰最为常见。但是民居、寺院、宫殿、庄园的窗户一般都使用黑色窗套，门框、门楣、窗框、窗楣、墙面、屋顶、过梁、柱头等构件的色彩运用十分丰富。色彩的使用因各教派和地区的不同而有差异，宁玛派、格鲁派、噶举派多用黄、红、黑、白，萨迦派多用蓝色，并喜用红、蓝、白三色相间色带涂墙。较为统一的是一个地区等级最高的建筑物均设置金顶。

色彩具有空间标识的功能。地理空间尺度较大且自然万物的色彩较为鲜明、自然景观类型同质单一，人容易迷失其中。绚丽的色彩会给人们带来一种视觉的冲击和心理上兴奋感，在藏区可作为空间点缀和空间标识的重要依托，藏民较为容易识别绚丽的色彩进而辨别出地理与空间方位。

受宗教文化的影响，色彩很多时候表征着或暗示着某种方向。早期的本教将世界分为天、空气、地三个部分，用白、绿（蓝）、红与黑代表宇宙三维空间东南西北四方位。在曼陀罗唐卡中经常用白、黄、红、绿、蓝五种颜色代表东、南、西、北、中五个方位，即代表东方的金刚萨埵为白色，代表南方的宝生佛为金黄色，代表西方极乐世界的教主阿弥陀佛为红色，代表北方的不空成就佛为绿色，代表中间位的不动如来佛为蓝色。此外，在古老本教的寺院中塑造各类神像，白为上，是天神；黄为中，是年神；红是地表为下，是赞神；蓝是地下，为龙神（徐彬，2015）。

五、日常生活中的空间实践

（一）转经

转经本质上是藏族宗教信仰的外化与表现载体。藏传佛教认为，持诵六字真言越多，表示对佛菩萨越虔诚，由此可得脱离轮回之苦。但是由于藏族人识字较少，不可能人人都可以流利地念诵经文，为了诵读更多的经文，出现了以转经轮来诵经的方法，把"六字大明咒"经卷装于经筒内，围绕着某一特定路线行走、祈祷，用手摇转经轮，每转一圈经轮，就相当于念了一遍经。

转经离不开转经筒（轮）。邬金莲花生大士说："凡是印度译成藏文的佛法中，身语所做的善事里，没有比转六字真言经轮利益功德更大的了。"乔美仁波切说："造五无间罪、八堕罪及犯淫戒杀生等重罪之人，只要使用转经轮，罪业根本不会染污自相续，且能获得圆满的解脱。"在安多、康巴、卫藏地区，几乎每人都左手持念珠，右手拿转经轮，这已成为了藏民族的一大特色。

人转经，即以寺院、佛殿、佛塔、神山、圣湖等代表的神圣符号为中心，按照特定的方向（多为顺时针方向）转一圈或数圈，乃至成百上千圈为一次（图4-6），这些是藏民的一种祈福方式，他们相信人要承受六道轮回之苦，为了避免此苦，唯有转经祈福才可避免。其中，转山即围绕藏民心目中的神山（佛经里的山主要指须弥山，即世界的中心，据说是佛祖释迦牟尼的道场，在印度教中它又是湿婆大神的殿堂）转，可以洗清一生罪孽，可以在轮回中免遭堕入无间地狱，甚至脱离六道轮回来世成佛。转山现已成为藏民日常生活一部分，尤其在释迦牟尼诞生的藏历马年转山一圈，可增加一轮十二倍的功德，相当于常年的十三圈。转湖即藏民带着经幡、哈达、煨桑的祭品向湖中的神祈福朝拜，一般认为如果祭品很快沉入湖底，说明祭品干净，被神接受了；相反，如果祭品久久不沉甚至被拍回岸边，就说明祭品不洁净，或者献祭的人有罪恶，神不愿意接受。转湖尤以藏历羊年转湖最为吉祥。

藏民在转经中实现自我的功德圆满，获得心灵的慰藉。在藏区，随处都可以看到虔诚转经的人群行色匆匆地在寺院外、玛尼石堆、佛塔四周、经幡地、神山下、圣湖旁默然疾走……无论是男是女，是老是少，个个手摇闪亮的小经轮，一脸虔诚和郑重其事，没有丝毫的懈怠和不恭。遇到节庆和大的佛事活动，更是声势浩大，人山人海，附近几乎所有的藏民都会放下手中哪怕最重要的活计，焚香沐浴，穿戴整齐，赶来朝圣，并用一个甚至几个整日转经，以表对佛的敬仰和崇拜。从人们手中的经轮到山坡上的玛尼堆，从转佛殿的僧俗到河流上布设的转经筒，藏民族生活在一个旋转与轮回、祈福与吉祥的世界中。

图 4-6 人转经

水转经，即把经文写在转经筒上或置于转经筒内，利用水的力量带动转经筒旋转，以求功德。（图4-7）。《摩尼全集》曰："解脱经轮置于高处，风所飘处众生皆可得益。若于河流、池沼、溪涧等处以水利转动，鱼、虾等类悉皆得益。"

图4-7 水转经

风转经，在垭口布置利用风力转动的经筒，或把经文写在五色旗上（叫做经幡），置于室外，风吹过，经幡飘动一次，就相当于念了一次的经文。

太阳能转经，即在转经轮内置一块太阳能蓄电池，依靠太阳能转动经轮。几乎所有藏族人的车里，都在前挡风玻璃的中间放着一个金灿灿的转经筒。

千百年来，转经成为藏人日常生活的必备，像吃饭、睡觉一样自然，转去今生的苦难，转来来世的幸福，从转山到转水，从转玛尼堆到转佛塔，从出生转到生命终结的那一刻，无数个循环无形中构成了藏传佛教的曼陀罗图式，这是一种深入到血液和灵魂的信仰，是一种轮回、旋转的吉祥，潜移默化地培养了藏人的圈和圆的空间观念和方位。

（二）风马旗与玛尼堆

风马旗：又称经幡，藏语为"隆达"，"隆"意为风，"达"意为马。风马旗的颜色分白、黄、红、绿、蓝五种，故又称"五色风马"，每一种色彩均具有独特的象征涵义。在深层意义上，风马旗被指人的气数和运道，或者特指五行。在灵气聚集之处（神山圣湖等），挂置印有敬畏神灵和祈求护佑等愿望的风马旗，让风吹送，有利于愿望的传达和实现。到后来这种理念延伸到各个层面，喜庆时张挂风马旗是希求天、地、人、畜吉祥和谐；起帐建屋时张挂风马旗是驱灾避祸求平安；山河路口张挂风马旗是希望舟车无碍；"天葬台"附近张挂风马旗则是超度亡灵寄托哀思等。总之，风马旗凭其粗犷、自由、兼容、变异等风格，成为僧俗信众精神世界与神灵沟通的一种媒介（韩书力，1995），是藏族民间文化的重要表现形式。

玛尼石、堆、墙："玛尼"是梵文佛经《六字真言经》"唵嘛呢叭咪吽"的简称，因在石头上刻有"玛尼"而称"玛尼石"。这与藏传佛教的"万物皆有灵"的思想紧密相关，其认为无论是山、石、河、湖、土地、树木，甚至每一块小石头都具有自然的灵性，借助这些自然的力量，可以培养众生的智慧和力量。玛尼石上大都刻有六字真言、慧眼、神像造像、各种吉祥图案，以期祛邪求福。虔诚的藏族信徒相信，只要持之以恒地把日夜默念的六字真言纹刻在石头上，这些石头就会有一种超自然的灵性，给他们带来吉祥如意。玛尼石堆积便成玛尼堆，可用于消灾、辟邪、祈福、超度亡灵。玛尼堆经常出现于路口、湖畔、山间、寺庙，藏人每次路过玛尼堆，都会绕着它转一圈并祈福，同时在上面加上一块石头。玛尼墙是在石头上一锤一凿刻上经文，再一块块垒上去后逐渐形成的（图4-8）。有考古学家认为玛尼石、玛尼堆、玛尼墙是一种原始石头崇拜。原始部落时期石头可被制成各种生产、生活工具，抵御野兽的攻击，这便唤起了先民的崇拜之情。

(a) 玛尼石　　　　　　(b) 玛尼堆　　　　　　(c) 玛尼墙

图4-8　玛尼石、玛尼堆与玛尼墙

　　景观学者认为无论风马旗还是玛尼堆，都具有标识的功能。在大尺度的广袤的藏区，空间的概念因为失去了参照物而变得模糊，藏人在交通要道或山口，以石堆作为计算路程的标志，再插上经幡，空间因有了参考物而可以被认知。俞孔坚认为玛尼堆是人在天地中定位的行为结果。因为在大地上堆了一堆有别于自然状态的白色的石头，而使混沌不可理解不辨方向的世界有了"东西"，使居者知道所在，行者明白方向，大地因此变得可读、可解（俞孔坚，2004）。玛尼堆现在已经成为藏人民族身份的一种认同标志，"转着经筒，路过玛尼堆，轻轻放下一块石头，许下一个心愿"。

六、空间实践中的伦理观念

　　空间伦理提倡人类在地球空间上的平等性和空间的包容性，其形成于人与自然相互作用的漫长历史中，是空间观念与认知形成的重要思想基础。藏民的空间伦理直接诞生于其生态伦理。藏族是一个"诗意地居住在大地上"的民族，面对青藏高原脆弱的生态环境和珍贵稀有的自然资源，如何在脆弱有限的环境中生存并得到可持续发展，是藏族人民一直以来面临的基本问题。在面对和解决这些问题的过程中,他们将人与人、人与社会的关系纳入尊重和敬畏自然的轨道上,形成了藏族独有关于宇宙、自然和人生的生态伦理(南文渊,2007)。此外,藏族世代生活在神灵的世界中,受神灵护佑,依赖生敬畏。万物一切皆受神灵的支配,灵魂是人类连接自然的中介,在这种生态伦理支撑下的藏民,其一切行为活动均以尊重自然万物为前提,并通过自然崇拜和禁忌建立起了尊重和承认自然内在价值的行为规范。有学者将藏族的这种非人类中心主义的生态伦理概括为:自然、人文生态系统的相互依存,整体和谐;人类应该充分尊重并承认大自然的内在价值与生存权利;万物共同拥有的自然界,个人无权占有和支配;人是自然的一部分,自然生态的和谐便是人类社会的和谐(李清源,2008)。

在空间伦理的支撑下,藏民形成了一系列有关空间的独特的观念、态度、风俗、行为和习惯。因此,自然本身也是一种空间形态,敬畏自然、尊重自然、保护自然也便是敬畏空间、尊重空间和保护空间,这些深深地烙印于藏区城镇的社会空间结构中,成为藏区城镇的社会空间结构区别于其他民族的根本特征。

第二节　藏区城镇的一般社会空间结构

一、自然环境因素与城镇社会空间

(一)河流

在原始社会,原始居民以农业、渔业和牧业为主要生产方式,为了方便取水,原始居民多居住在河边、湖边,形成了一批批居民点(图4-9)。河流作为重要的资源和环境载体,是城镇发展的血脉,沿江、沿河的城镇往往发展较快。在近代工业化阶段,河流是城市水源地、动力源、交通要道、污染净化场所;在现代,河流在城市生态建设、旅游娱乐、拓展城市发展空间等方面具有不可替代的作用,许多城市的市中心、港口、工业及仓储大多逐河而设。

河流对城镇社会空间影响主要体现在城镇水平空间形态上,为便于取水、农业灌溉,城镇多沿河流分布;河谷地带,地势平坦,城镇建设与发展成本较低,城镇多半沿河流向上下游发展,形成狭长形的河谷城镇(图4-10)。玉树藏族自治州结古镇地处巴塘河和扎曲河河谷,是一个建在山谷里的城市,是

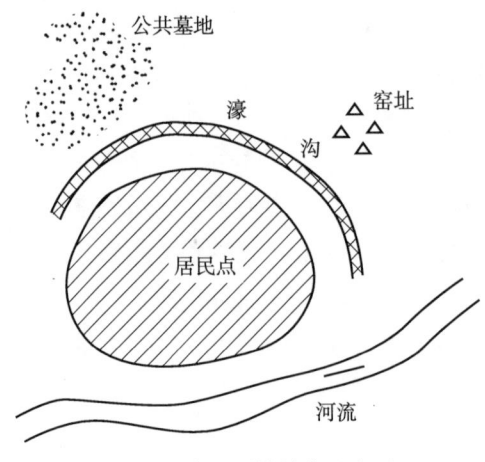

图 4-9 半坡原始村落示意图
资料来源：陈乃华（2005）

长江流域中第一个人口密集的地方。甘南藏族自治州夏河县拉卜楞镇"两旁高山，中贯一大夏河，为山谷中平坦之地，有三科乎滩起至土门关止，俱为高山峭壁，森林葱郁，狭长山地带"（夏河县志编委会，1995）。日喀则萨嘎县城加加镇地处喜马拉雅山北麓、冈底斯山脉以南，雅鲁藏布江、加达河、曼曲河、萨曲河等 10 余条河流穿行于此。波密县扎木镇位于帕隆藏布江的冲积平原，地势平坦，交通便捷。甘孜州德格县城更庆镇依山而生，从山地走向平坝；人们枕河而居，由南至北逆流而上。

(a) 结古镇　　　　　　　　(b) 拉卜楞镇

图 4-10 河流与藏区城镇

（二）地形

地形对城镇社会空间的影响主要体现在城镇的垂直空间形态上。河谷平地多为田地，居住区多分布于山坡上，一方面因平地较少，人们将山坡先处理成若干台地，台高与建筑层高相仿，可以巧妙利用有限的基地空间，使得可建造面积、建筑面积都得以扩大（俞孔坚，2004），房屋就建造在各层台地上，上下层建筑关系浑然一体。这种做法实现了建筑与自然环境的有机融合，使得许多建筑群有从大地上生长出来的景观效果，真正形成了一种"有机建筑"。另一方面，山坡植被相对较好，又可提供较多的草木之实和禽兽之肉，还可免遭洪水的威胁，因此是理想的居住空间，即风水上所说的依山傍水。在适应地缘上，风水理念一般认为：第一，背山向阳的隈曲（山水弯曲处）墁坡为风水吉地，隈曲之处一般水流减缓，变动为静，有利于微气候生成（安玉源，2004），如波密地势上北高南低，印度洋暖流与北方寒流容易在念青唐古拉山会合驻留，进而形成了林芝地区特殊的热带、亚热带、温带、寒带、湿润和半湿润并存的多种气候带（图4-11）。第二，高勿近阜而水用足，低勿近水而沟防省。至高处则风大，不便取水，不利于聚落发展；距江河岸边太近则易毁房舍，湿气浊流也对人健康不利。再往高层多为寺院建筑，寺院坐北朝南，正面朝向河谷，视野开阔，这样的布局可最大限度地避免高原冬天冷气流的吹袭（李臻赜，2005）。此外，藏区城镇多分布于山地与其所具有的防御功能也密切相关，《贤者喜宴》记载"四边诸王（指汉地、大食、印度、格萨尔）时而压迫伤害……如是，西藏无法同彼此等作战，欲往别地，然而诸小邦不肯通融，以致兵员日减，于是失去平原，惟依坚硬岩山而居，饮食不济、饥饿干渴，西藏苍生极为痛苦"（巴卧·祖拉陈哇和黄颢，1980）。

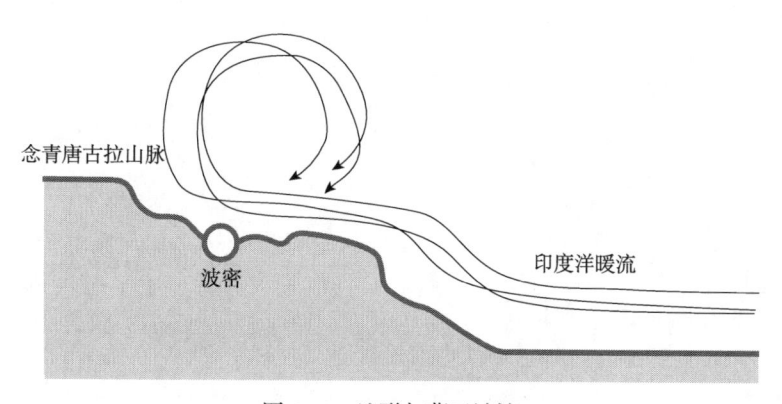

图 4-11　地形与藏区城镇
资料来源：朱俊华和张路（2014）

在藏区，很多城镇最初都是围绕寺院建筑进行的。寺院在布局形式大体上有围绕中轴线展开序列、由庭院组群组合、自由分散布置三种方式（黄瑜媛，

2006），其建设因地形可分为两种：其一，平川式，则城镇的其他建筑围绕着寺院一圈又一圈地建造，形成同心圆；其二，依山式，则城镇的其他建筑依山围绕着寺院进行修建，犹如扇形（李霞和陈丽霞，2010）。

二、历史文化与城镇社会空间

（一）神性的寺院空间

1. 寺院型城镇的形成

美国知名城市史学家刘易斯·芒福德曾指出："古代社会的社会性和宗教性推动力，正是在这两种推动力的协同作用下，人类才最终形成了城市。"在藏区，藏传佛教寺院常作为城镇发展的基础，寺院往往通过改变周边地区空间组织来改变区域的空间结构。清代《丹噶尔厅志》记载："以丹地为东科旧寺，自明末商贾渐集，与蒙番贸易，有因世而居者……而成村落焉。"即便是拉萨，其最初只有以大昭寺为主的八廓街一带。其后由于大昭寺的宗教引力，逐渐有了拉萨城（图4-12）。除此之外，还有甘南夏河镇、青海沙鲁尔镇、隆务镇、结古镇、西藏江孜、日喀则等寺院型城镇或宗教型城镇，城镇往往以寺院为中心向周边发展。更庆镇就是以德格土司家族宅邸和寺院建筑为中心向外扩展的（图4-13）。

图4-12 大昭寺与拉萨城的关系

资料来源：根据朱俊华和张路（2014）重绘

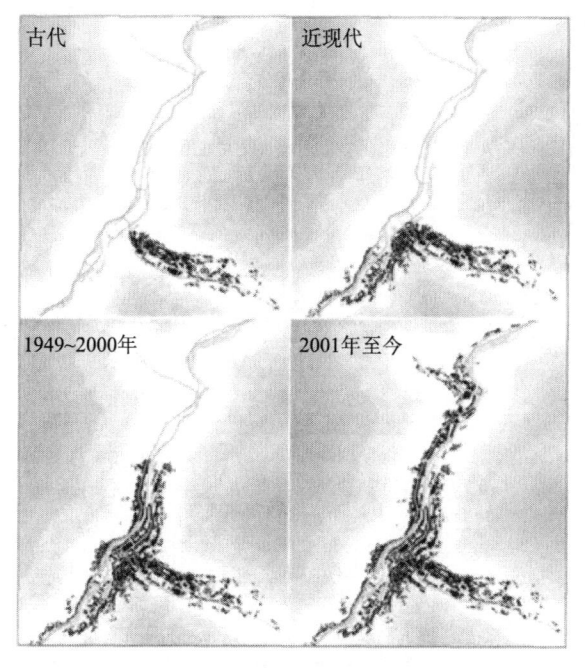

图4-13 以寺院为中心的城镇演变
资料来源：麦贤敏等（2015）

2. 寺院的内部结构与功能

藏传佛教寺院内部存在不同层级的功能单元，一般分为三个层次：磋钦（大经堂）、扎仓（学习的地方）和康村（僧舍）（图4-14）。磋钦是寺院建筑的核心，也是最高管理机构喇吉的办公地，寺院主要的宗教活动都在这里举行，磋钦前一般设有寺院中最大的广场。扎仓是僧人学习的地方，类似于现代大学中的各大学院，扎仓所对应的建筑规模与装饰的细致程度都要比磋钦略逊一筹。寺院中可供僧人居住的地方有两个等级，活佛、高僧和寺内的主持的住所一般较为独立，如郎木寺活佛居住在赛赤夏宫；普通僧人多居住康村，康村按照僧人籍贯区分管理，类似于现代大学中的学生寝室，其建筑规模较小，整体呈现低矮平缓和朴素的状态。可见，寺院内部的社会空间结构是各种宗教关系的体现。

历史上，藏传佛教寺院曾一直是藏区社会、文化、教育、经济与政治中心。①社会方面，藏传佛教影响着藏民的思想观念和民俗活动，寺院是藏民的公共空间、文娱中心，藏医院还可为藏民祛病、保健。②政治方面，寺院一直是地方社会权力中心，参与国家和地方发展的各项政治事务。③经济方面，寺院拥有众多产业和货币，是最大的经济实体。④教育方面，藏传佛教教义和经卷本

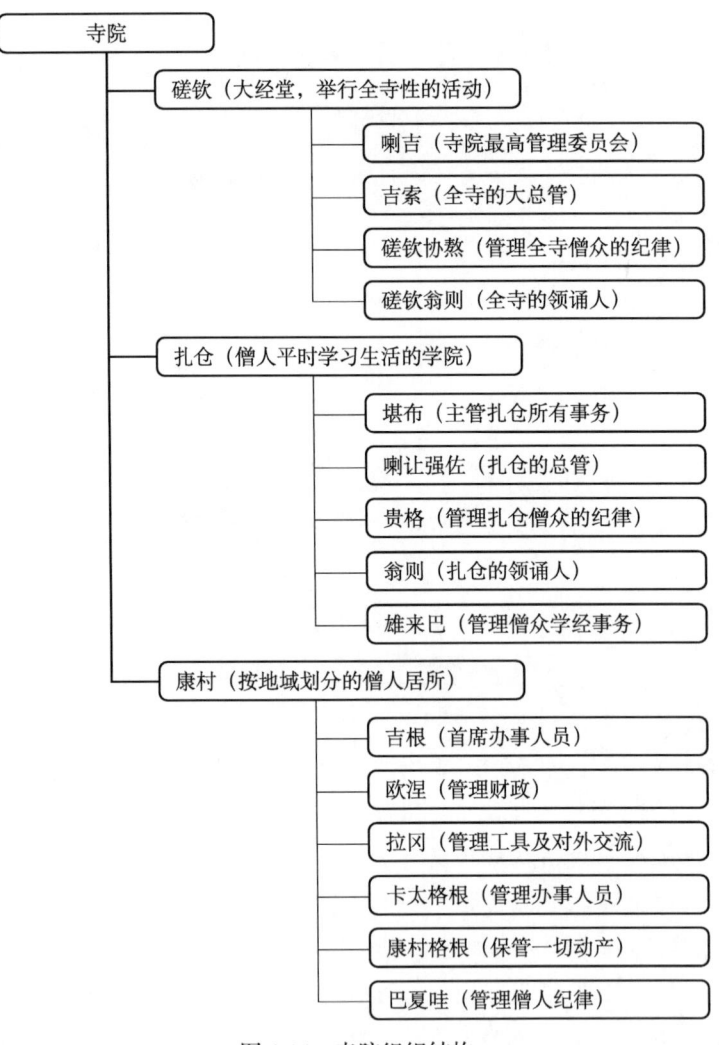

```
寺院
├─ 磋钦（大经堂，举行全寺性的活动）
│   ├─ 喇吉（寺院最高管理委员会）
│   ├─ 吉索（全寺的大总管）
│   ├─ 磋钦协熬（管理全寺僧众的纪律）
│   └─ 磋钦翁则（全寺的领诵人）
├─ 扎仓（僧人平时学习生活的学院）
│   ├─ 堪布（主管扎仓所有事务）
│   ├─ 喇让强佐（扎仓的总管）
│   ├─ 贵格（管理扎仓僧众的纪律）
│   ├─ 翁则（扎仓的领诵人）
│   └─ 雄来巴（管理僧众学经事务）
└─ 康村（按地域划分的僧人居所）
    ├─ 吉根（首席办事人员）
    ├─ 欧涅（管理财政）
    ├─ 拉冈（管理工具及对外交流）
    ├─ 卡太格根（管理办事人员）
    ├─ 康村格根（保管一切动产）
    └─ 巴夏哇（管理僧人纪律）
```

图 4-14 寺院组织结构

资料来源：叶阳阳（2010）

身是藏民知识获取的主要来源。⑤文化方面，藏传佛教的各种绘画、舞蹈、音乐是藏族文化的重要构成。

（1）寺院的社会功能

寺院在藏族社会公共生活中具有特殊地位，宗教的绝对地位使得寺庙实际上成了城镇最为重要、最典型、多数时候是唯一的公共空间（俞孔坚，2004）。哈贝马斯提出类似于公共空间概念的公共领域，其认为"公共领域是我们社会生活中的一个领域，在这个领域中，像公共意见这样的事务能够形成，公共领域原则上向所有公民开放。公共领域的一部分由各种构成，在这些对话中，作为私人的人们来到一起，形成公众。那时，他们既不是作为商人或专业人士来处理私人行为，也不是作为合法团体接受国家官僚制度的法律规章的制约。当他们在非强制的情况下处理普遍利益问题时，公民们作为一个集体来行动。因此，这种行动具有这样的保障，即他们可以自由地表达和公开他们的意见"（汪晖和陈燕谷，1998）。简言之，公共空间即对公民开放的、并由对话组成的、旨在形成公共舆论、体现公共理性精神的空间。部落时期，藏区社会缺乏必要的可供居民交流、活动的公共空间，寺院符合开放型公共空间的特征，是社会信仰的空间，承担起社会公共空间的职能，居民可以自由进出寺院，并在寺院内转经、祈福、发表公共意见等。当前，藏区城镇基础服务设施不断建设，公共空间类型不断增多，但寺院仍是举办各类社会活动、促进社会交流、维系社会认同与地方情感的重要社会空间。

寺院是藏区社会重要的文化娱乐中心。藏传佛教每年定期或不定期举办众多的宗教文化活动，节日期间，藏民身着盛装，与僧侣在寺院广场举行规模宏大的跳神法会、传统戏剧表演、舞剧或演奏佛殿音乐，附近的藏民不辞辛苦前往参加，这既是宗教朝觐同时也是文化娱乐与休闲。即便当前，较多藏区城镇的文化娱乐设施与活动组织安排仍显不足，只有品种单调且数量极少的娱乐设施，尤其缺乏群众集体娱乐场所，寺院依旧承担着重要的文娱中心职能。

藏医学已有2000多年的历史（在甘南已经有1000多年的发展历史），藏医藏药具有突出的藏民族特色，在藏族传统文化中占有重要的地位，在中华民族医药学宝库中独树一帜。寺院始终是藏医藏药发展最为重要的平台，较大的藏传佛教寺院拥有医学院（曼巴扎仓），甚至拥有自己的制药厂，为藏区社会提供了重要的医疗卫生服务。拉卜楞寺医学院成立于1784年，其将《四部医典》的理论体系、临床诊疗、药物方剂、医德修养等一整套传统藏医学传承下来，培养了数代颇有成就的藏医药人才。郎木寺镇也曾参照拉卜楞寺建立了自己的医学院。甘南藏医药发展较为成熟，1980年全国第一家藏医药科研机构——甘肃省藏医药研究院在合作市成立，它集科研、医疗、生产、教学为一体，挖掘疗效可靠的藏医方327种，整理出版珍贵的藏医典籍多部，成为安多地区藏医药传承、发展研究基地。汉藏药材生产厂现有2家，即甘南佛阁藏药有限公司和甘南藏药制药有限公司。藏区有70多种名贵藏药和300多种优质、高效、安全的常用中藏成药，已有13种中藏成药取得国家认证，20种中藏成药被国家和甘肃省评为优质产品，主要中藏成药产品有洁白丸、二十五味珍珠丸、十味黑冰丸、藏羚明目丸等 104 个品种。其中，拉卜楞寺医学院研制的洁白丸、九味沉香散、九味牛黄散已列入国家药典。

（2）寺院的政治功能

元朝以后，在藏区由佛教上层人士担任宗教和行政长官的政教合一制度逐渐形成，这种政教合一体制的确定是由当时的政治环境所决定的：地方家族势力、佛教势力为应付急剧变化的局势、保护自身利益需求，相互依赖，形成的一种宗教与政治合二为一的政教统一体（罗润苍，1994），地方势力需要借助佛教来证实自身的合法性，佛教势力需要借助地方势力获得土地、捐赠和权力（地方势力是寺院的施主）。

新中国成立后，宗教改革促使寺院逐渐去政治化。1958 年，宗教制度民主改革废除了藏传佛教中的封建等级和特权制度，实行政教分离，宗教不得干涉行政、司法、教育等非宗教领域，藏传佛教寺院的政治功能基本消失。

（3）寺院的经济功能

传统藏区社会，经济发展落后，寺院的这种集团经济发展容易形成一定规模，并带动寺院周边城镇和乡村的发展。每逢正月祈祷大会、二月祭会、七月说法会期间，寺院周边会形成类似于汉区的集贸市场。正如希克斯（1999）认为："任何一种宗教集会（如宗教节日）都能为贸易提供机会；贸易开始是偶然性的，但逐渐变成经常性的。带来的商品最初可能仅供节日期间个人消费或作为献给上帝的礼物，但如果参加者带来的礼物不完全一样，他们会试着用带来的货物互相交换。它开始时纯粹是一种附带的副业，并且如果这种初步的交易带来的利益不大，它就会始终是一种附带的副业。但是如果这种利益比较可观时，这种活动便会成长起来；而且可能发展得很快，而与集会的最初动机大相径庭。宗教性的'收获喜庆日'变成了乡村的定期集市。"在拉卜楞寺，"部落民族，不远数百里[①]移帐而来，住在寺西三四十里科平滩，然后载经来寺，亦至市肆贸易。房居的民众，亦自各处前来瞻礼，途为之塞"（李安宅，1941）。在塔尔寺，"由庐萨尔往塔尔寺去的大路两旁，以及寺的左右，都搭起蓝白接连不断的布栅，里面设着临时商店，繁华热闹，俨然都市风光"（袁应麟，1990）。商贸是寺院从事的主要经济活动，然而寺院经济没办法进一步深化发展，寺院缺乏扩大再生产的动力。

20 世纪 80 年代后国家实施了"以寺养寺"政策，不再为寺院提供资金支持，寺院开始实行"自办自养"，通过经营农牧副业、工商业及旅游业等来实现

---

① 1里＝500m。

寺庙自养，寺院的经济功能有所弱化。但寺院经济有其独特性，可借助寺院影响、宗教特权、国家政策等，既按照市场规律运行，也遵循宗教、社会、文化等内在运行规则，具有多重发展优势，因此具有一定的市场空间。

（4）寺院的教育功能

传统藏区社会，城市发育不成熟，寺院往往是著书立说、学习和传播文化知识的地方。文化传递是由寺院来实现的，因此在藏区有"舍寺院无学校，舍喇嘛无教师，舍宗教无教育"的说法，寺院垄断了藏族社会的教育。寺院是研习佛教和藏族语言文字、天文历算、医药卫生、工艺建筑、绘画雕塑、宗教舞蹈等多种学科的一所综合学校。新中国成立前，随着现代文化教育制度在民族地区的推广普及，藏传佛教寺院垄断藏族文化教育的局面开始有所改观。新中国成立后，贯彻了宗教与教育相分离的政策，同时随着各级教育机构的逐渐健全，大部分藏族群众开始接受现代世俗教育。寺院仅仅作为培养宗教职业人员而发挥宗教教育的单一作用，不再包揽藏族社会的整个教育领域（林燕，2009）。

藏学家李延恺（1986）先生认为："尤其是9世纪上半叶藏族翻译事业的兴旺发达和文化事业的蓬勃发展，直迄后来的文化教育、文学艺术、天文历算及医药卫生等诸方面的全面昌盛，绝大部分都是在藏传佛教寺院进行的，故称为'寺院教育'。寺院控制了教育，宗教教育占据了藏族教育的统治地位，寺庙成了最集中的文化据点，藏传佛教成为广大藏族社会唯一的正统思想，从这个意义上，一座较大的寺院就是一所大学，或者一所专门学校。"格鲁派的六大宗主寺、尼玛派的桑耶寺、萨迦派的萨迦寺可称得上国际性的藏学和佛学综合性大学。

藏传佛教的寺院教育，虽与宗教教育密切相连，但有许多方面对我们今天的教育，仍有一定的借鉴作用：首先，寺院教育传播了历史、地理、天文历算、医学、语言、逻辑等方面的知识，在藏族现实生活中起着重要的作用；其次，寺院保存了大量的文化典籍，蕴藏着丰富的自然科学和社会科学方面的知识，成为今天藏族文化发展取之不尽、用之不竭的源泉（韩方明，2014）。

（5）寺院的文化功能

"每一座藏传佛教寺庙就是一座艺术宫殿"，在展演、传承和保护着各类传统文化艺术方面做出了卓越贡献。在物质文化艺术方面，寺院收藏着大量珍贵的壁画、唐卡、佛像、法器、数以万计的学术著作、佛教经卷和历史文化典籍，寺院印书院不断翻译、引入和刊印了大量传统文化瑰宝。甘南文史资料记载，郎木寺院的经卷史料有"用金汁写成的《甘珠尔》大藏经两部，还有《丹珠尔》大藏经，宗喀巴师徒三人全集，本寺历世赛赤佛全集，历世加木祥活佛全集。还有藏族古往今来的许多贤哲的全集及显密二乘、大小五明等典籍共二万八千余函，印经版六千余块。还存有宗喀巴两位大弟子嘉（贾）曹杰和凯（克）珠杰亲手制作的白伞盖佛的护轮等"（甘南藏族自治州政协文史资料委员会，1991）。

在非物质文化方面，戏剧、美术、佛教音乐、法舞、建筑、工艺等藏族传统文化在寺院保留得最完整。尽管，目前寺院的文化功能与以前相比有了较大程度的弱化，但仍有着重要的文化功能。

3. 寺院空间发展的动力

寺院空间发展的主要经济动力来自于寺院利用自身优势较好地处理文化资本与经济资本之间的转换。寺院和其他社会主体一样参加商业活动，但较其他社会主体而言，其本身是信仰和文化的载体，因此容易得到国家、地方势力和个体的认同和支持，以增强其合法性、声望，进而实现财富的循环，如寺院的土地主要来自于国家政权的赐田、贵族的捐献和封赠及信教民众的施舍等。在此背景下寺院似乎成了财富再分配的媒介（图4-15）。寺院集聚了大量的经济资本，修缮寺庙，高利放贷，修建水磨井并将产品卖给他人，兴建景观台以展示寺院周边的全貌，声望、布施、官方认可、合法性增强（朱文惠，2013），进一步增强了寺院的文化资本，循环往复。正是这种文化资本与经济资本相互转换促使寺院不断发展。当然并非所有的寺院都可以通过此二者的转换获得发展。

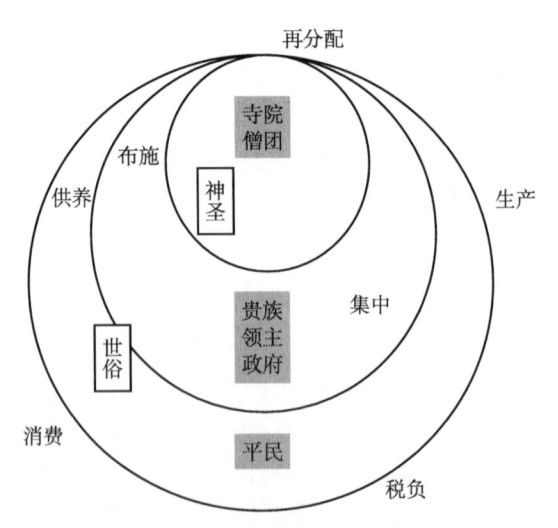

图4-15 贵族、政府集中物资透过寺院僧团再分配的循环

资料来源：朱文惠（2013）

尽管如此，宗教由于社会的进步与发展而出现了世俗化的趋势（表4-2）。夏河县拉卜楞镇夫地村，自20世纪90年代后期入寺僧人约有10人，目前除2人外，其余均已还俗，这在过去绝无仅有（昂巴，2013）。宗教的世俗化加剧了寺院空间的世俗化，如寺庙等宗教场所成为游客必游之地，宗教活动与娱乐活动日趋结合（拉萨的雪顿晒佛节、塔尔寺的酥油花节等），进寺庙当喇嘛或者念经的人有所减少。

表4-2　宗教世俗化的表现

世俗化表现	具体内容
清规戒律松弛化	科技发展给宗教信仰者带来冲击，多数宗教逐渐放宽了教规
寺院财富增多	寺院投入世俗经济发展，拜金主义、享乐主义在僧人中慢慢出现
宗教仪式简化	无论是僧侣还是居民的宗教仪式开始简化
宗教文化的商品化	宗教文化成为一种舞台展演，成为吸引游客旅游消费的商品
宗教信仰的功利性	"临时抱佛脚"成为常态，比较关注物质利益

资料来源：根据相关文献和新闻报道整理

（二）虔诚的民居空间

在藏区，由于地域广袤，人口稀少，以放牧为主的生产方式使得居住空间难以固定。寺院是很好的依附点和固结点，寺院需要香火户，牧民不断从四周迁到寺院周边居住，形成了居民与僧侣的供养关系。因此，从最初民居空间形成过程看，民居空间多半为宗教空间服务，受寺院影响尤为深刻，以传统的宗法关系为纽带，民居空间与寺院空间结成供养与依附关系。很多地区是因为先有了寺院，才逐渐集聚一批香火户，这便是民居空间的雏形。寺院的发展的前景与民居空间规模密切相关，政教合一后，寺院发展迎来黄金时期，一些规模大、名气高、发展好的寺院，便也集聚了一批规模大、发展快的民居空间（图4-16）。同样，民居空间的不断壮大和发展也为寺院空间发展提供了坚实的信仰基础。

民居空间的空间分布上，藏区不同功能的空间受宗教礼数的限制，宫殿、庄园、寺院建筑一般都建在山上，以表现领主至高无上的地位。百姓则选择山下，向阳坡面成片建设，直到20世纪80~90年代仍有"藏民住一坡，回民住一窝"之说。这种特征形成也与自然环境紧密相关。用水和用地是影响民居空间分布的重要因子，用水即靠近河流上下游地区；用地即便于一些简单的农业生产耕作。因此，民居空间一般位于山坡或沿河流谷地纵向分布。

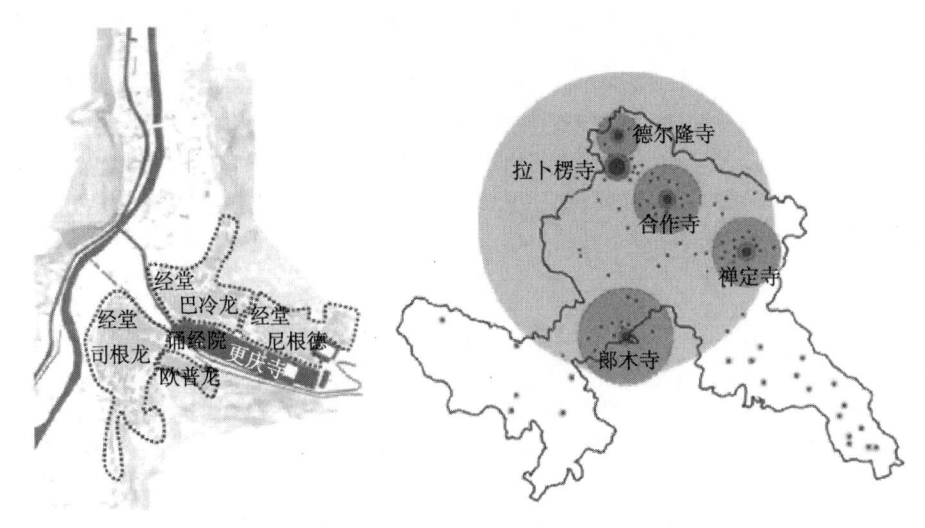

(a) 甘孜藏族自治州更庆寺与民居空间　　(b) 甘南藏族自治州寺院与民居聚落空间

图 4-16　寺院与民居空间

资料来源：(a) 来自于杨炎为 (2010)，(b) 来自于齐琳 (2007)

历史上，藏区城镇民居空间发展的经济基础一直为牧业经济，粗放式、迁徙式的牧业经济致使其下的民居空间的规模一直较小，且畜牧业所需的牧场相比较汉区的耕地而言，面积大了很多倍，这也不利于人口的集聚，因此很多村落大者不过几十上百户，小的甚至几户、十余户不等，这也是当前藏区城镇化过程中所需解决的分散式居民点的整合问题。牧业经济下的民居空间，演化极为缓慢，只存在规模上的扩大与萎缩，不存在空间属性的根本性变化，都是相对封闭、传统的空间形态。也正是因此，居民的地方的认同感一般较强，民风淳朴，传统民俗较为盛行，社会关系主要依靠血缘关系、地缘关系来维持。

（三）喧嚣的商业空间

商业空间是日常贸易、买卖发生的场所，为藏民和僧侣日常生产生活提供服务，其主要职能体现为"世俗"的商业、游憩、公共服务等，是最为活跃、喧嚣的空间，是外来文化、经济等要素最先介入区域，通常是民族性与外来性相互交织、碰撞的起始区域，是社会空间变迁与演化的敏感区。

商业空间的发展以经济利益为关系纽带，遵循市场规律，这一点与依靠宗法关系、血缘关系、地缘关系为纽带的宗教空间和民居空间不同。但同时，商业空间在一定程度上仍然受宗教空间和民居空间的间接影响：寺院发展会产生大量的社会需求，如促进对纺织、印染、印刷、雕刻、法器、祭器、建筑、彩绘、生活必需品等需求的增长，寺院周边便会集聚一批制作这些手工产品的艺人和工匠，可见寺院需求越大，四周的民居越多。此外，一些较大的寺院参与商品贸易，更是直接催生了商业空间的发展。民居空间规模的扩张，也会产生大量的吃、住、用等方面的社会需求，进而刺激商业空间的发展。

商业空间是人群最为混杂的社会空间，各类社会群体在此集聚，为了就业、利益、生活、交流等。

（四）三层空间的关系与特征

在藏区城镇，寺院空间、民居空间与商业空间之间交流频繁，联系紧密。寺院空间是民居空间和商业空间进行宗教活动（朝觐、宗教节事、法会等）的主要场所，民居空间是寺院空间和商业空间发展的根基，商业空间又是寺院空间和民居空间生产（商业经营、劳务工作）、生活（消费购物、休闲娱乐）的主要场所。三层空间存在一些显著特征，这是社会、文化、宗教等因素长期耦合的结果。

空间位，是相对于生态位的概念，即三层空间在地理空间中所处的位置与状态。宗教空间位于最高处，当然首先考虑的是充分利用自然条件，如靠近水源地以方便获取生活所需，面山环水的空间格局为寺院提供了天然的保护屏障，寺院周围葱葱的山林能为寺院提供充足的材料。除此之外，寺院选址还与风水学说、社会心理紧密相关，位居较高山坡处，寺院建筑依山层层向上，辅以强烈的色彩，烟雾缭绕之中寺院宛若仙境，信仰者只有仰望才能看见，很容易让较低处的居民对其产生敬仰之心。民居空间位于山坡，方便放牧和农耕。商业空间位于最低处，交通便捷，可进入性较高，有助于商业活动开展（图4-17）。

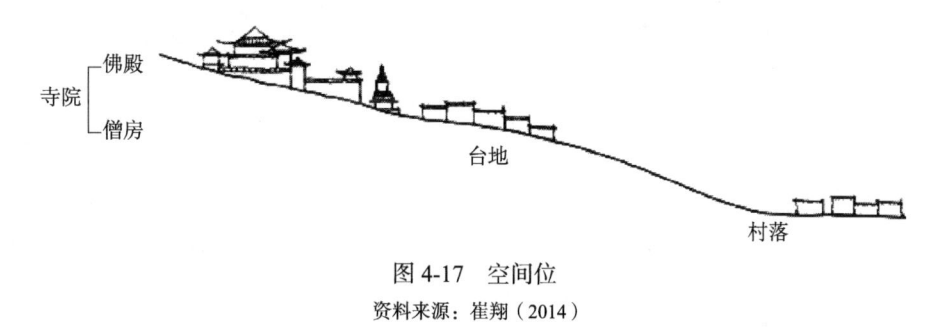

图 4-17 空间位
资料来源：崔翔（2014）

关系属，即不同空间之间的内在关系。空间除了位置这一外在的关系，更重要的是具体内在的联系。宗教空间在城镇发展早期是城镇的政治、经济与文化中心，新中国成立后，尽管宗教的一些功能被弱化，但其仍是藏区城镇的社会心理、思想传统的维系纽带，自然容易通过血缘和宗法关系规范、引导和约束民居空间的发展。商业空间是一个相对自由的社会空间，以市场法则为存在基础，与宗教空间和民居空间形成的是一种利益关系。

第三节 郎木寺镇社会空间结构与特征

一、自然因素下的社会空间

郎木寺属于典型的河谷型城镇，白龙江自西南向东北穿过镇区，城镇空间形态与用地布局沿白龙江呈带状分布。河流两岸台地及平坦地带主要集中分布商业设施，以便于进行物质的集散、中转和贸易；居民住宅多沿峡谷两侧山腰分布，且在南坡分布要明显多于北坡，这一方面是依山就势、巧用地形的结果，同时也深受气候因素影响（南坡向阳，相对干燥、暖和，适宜居住，北坡背阴，较为阴寒湿润，适宜放牧）。在自然因素的影响下，社会空间出现首次分异（图4-18）。

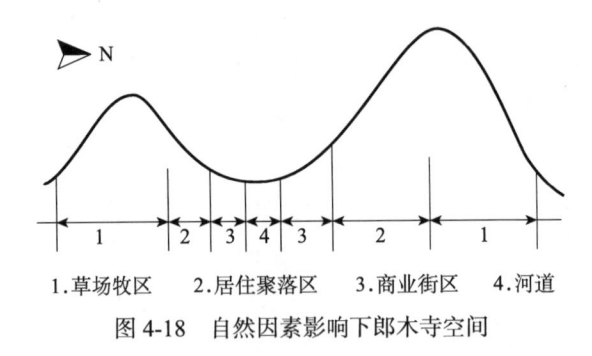

1.草场牧区　2.居住聚落区　3.商业街区　4.河道

图4-18　自然因素影响下郎木寺空间

聚落空间受自然环境因素影响主要体现在民居建筑上。藏族聚居地多为高海拔山地，为了抵御寒冷气候，藏式建筑、特别是农牧民群众的房屋墙体较厚，层高普遍偏低，间架和门窗尺寸不大。在建筑设计中基础深度小，因而墙体下部替代了部分建筑基础的功能，建筑基础与墙体之间结构没有明显的区分，形成了藏式建筑"下大上小"的建筑特征。

二、文化因素下的社会空间

郎木寺镇区社会空间结构显著，主要由宗教空间、民居空间、商业空间构成（图4-19），此三层空间由北向南，垂直于白龙江，沿高差逐级递降，相互衔接且整体共生，在某种程度上，这样的空间构成暗含着统一有序的空间秩序。其中，宗教空间庄严、神圣，作为信仰和精神的依托，社会地位显著，是郎木寺镇社会关系网络形成与发展的载体；民居空间静谧、祥和，承载的传统文化元素最古朴、最集中，是郎木寺镇地方文化及传统社会关系得以延续的重要空间保障；商业空间世俗、喧嚣，是镇区商贸交易活动开展的场所，是僧侣、居民、游客及往来人员重要的消费空间，也是社会关系最为复杂、反应最为敏感、变化最为迅速的空间。

图 4-19 郎木寺镇区典型的社会空间结构

（一）宗教空间

1. 主要宗教建筑

郎木寺院背靠郭尔莽梁，南面白龙江，寺东红色砂砾岩壁高峙，寺西石峰高峻挺拔，是风水之宝地。寺院占地面积为59.7万 m^2，建筑面积为3.3万 m^2，设有闻思、时轮、续部、医学、印经五大学院，寺内现有经堂1座、佛殿7座、佛塔2座、囊欠11座、僧舍135院（图4-20）。共有住寺僧人355人（碌曲籍僧人191人、州内其他各县僧人74人，外省籍僧人90人）。

图 4-20 郎木寺院主要建筑

大经堂，藏语称为"措钦朵康"，是寺院建筑群中最为重要的建筑设施，是全寺院僧众集体诵经和举行活佛坐床、跳欠等重大宗教活动典礼的场所。郎木寺院大经堂是闻思学院九个学级的僧人进行五部大论辩经的地方，七开间二屋顶，建筑面积为 1060m^2，由走廊、经堂和后殿三个部分组成。堂前悬挂 9 格圆形帆布藏传佛教图腾，蔚为壮观。该堂主要为僧侣和信徒修行、念经之地，是与世俗学校完全不同的一个大课堂，学僧们长年累月在这里对佛教哲学进行研究和辩论，要学成显宗五部大论需 20 年的时间。

佛殿是供奉佛、菩萨、神的地方，是僧人诵经、僧众朝佛、礼佛的场所。弥勒佛殿，是建寺第一座佛殿，由河南蒙旗亲王丹津旺舒克、卓尼土司、若尔盖首领为施主在此修建的，主尊为弥勒佛。赛赤活佛等历代高僧及信徒们从前后藏、印度、内地等请来的许多佛像、经卷、佛塔等依止圣物基本上都供于此殿。肉身宝殿，俗称金瓦殿，主供灵塔是第一世赛赤活佛的肉身，灵塔内灵体的头发、指甲似常人一般不断新生，每隔几年需要剃剪一次，故有"安多活菩萨"之誉。此外，还有护法殿、宗喀巴殿、莲花生佛殿、马头明王殿、寿安殿。

佛塔原是印度梵文 Stupa（窣堵波）的音译，主要用来供奉和安置舍利、经卷和各种法物。郎木寺院内部有一个息诤塔（也称祥和塔），顾名思义是要息止争斗，为八宝如意塔（莲聚塔、菩提塔、四谛塔、神变塔、降凡塔、息诤塔、胜利塔、涅槃塔）之一，由郎木赛赤二世总管创建。传说这座塔内供有年代久远的各种佛像、经卷、佛塔，以及独具加持力的十六尊者之一"智合热玛"像，可惜在"文化大革命"中毁于一旦。目前的这座塔是寺院开放以后由牧户出资修建的。

讲经台，每年正月十五寺院主持在此传授玛尼教诫，此外只有达赖、班禅等佛教领袖级人物莅临此地才有资格在此台上讲经说法。

囊欠是寺院主持、高僧或活佛的私人住宅，"囊欠"是藏语音译，是活佛府邸的专用词，藏传佛教寺院均有活佛府宅囊欠，如囊欠有念赞活佛囊欠、赛赤中囊欠、奇盖桑囊欠、堪布囊欠、卡西囊欠等。

僧舍是寺院普通僧侣居住的房舍，藏语称"扎康"或"札夏合"。

寺院内部以转经道为交通通道和空间联系枢纽沟通寺院内外各个部分，有机地将寺院空间组织起来（图4-21）。

图 4-21　郎木寺院功能结构
资料来源：王录仓和李巍（2013）

格鲁派宗教空间可以被简化成"神"的居住空间和"人"的居住空间的组合，即"神格空间"与"人格空间"，表征"神格空间"的殿堂区体量高大，位于主轴线上，活佛区依附在一侧；而僧舍区则围绕着寺院主体建筑分布在较低的山坡上。宗教空间之所以与世俗的空间有所不同，就是在于它的神圣性。其建筑色彩和装饰风格都体现与宗教神圣感相一致的要求，金色和红色成为主色调，在绿色环境的掩映中显得更加庄严。寺院空间不同区域的"神圣特征"随僧人修行区—僧人生活区—俗客接待区—寺庙外围区依次减弱，而世俗特征则依次增强（王录仓和李巍，2013）。

2. 寺院组织系统

郎木寺院管理组织完备，设有核心领导大活佛1人，下辖中上层活佛7人，堪布3人，派往外寺的法台6人，磋钦喇嘛雄来巴（大经堂执事）1人，密宗上师1人，持金刚1人，医学上师1人，拉热巴1人，大小领经师8人，格贵（执法僧）4人，大小吉哇（财务管理）23人，印经院领头1人，磋都（议员）4人，更察布（寺院代表）3人，聂哇（保管）1人，总计66人（图4-22，表4-3）。

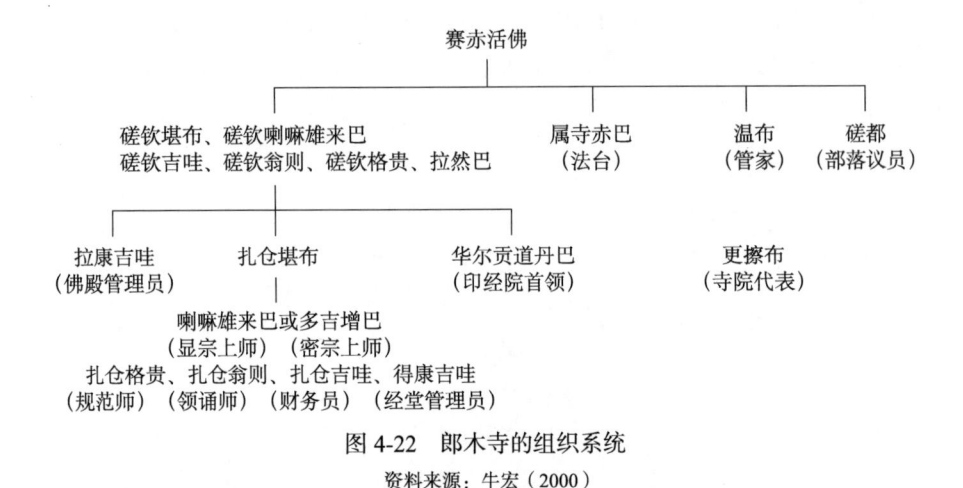

```
                        赛赤活佛
                            │
    ┌───────────────────────┼──────────┬──────────┐
磋钦堪布、磋钦喇嘛雄来巴    属寺赤巴     温布        磋都
磋钦吉哇、磋钦翁则、         （法台）    （管家）   （部落议员）
磋钦格贵、拉然巴
    │
┌───┼──────────┬─────────────┐
拉康吉哇  扎仓堪布      华尔贡道丹巴      更擦布
（佛殿管理员）          （印经院首领）  （寺院代表）
          │
   喇嘛雄来巴或多吉增巴
   （显宗上师）（密宗上师）
   扎仓格贵、扎仓翁则、扎仓吉哇、得康吉哇
   （规范师）（领诵师）（财务员）（经堂管理员）
```

图 4-22 郎木寺的组织系统
资料来源：牛宏（2000）

表4-3 郎木寺管理组织结构

一级	二级	三级
郎木赛赤大活佛 1人	活佛7人	赛赤活佛（奇桑盖）、西嘉吾仓、桑桑仓、苏木保仓、朝科仓（乔考仓）、察道仓、嘉乃华仓、卡西岗玛仓
	执事管理58人	堪布3人、派往外寺法台6人、磋钦喇嘛雄来巴1人、密宗上师1人、持金刚1人、医学上师1人、拉热巴1人、大小领经师8人、格贵4人、大小吉哇23人、印经院领头1人、磋都4人、更察布3人、聂尔哇1人
	五学院	闻思学院、续部学院、时轮学院、医学院、印经院

资料来源：根据调研访谈与文献查阅整理

新中国成立前，郎木赛赤寺院辖属寺11座（表4-4），以委派法台，执事僧等形式进行管理。属寺的来源有：因政治或宗教上的依附关系被奉献给主寺，由主寺委派赤巴主持宗教活动；其活佛在郎木寺内享有一定的威望，担任过磋钦、堪布一类的职位，关系密切，自然成为属寺；寺主赛赤活佛应部落请求，直接建成属寺（牛宏，2000）。对属寺的管理，郎木寺主要采取宗教教义上指导，财力与物力上给予一定支持，并鼓励属寺学业优秀僧人到郎木寺深造等方式。

表4-4 郎木赛赤寺院属寺表

寺名	寺址所在地	管理方式
旺藏寺	碌曲县双岔乡	由郎木寺院委派法台
丁古寺	碌曲县阿拉乡	由郎木寺院委派法台

续表

寺名	寺址所在地	管理方式
吉仓寺	碌曲县阿拉乡	由郎木寺院委派法台
麦加寺	夏河县吉仓乡	由郎木寺院委派法台
电尕寺	迭部县电尕乡	由郎木寺院委派法台
占巴寺	四川若尔盖县	由郎木寺院委派法台
然吾寺	四川若尔盖县	由郎木寺院委派法台
卡西静修寺	四川若尔盖县	由郎木寺院委派法台
阿吉嘎吾隆寺	四川若尔盖县	由郎木寺院委派法台
辖麦哲蚌寺	四川阿坝藏族羌族自治州	由郎木寺院委派法台
卓仓寺	四川阿坝藏族羌族自治州	由郎木寺院委派法台

资料来源：根据历史文献资料整理

（二）民居空间

清高宗乾隆十三年（1748年），坚参桑盖应黄河南亲王之请修建郎木寺，双岔部落迁出60余户牧民，为郎木寺的香火户，遂有郎木寺部落（碌曲县地方志编纂委员会，2006）。寺院建立之后，一大批信众迁居于此，周边的一些部落、村庄将郎木寺作为宗教朝觐圣地，成为郎木寺的信教部落（表4-5）。此外，郎木寺地处甘青川三省交界的区位优势，使其迅速成为汉藏"茶马互市"沿线上的重要商贸场所，商业的繁荣促进了外来人口的不断集聚。改革开放后，随着郎木寺旅游经济的快速崛起，临夏、临潭等地的人开始到郎木寺打工、做生意，时间久了便定居余此，郎木寺也为其分配了宅基地。除了宗教和商业原因，郎木寺民居空间发展的另一个极为关键的因素为牧区基本经济制度的变化，从新中国成立至今，甘南藏族自治州的牧区基本经济制度依次经历了四个阶段的变化：游牧部落制、人民公社制、家庭牲畜承包制、家庭草畜双承包制。这在很大程度上决定了民居空间的具体空间形态与布局。郎木寺的民居空间发展经历了从散居到群居、从游牧到定居的漫长过程，空间规模不断扩大，空间功能不断完善，居住环境不断优化。

表4-5 郎木寺历史上主要的信教部落

地区	部落
碌曲县双岔农牧六部落	宁巴、石巴、旺藏、道玛、哇玛、曼玛
碌曲县阿拉五部落	博拉、吾擦、牙日、宗钦、勒切
若尔盖县江岔五部落	仓儒、章卫诺姜、塔日、贡哇、哲隆巴
其他	若尔盖县热当巴、下麦、郎哇、布勿藏部落等

资料来源：牛宏（2000）

民居聚落由许多小的聚落组团构成，由河流及主要道路相互连接共同构成"条带状"东西向延伸带，向北通向山腰上的郎木寺院，向南通向河流对岸的城镇区，形成山水环绕、高低错落、左邻右舍的民居生活空间。

民居空间以当地传统民居聚落为主体，景观构成上以富有风情的"榻板房"为特色，宁静、祥和，将神圣、庄严的寺院群落环拱于上，这种建筑群组与自然环境高度统一，是人与人、人与天地、人与神长期"协商"的结果，也是当地城镇和建筑文化中最为精华的部分，同时也是轮廓线控制、地形利用、建筑单体设计高度整体化（并非人为刻意）的结果（图4-23）。民居聚落平面布局大多比较灵活，没有明显的对称或其他构图讲究，外围轮廓上也基本上没有对几何形状的刻意追求。其基本细胞是四面围合的踏板房院落，而在二层则三面围合，在南面敞开。冬天，它们能有效地获得来自南向的有限阳光用以取暖，同时避开来自东、西、北侧高原的寒风；夏天，长探出的屋檐或外廊则可避免强烈的高原辐射。

图4-23 郎木寺踏板房与民居聚落

一般民居建筑空间分为院落和房子两大部分，由院门、围墙（加科和卡哇的围墙一般为1m高砖墙或水泥混泥土墙、仁贡玛和吉可河的围墙多表现为低矮的篱笆）、牲畜棚、煨桑炉、经幡杆子和住房组成。住房和牲畜棚一般为上下两层，上层住人，下层比较低矮用来圈牛羊，房屋外均有1m宽暖廊；煨桑炉和经幡杆分别立于院子的角落。大部分家庭院内陈设还有水龙头及自来水池、压水井、卫星接收锅、柴堆、牛粪堆等。住房依次为库房（存放酥油、曲拉和藏茶等）、客厅、卧室，并且联为一体，卧室与客厅之间设一佛龛（陈列金银铜佛像，金银铜碗，达赖、班禅、毛泽东等照片，珍贵唐卡等）；房屋内饰简单朴素且特色明显，均为一色木板装饰，木板上雕刻有藏八宝等吉祥图案。除了能够体现出牧业生产对建筑空间的功能要求，还浸透着浓郁的宗教思想，抑或可以理解成民居建筑延续了宗教功能，成为私人礼佛空间。

（三）商业空间

1. 商业空间概况

郎木寺镇商业空间的发展离不开宗教空间，两者之间关系密切，格桑本和尕藏才旦（2000）认为：僧侣住在寺院，他们是完全的消费者，吃喝穿戴都得由俗人社会供应，这样，在寺院的周围就自然出现了为寺院服务，靠寺院维持生存、求得发展的商民，出现了小镇、塔哇（寺院边缘的居民）。从某种意义上讲，宗教空间的发展是商业空间发展的基础和前提，但郎木寺镇的特殊区位条件使其商业发展不完全依赖于寺院，更多依靠边境的商贸与交易活动。

2. 经济形态与商业空间结构

经济形态是对某一时期的社会生产活动的抽象描述，按照历史发展阶段可划分为原始经济、农业经济、工业经济和知识经济等形态。经济形态对商业空间具有较强的规定性。原始经济生产力水平无法支撑商业发展，只存在简单的物物交换，后期才逐渐出现相对固定的交易场所；封建农业经济为商业发展提供了坚实的物质基础，商品经济迅速发展，甚至出现海外贸易（丝绸之路等），城市内部商业空间结构不断变化，如唐代长安"行"迅速增加，"肆"演变成商业网点；宋元时期坊市分设制度因无法满足城市商业发展需求而崩溃，"城市商业已经形成了庞大的网络，这一网络是由点面结合而构成的，点即是深入坊巷、遍布全城的各种商肆，面即是店铺林立、位于全城中心地区的商业区"（尹永文，2005）；明清时期专业性市场（批发）开始出现（吴慧，1998），"北集南墟"和庙市成为乡村地区商业空间的重要组成（郭蕴静，1994），具有资本主义性质的作坊和手工工场随着资本主义经济萌芽也开始增多，钱庄、票号等商业金融开始出现等。但由于同时受自给自足的农业经济影响和重农抑商思想制约，众多中小城市内部商业空间发展并不完善。鸦片战争后在西方商品经济（殖民经济）冲击下，广州相继出现了"广货店""京广货店"，直至后来"百货店"（黄增章，2006），上海百货商业（环球百货业、华洋杂货批发业及小百货零售业）迅速崛起并产生特定百货商业空间（上海社会科学院经济研究所，1988）。

此外，不同经济形态下的商业主体也有差异。最古的商业由官府占有，即"工商食官"，商人社会地位较低，如西周生利的商业由大贵族以官府的名义垄断，从事商品交换的专业商人是"贾正"率领下的商业奴隶，平民经商较少（吴慧，1998）。春秋战国时期，自由商人规模迅速增大，工商食官制度崩溃。

明清时期，商人的社会地位空前提高，商业主体结构更加复杂，中小商人（相对于富商大贾而言）逐渐增多，甚至出现地区性商帮，如徽商、晋商、闽商等，也出现了较为特殊的"官商""洋商"。在城镇化和市场化加速的背景下，藏区城镇以牧业经济为主的传统经济形态遭受现代经济冲击而呈现出新旧并存的多元经济形态格局，即郎木寺镇同时存在牧业经济、寺院经济与服务经济三种经济形态。

（1）牧业经济下的商业空间结构

在牧业经济下，郎木寺镇有传统店铺共41处（表4-6），主要类型有餐饮服务、日用服务、服装销售，其中餐饮服务和日用服务类店铺占传统店铺总数的90%。从店铺空间分布看，主要集中于商业主街北侧及南、北支街（图4-24）。其中，餐饮服务类店铺分布于主街与北、南和东南三条支街的交汇处附近，体现了接近人流、依托交通的布局原则；日用服务类店铺以本地市场为依托，分布相对集中，且区位较好，反映其在镇区居民社会生活中的重要地位；服装销售类店铺数量少且分散，这与居民对服装的需求强度并非随着位置偏远而减弱的特性有关（图4-25）。近年来，随着城镇化、现代化进程加快，牧业经济受到冲击，传统店铺发展环境逐渐趋于不利，面临着边缘化和萎缩。

表4-6　牧业经济下郎木寺镇店铺类型及结构

店铺类型*	店铺数/个	类型总量**/个	百分比/%
餐饮服务	17	29	58.6
日用服务	20	20	100.0
服装销售	4	8	50.0

资料来源：刘润等（2013）
*指牧业经济下的店铺类型；**指郎木寺镇各类型店铺的数量

（2）寺院经济下的商业空间结构

在寺院经济下，店铺类型主要提供餐饮服务、住宿服务、准公共服务、商品服务，店铺数共计6个（表4-7），虽然数量少，但规模较大、经济实力较强，在镇区商业空间中占据重要地位。从寺院经济空间分布，主要集中于镇区核心区位地段（图4-26），其中，达仓郎木宾馆餐厅、宾馆、藏医门诊部、商店等位于商业主街与三条支街（北支街、南支街和东南支街）的交汇，是镇区人流、物流最集中的商业节点。因此，无论就其经济实力还是商业区位，都是同类经营者所无法比拟的。形成此种空间分布格局的主要原因并非为单纯的市场机制，

第四章 郎木寺镇的社会空间解读

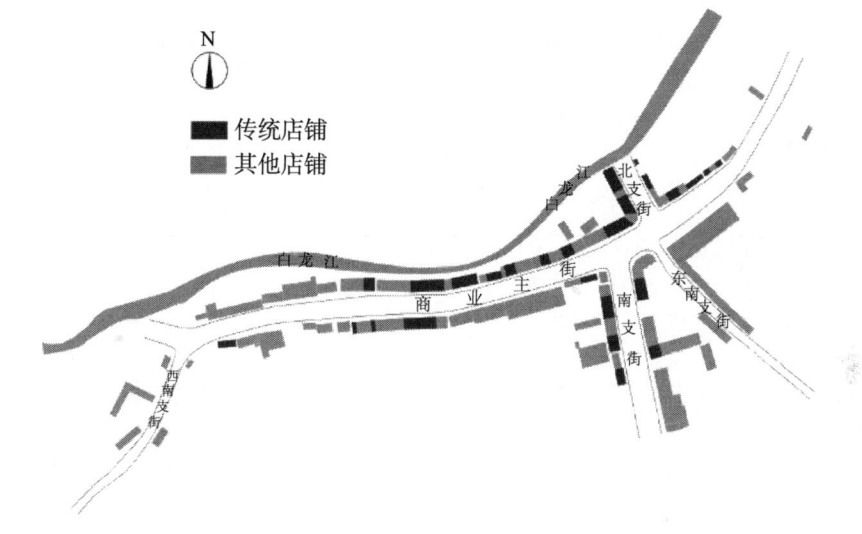

图 4-24 牧业经济下郎木寺镇传统店铺的空间分布
资料来源：刘润等（2013）

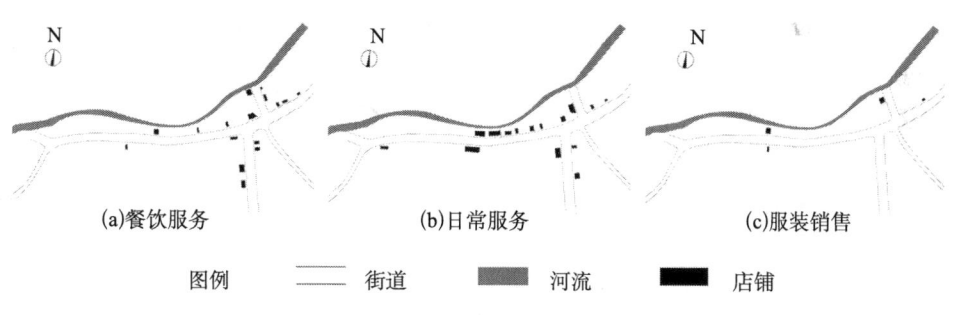

(a) 餐饮服务　　(b) 日常服务　　(c) 服装销售

图 4-25 牧业经济下郎木寺镇不同类型店铺空间分布
资料来源：刘润等（2013）

而是经济、政策、宗教和民俗习惯等诸多因素影响的结果。新中国成立前，藏区没有不经商的寺院，每个寺院都设有专事商业的充本（商官），寺院几乎垄断了藏区的商业（绒巴扎西，1993）。1959 年，政教合一的政治制度被废除，此后国家对寺院实施了"以寺养寺"政策，寺院垄断的商业格局逐渐得以扭转，并在新时期得到国家一系列宗教政策的支持，成为藏区宗教型城镇的重要经济支撑。此外，宗教和宗教团体的优势也较为显著，如寺院集体的财产势力雄厚、集体观念较强，群众购买商品还夹杂着宗教感情，其认为到寺院的商店购买东西，既满足了生活的需要，又为寺院做出了贡献（牛宏，2000）。这些均在不同程度上促进了寺院经济下寺院对应的商业店铺的发展。

藏区旅游小城镇社会空间结构与演化

表4-7 寺院经济下店铺类型及结构

店铺类型*	店铺数/个	类型总量**/个	百分比/%
商品服务	1	30	0.7
餐饮服务	2	29	1.5
准公共服务	1	8	0.7
住宿服务	2	11	1.5

资料来源：刘润等（2013）。

*指牧业经济下的店铺类型；**指郎木寺镇各类型店铺的数量

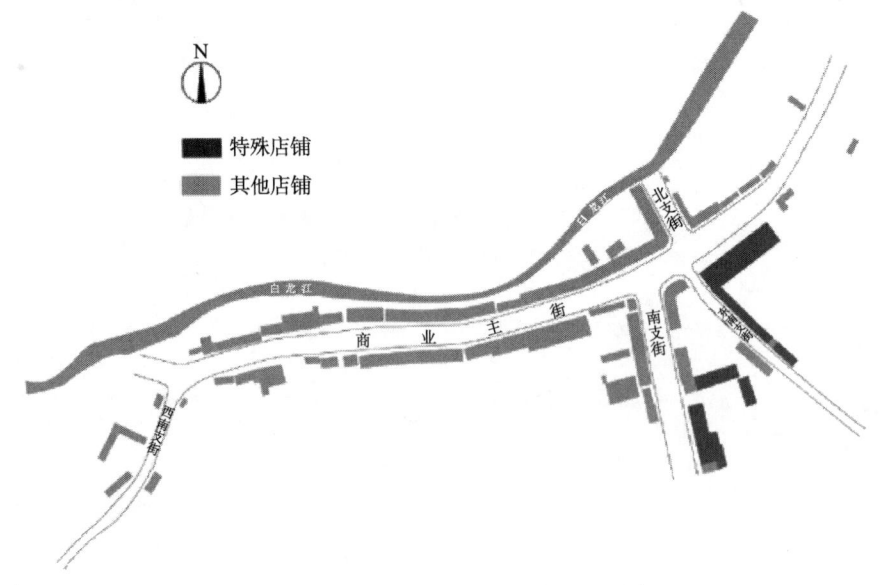

图 4-26 寺院经济下特殊店铺的空间分布

资料来源：刘润等（2013）

（3）服务经济下的商业空间结构

在服务经济下，现代店铺共 75 处，占店铺总数的 57.5%。其中，商品服务和餐饮服务类店铺数量最多，占现代店铺总数的 52%；休闲娱乐类店铺主要以茶楼、咖啡厅、马队俱乐部为主，出现时间较晚，但发展速度较快；准公共服务、服装销售、享受服务类店铺在现代经济的冲击下呈现出新的发展形势（表 4-8）。旅游服务业是现代经济最核心的构成，大量旅游商品、餐饮、住宿业迅速发展，同时也促使了原有手工业、加工业向商品制作、销售的转型，带动了现代服装、美容美发、洗浴、化妆品等发展。这些服务业依托内外双重消费群体，盈利能力较强，挤占商业主街核心段的南北两侧（图 4-27）。

表4-8 服务经济下店铺类型及结构

店铺类型*	店铺数/个	类型总量**/个	百分比/%
商品服务	29	30	96.7
餐饮服务	10	29	34.5
住宿服务	9	11	81.8
休闲娱乐	9	9	100.0
准公共服务	7	8	87.5
服装销售	4	8	50.0
享受服务	7	7	100.0

资料来源：刘润等（2013）

* 指牧业经济下的店铺类型；** 指郎木寺镇各类型店铺的数量

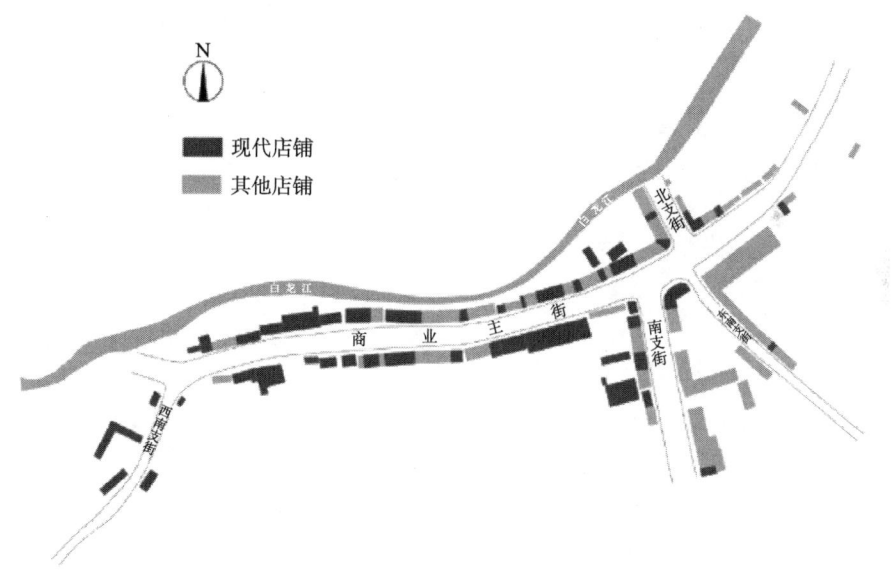

图 4-27 服务经济下现代店铺的空间分布
资料来源：刘润等（2013）

近年来，西南支街凭借其连接四川格尔底寺的良好区位优势，商业发展迅速，店面更新快，较多新商业建筑随之出现；东南支街的部分民居已开始转变为商业经营场所。就不同类型店铺的空间分布而言，商品服务、餐饮和住宿服务三类店铺相对集中，且位于商业主街的中部核心区段；休闲服务、服装销售和享受服务三类店铺因为新近出现发展不足而呈现出边缘化、分散化的分布态势；准公共服务类店铺具有公共服务的特性，在居民日常生活中具有重要作用，故其空间区位相对良好（图4-28）。造成此种空间分布格局的原因如下：第一，旅游市场日趋完善与成熟，相对稳定的客源（除2008年的"3·14"事件、

2010年的"8·8"泥石流事件等造成的影响)为商业发展提供了有力的市场保障;游客需求的多样化与个性化发展丰富了商业经营,休闲娱乐功能的出现成为镇区商业空间功能转变的重要体现。第二,郎木寺镇政府将旅游业同畜牧业一起并列为全镇的支柱产业,放宽招商引资政策支持力度和范围,外来经商者的增多且流动门槛的降低使得商业空间结构更具变化性和动态性。

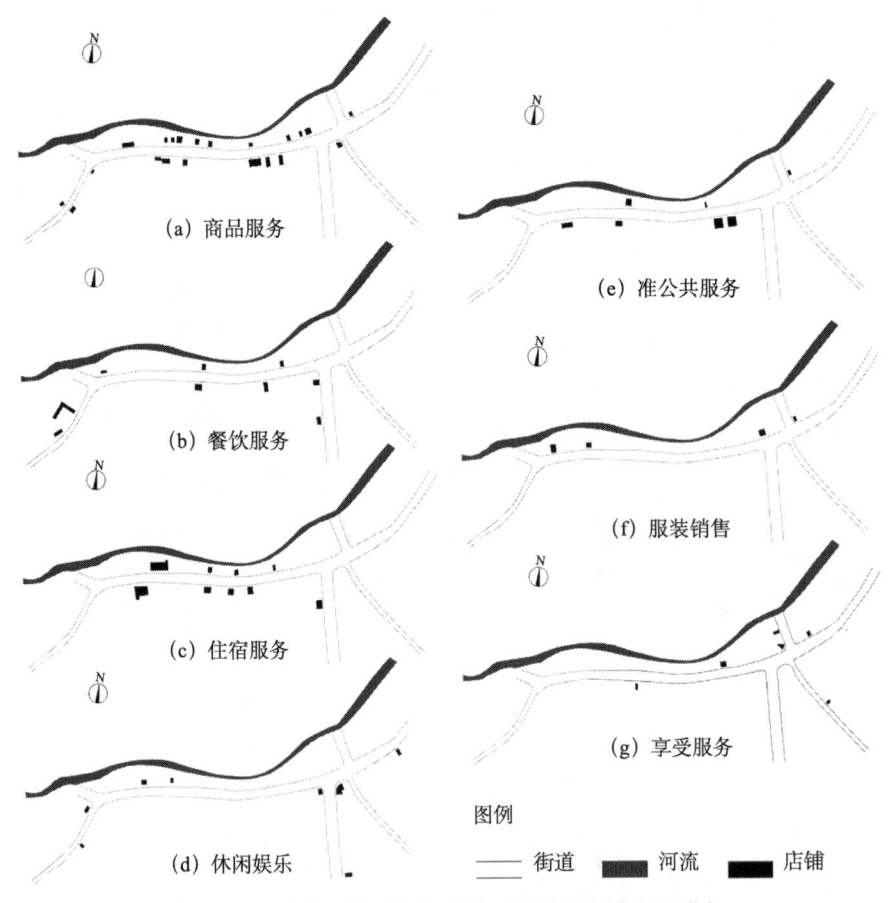

图4-28 服务经济下郎木寺镇不同类型店铺空间分布

资料来源:刘润等(2013)

第四节 郎木寺镇的建筑空间

建筑空间是最易识别的一类社会空间(这里的社会空间采用的是相对广义的社会空间内涵),凝结着各类社会关系、社会功能,是构成社会空间最为基础层次和物质层次的空间形态，对郎木寺建筑空间进行深入解析有助于深化对其社会空间结构的综合把握，如建筑空间的结构特色亦是社会空间的独特性之所在，建筑空间的变化能够用来揭示和体现社会空间结构的某种变化趋向和特征。

一、藏区建筑空间主要特征

（一）建筑空间的自然特征

郎木寺地区盛产木料，大多数的民居都是用木料建造的，主要民居建筑类型为榻板房，又称"木楞子"，用原木（圆形、半圆形、方形、矩形、梯形不等）相互垂直咬接，叠垒架成井字形的建筑墙体，房顶、房壁、地面，甚至连房上的瓦也是木质的，还有木柱、木台阶，围院子的木篱笆等。房屋顶的板面上边，既不抹泥，又不盖瓦，仅用一些乱石压住板块，以防风吹板动，板屋具有就地取材、吸热保暖、抗寒性强、适应气候、减少震害等特点。榻板房平面布局大多比较灵活，基本上没有明显的对称或其他构图讲究，外围轮廓上也基本上没有对几何形状的刻意追求，而是顺应地形条件，因地制宜，自然而然地形成各种不同的形态。

此外，还有一种用木条编织成的木篱笆屋，是郎木寺镇别具特色的建筑。由于用木料建造的房屋冬天冷、夏天热，所以当地居民就用木条编织成特制的篱笆，紧贴着围罩在房子周围，就像是给房子穿了一件蓑衣一样。夏天，太阳狠毒，木篱笆墙挡住了高原上强烈紫外线的暴晒，使房屋不至于太热；冬天，篱笆墙又可以阻挡风雪，起到保暖的作用（图4-29）。

图4-29 篱笆墙民居建筑

郎木寺地区建筑与环境紧密结合，互为因果，富有肌理感的建筑材料，与周围环境协调发展的建筑色彩、独具特色的建筑屋顶处理手法，以及随地形起伏不断变化的建筑院落与单体，都是该地区独具特色的建筑形式。

（二）建筑空间的社会特征

除了自然构建外，建筑空间更为社会、历史、文化、政治等诸多因素、条件所构建，是微观的社会空间。

1. 建筑空间的宗教氛围

宗教氛围十分浓厚——居室中的木柱是藏族人民对世界中心的敬仰，屋顶上一般安装五色经幡、香炉。寺院和宫殿建筑的屋顶上还要安设宝瓶、经幢、法轮等。重要建筑的壁画均以宗教故事为主体，多层建筑中佛龛均设在最高一层，每一个建筑符号都透射着强烈的宗教语言。

长期以来，信仰宗教是该地区普遍存在的生活方式，它渗透到社会经济生活的方方面面。历史上长期处于统治地位的藏传佛教及其学说和思想，在营造建筑形式和组织建筑空间等建筑实践活动中起到了重要的引领作用，形成了藏式传统建筑设计的思想和设计理念。

2. 建筑空间的社会等级

在藏区政教合一的封建农奴制社会，统治者和民众之间具有明确的等级划分，建筑物的表征是统治者权力和地位的象征。广大的农牧民群众住宅建筑十分简朴，在建筑的色彩、高度、体量、装饰等方面有约定俗成的做法。

建筑高度、体量差异大，柱式均以方形为主——传统的民居体量小，层高低，多为2m左右，一般都是一柱间，宫殿、庄园和寺院的建筑体量则较大，从三五百平方米到上万平方米不等，层数可达十余层之多。其中明显的特点是藏式建筑的中柱、廊柱等结构或装饰柱多以方形为主。

3. 建筑空间的装饰

建筑装饰物是约定俗成符号——较高规格的藏式建筑都有许多装饰物以不同的色彩安装在建筑物上，如兽面裸头等，许多装饰物都代表着不同寓意，是藏式建筑约定俗成的建筑符号。

二、郎木寺镇建筑空间及其特征

（一）建筑平面

建筑平面多为矩形、圆形、回形、L形、U形等，以矩形居多。居室通常是坐北朝南，有利于采光和日常的生活。

该地区建筑主要为一层或两层的藏式木板房，坐北朝南。一层的建筑功能为居住使用。用围墙围上一个院子，院子里有各种日常生活使用的设施。例如，灶台、堆放柴草、晾衣服的地方、储藏的小屋等。主体屋子就只供居住使用。

二层的建筑与一层的建筑十分类似，不同的是主体屋子变为两层，一、二层都是居住使用，也用围墙围成一个院子，院子里有各种日常生活使用的设施。也有少量房屋底部架空，只有二层供居住使用的。建筑的二层均设有外走廊，可以供居住者休息、观景等，形成了一个与外界视线交流平台，有虚有实，虚实映衬，使得整个建筑活泼了许多（图4-30）。

图4-30　建筑二层的外走廊

（二）建筑立面

郎木寺地区年降雨量虽然不大，但是较为集中，所以民居多以坡屋顶形式居多。大多采用双坡屋面，有利于通风和排水。屋顶大多采用木屋盖或者石板屋盖，板直接铺在屋面上防水。墙体形式多样，一般有纯木结构的墙、砖墙、土墙、石墙和砖木复合的墙五种类型。建筑门窗均为木门窗，门饰和窗饰较多。部分房屋底部架空，二层设有外廊，屋盖下设通风夹层（图4-31）。

图4-31　屋盖下设有通风夹层

1. 门

与宫殿和寺院的门相比，民居建筑的门普遍较为低矮，装饰较少（图4-32）。造成门洞尺寸低矮的原因是多方面的：高原地区气候较为寒冷，较小的门洞尺寸有利于保温；房屋的层高大多数较低，因而门洞口的尺寸也不宜过大；古时各部落、地区之间经常发生纷争，洞口较小有利于防御；洞口尺寸较小还含有驱鬼避邪等宗教意义。门的材料主要为木材，当地取材容易，制作方便。其形式大多为拼板门，门扇自重较大，用材较多，但是构造简单，坚固耐用。

图4-32 门的样式

2. 窗

窗是建筑上采光、通风的装置。郎木寺地区传统民居窗的主要特点是：洞口尺寸普遍较小，窗台高度较低，窗套形式多样，窗上装饰较多，一般不在北面开窗，南面开窗较多。受房屋层高的限制，窗台高度较低，一般在20~60cm。因层高较低，若窗台较高则会减少采光面积。窗套形式多样，大多数是呈梯形。窗上装饰较多，主要以绘画为主，兼有部分雕刻（图4-33）。窗的材料主要也为木质，部分为玻璃。

图4-33 窗的样式

3. 檐口

该地区传统建筑檐口构造独具特色，按照檐部材料的不同，可分为边玛墙檐口、石墙檐口和土墙檐口。边玛墙檐口主要是用于宫殿、寺院中重要的建筑，是地位尊贵的象征。石墙檐口的立面形式较为简单，按木檐的挑出层数，有单檐和双檐之分。土墙檐口由于材质的影响，女墙高度均较低。檐部多堆放柴草和牛粪饼（图4-34）。

图4-34 檐口

（三）建筑结构与材料

郎木寺地区传统建筑大多采用土木、石木、砖木和木结构，以石材、木料和土为基本材料。柱网结构形式是其最大的特色。结构体系大多为外刚内柔，即外部多采用砖墙石墙或夯土承重墙，内部采用木梁柱构架的混合结构形式，每个单体建筑为一个独立的结构单元，这些结构单元的平面大多是矩形或方形。

1. 墙体

墙体根据使用材料不同可以分为：边玛草墙体、石材墙、土坯墙、隔墙等。"边玛"原是一种乔灌植物。据说早先藏族群众将这种"边玛"捆成长约30cm，直径10～15cm的圆捆，平摆在墙体上端屋顶以下，可以起到通气且保温的作用，后来逐步演变成藏式建筑的主要装饰构件之一。"边玛"秋天晒干、去梢、剥皮，再用牛皮绳扎成拳头粗的小捆，整齐堆在檐下，等于是在墙外又砌了一堵墙。然后层层夯实，用木钉固定，再染上颜色，一般为红色（图4-35）。这样不仅有庄严肃穆的装饰效果，而且由于边玛草的作用，可以把建筑物顶层的墙砌的薄一些，减轻墙体的重量。但是在旧社会边玛草是社会等级的标志之一，普通民居是不允许使用的。

图 4-35　边玛草墙

石材墙在郎木寺地区应用较为稀少，主要是由于石材开采不便；土坯墙多用于 1～3 层的民居建筑，也用于院内围墙。郎木寺地区的传统建筑主要采用砖土结合和土木结合的墙体（图 4-36）。

图 4-36　砖土结合与土木结合的墙体

2. 承重

墙体是建筑承重的主要部分，种类多种多样。根据使用的不同材料划分为卵石墙、土墙、木墙、砖墙。郎木寺地区主要是后三种类型。除墙体外，主要还有木柱、木梁承重。

3. 柱

按照使用材料的不同，建筑柱的类型主要分为石柱和木柱。石柱有整块条石和块石砌筑两种，多用于宗教建筑或级别较高的建筑。木柱主要有圆形、方形、瓜楞柱和多边形（包括八角形、十二角形、十六角形、二十角形等），还有很多不同形式的柱的断面（图4-37）。

图4-37　木柱样式

4. 木构楼梯

木构楼梯有单跑、两并和三并等形式。木梯帮上安扶手，由于楼梯一般坡度较大，因此扶手不从底端做起，扶手与梯帮的距离下部较小，上部较大，伸出踏步较多，不与梯帮平行。木构楼梯重量轻，制作简单，装饰性强，形式多样，经过处理后经久耐磨，一般用于建筑内部，是竖向交通的主要方式（图4-38）。

图4-38　木构楼梯

5. 廊

廊主要有内廊和外廊，是连接室内空间和室外空间的过渡空间，是连接各个房间的通道，同时可以起到户外活动平台的作用，还可用于人们沐浴阳光、遮风避雨及堆砌物品。按照廊所处部位的不同还可分为檐廊（图4-39）、门廊和窗廊。廊一般都是木质结构。在建筑物的底层，廊通过廊柱形式体现，底层外部廊与建筑物的内院联系，中间无明确分界。门廊和窗廊主要应用于宫殿及寺庙建筑中（图4-40），在郎木寺地区的民居中也常常见到。

图 4-39　檐廊的样式

图 4-40　檐廊、门廊、窗廊、屋顶形式

6. 屋面

屋面主要为木板屋顶这种形式，通常是瓦片样式。木板屋顶的做法与汉式盖瓦屋顶做法相似。不同的是，其室内与室外的屋顶形式不同。从外观上看建

筑是双坡或单坡的屋顶，但是室内却都是平屋顶。这主要是为了满足使用功能和适应当地的地域气候。由于该地区年降雨主要集中在较短的一段时间内，所以屋顶的排水功能较为重要，坡屋面有利于排水；起坡的屋顶与室内的平屋顶之间留有空间，有利于夏天的通风，也可以作为储藏的空间，一举两得，十分实用；冬季寒冷，较低的室内平屋顶与坡屋顶不会产生大量的空余空间，防止冷气流的剧烈流动，可以起到保暖的作用（图4-41）。

图 4-41　屋顶细部

（四）建筑装饰与色彩

郎木寺地区的建筑色彩主要是木材的原色，朴素自然，也有一些建筑有着色彩丰富的彩绘。墙体多为土墙、木墙和砖土混合墙，墙体本身具有很强的质感；外墙多涂以白、黄、红等颜色，色彩明快，与周围山水、人物相互映衬。

1. 门、窗

郎木寺地区传统建筑的门、窗装饰较为简单。门的装饰主要以雕刻和彩绘为主，色彩艳丽、明快（图4-42，图4-43）。窗主要以绘画为主，兼有雕刻。全为木质，立体感较强（图4-44）。很多门窗的色彩均为原木色，古朴自然。

图 4-42　郎木寺地区建筑门的样式

图 4-43　郎木寺地区建筑门的样式及细部

图 4-44　窗户的样式及细部

2. 梁、雀替、柱

郎木寺地区传统建筑中梁的装饰主要为木雕、彩绘。梁在整个室内装饰中至关重要，应进行合理的装饰以达到不同的效果。寺院建筑和宫殿建筑中梁饰较为华丽、庄严、富丽堂皇（图 4-45）。民居建筑中较为简单，以结构裸露为主要装饰，少量的会配有简单的彩绘（图 4-46），与宗教建筑相比没有那么华丽，但是木结构的裸露为建筑内部增添了很多原始美，木结构不加修饰，古朴自然。

图 4-45　华丽的梁部装饰

图 4-46　民居中的梁部装饰

郎木寺地区传统藏式建筑对柱子的装饰非常讲究。主要也是用在宗教建筑和宫殿建筑当中（图 4-47），普通民居装饰较少。柱饰包括柱头、柱身、柱础等。柱子的形状多种多样，有圆有方，也有部分为多角柱。柱头部位装饰常用雕刻或彩绘形式，色彩艳丽，雕刻精细；柱身部位主要用雕刻，配以彩绘进行装饰；柱础主要采用雕刻装饰。当然，越是等级高的建筑装饰越是繁杂，色彩越是艳丽。普通民居大多还是保留了木材原始的颜色，较为简单自然（图4-48）。

图4-47 宗教和宫殿建筑柱子的装饰

图4-48 民居建筑柱子的装饰

3. 屋顶与檐下

郎木寺地区传统藏式民居建筑的屋顶大多采用木质结构，色彩也较为单一，主要是木材原始的颜色（图4-49）。屋面的檐口，主要是木材原始色彩，直接裸露檐下的结构，不时地还配有彩色的经幡（图4-50）。还有一些配有雕刻和彩绘，主要应用于等级较高的建筑当中。

图4-49 木构民居建筑

图 4-50 檐下装饰民居

4. 室内

郎木寺地区传统藏式民居建筑的室内装饰也是以木料的原始本色为主要基调，裸露内部的梁架结构，色彩均以木料本色为主。墙面和地面大多数均为木质，也兼有水泥铺地（图 4-51）。

图 4-51 室内装饰

综上所述，郎木寺地区传统藏式民居建筑装饰丰富多彩，建筑色彩与装饰十分丰富，外墙内壁、檐部、屋顶、梁柱斗拱、门窗装饰、壁画雕刻等色彩各异，十分鲜明，极具特色。总的来说，在外立面色彩中白、黄、红、黑四色为该地区建筑立面色彩的主基调。建筑空间是社会空间的最基本构成，建筑空间中的平面、立面、结构、材料、装饰与色彩既具有自然物理特性，也具有显著的社会性，建筑空间中的功能布局、等级状况无不受外在社会空间的影响。当外在的社会空间出现变化之时，建筑空间也必将在各个方面发生或多或少的变化。

第五章 被游客发现：旅游崛起

第一节 从地名到品牌的转变

一、传教士的故事

20世纪中期以前，郎木寺还不曾为广大群众知晓，仅是地处甘、青、川三省边界的一个普通的藏区牧业城镇。除郎木寺院每年吸引的部分云游、学经僧人，或在特定法事期间前来上香的周边地区的信众外，郎木寺一直默默无闻，没有多少人关注一个隐匿于高原河谷里的弹丸之地，郎木寺的社会生产生活一如既往地进行着，这里的人也继续过着不为外界所干扰的传统生活……

然而，一位美国传教士的到来，让郎木寺未能就此安静下去。据《临潭县志》记载："1919年，美国基督教神召会牧师克利必奴等，在临潭建立教堂并设置电台，广泛传教。"1926年5月，基督教传教士罗伯特·埃克瓦尔（中文名艾明世，藏名喜饶宗哲）穿越岷山，抵达郎木寺，当其置身郎木寺时，惊喜地发现，郎木寺的丹霞地貌酷似欧洲中世纪的古堡，对面连绵的山脉又极像浓缩的阿尔卑斯山。因此，埃克瓦尔决定在此定居。1929年，埃克瓦尔携夫人及4岁的儿子大卫，骑马从东面最近的汉人居住地旧洮州城（今临潭县）来到郎木寺。1940年，埃克瓦尔的夫人去世，埃克瓦尔一直到1941年夏才离开郎木寺。后来因为太平洋战争爆发等原因，埃克瓦尔再未回过郎木寺。

在郎木寺的十几年间，埃克瓦尔几乎完全融入了当地人的生活。冬天，他穿上厚厚的藏袍，戴上狐皮帽，脚上穿着与当地人一样的皮袋子，然后骑上马去狩猎。他喜欢背着叉子和子弹袋，骑上高头大马在雪地里飞奔。夏天，他与牧民们一起耍坝子，畅饮青稞酒，跳锅庄，在开满各色野花的草原上打滚。回国后，埃克瓦尔念念不忘其在郎木寺的美好生活，将往日笔记进行整理，写了

第五章　被游客发现：旅游崛起

《西藏的地平线》(*Tibetan Skylines*) 一书（图 5-1），用切身的生活体悟与经验，全面地向西方世界介绍了青藏高原东缘的群山、草原、寺院和藏民族。1952 年此书在纽约出版。这是首次有关郎木寺最详细的英文记述，令郎木寺在国外知名度大增。此书以小说体的手法描述了当地藏人的游牧生活和美丽风光，《纽约时报》评价这本书是"一本在许多方面都具独到之处并令人迷恋的书"（裴黎光，2016a，2016b）。

"这块土地本身和它的整个地平线一样无与伦比。藏区的天空的确有它独特的趣味。远处，在地球和天空连接处，苍白阴暗的流雪勾画出地平线的轮廓。夏天，这里绿草如茵，草丛中点缀着彩色的斑斑点点，野罂粟花在翩翩起舞。在地平线的远方，那儿是块无名地，惊奇便由此而生。"——资料来源：《西藏的地平线》

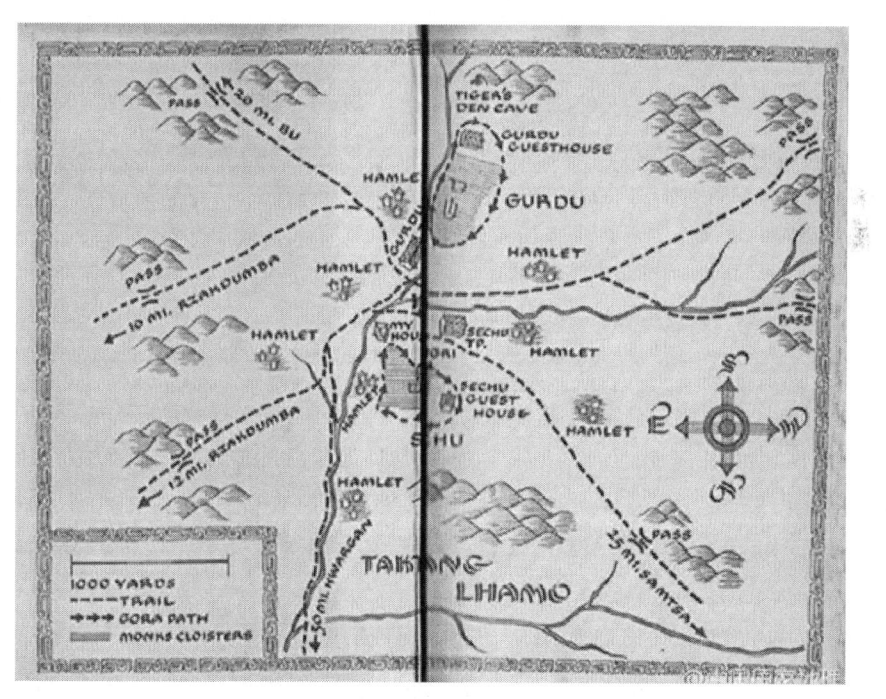

图 5-1　郎木寺手绘图
资料来源：Ekvall（1952）

埃克瓦尔一生富于传奇。1898 年出生于甘肃岷县，父母均为驻岷县的美国宣道会传教士，因此，埃克瓦尔可以说流利的藏语和汉语，一生中具有多重身份，如传教士、作家、藏学家和翻译家。1924 年甚至还因其熟悉汉、藏、英多种语言被推荐给著名瑞典考古人类学家安特生，为他在甘肃西南部的考古工作担任翻译。埃克瓦尔离开郎木寺后，还作为一名随军翻译，参与过朝鲜战争、日内瓦和谈，最后回到美国做了一名大学教授。《西藏的地平线》一书在西方出版后，很多西方人相信，以"神"的名义历经千辛万苦在甘南传教的埃克瓦尔，描述的郎木寺是真实可信的。正如詹姆斯《消失的地平线》一书引来了稻城热一样，受此书影响，从20世纪70年代后期开始，郎木寺成为西方人"背包客"的旅游胜地，当时郎木寺的路还未修起来，他们就背着包走山路到郎木寺，有的人甚至住了下来。事实上，《西藏的地平线》在介绍郎木寺时画了幅中国地图，上面只点了两个地点：一个是北京，一个是郎木寺。这是西方游客来此的原因，他们想寻找各自梦中的香巴拉。也从那时起，在英汉大辞典里出现了"中国郎木寺"这一词条。2001年，美国哈佛大学的托尼来到了这里（据说是埃克瓦尔的学生），循着他老师当年的足迹进行采访。此后，更多西方人认识了中国藏区的这个小城镇。

探险者眼中的胜地并不在于目的地本身如何气势磅礴、金碧辉煌或名声在外，他们更多用心灵感受目的地的文化、历史，寻找一种有意义的又区别于自身文化背景的新生活。他们在体验过程中逐渐融入当地的社会、自然环境，获得的是一种探寻隐秘、回归自然、挑战自我、体验生活的快感与满足，这是不断推动他们探险的动力，或者说探险本身就是为了寻找自我的感觉。

二、"墙内开花墙外香"

探险者作为旅游的先锋队，他们用自己的方式向外界传递对郎木寺的态度与认知，很快引起了大众游客的关注。碌曲县旅游局原局长唐涛认为，最初郎木寺旅游是"墙内开花墙外香，外国人蜂拥而至，而国内则少人问津"，是"养在深闺人未识"。20世纪80年代国外旅游团来郎木寺就已经成为普遍现象。郎木村的马会计说道："旅游业从20世纪80年代以后开始发展起来，首先来的是老外，20世纪90年代后期至2000年是街上老外最多的时候，甚至都能都比街上的藏民多。"1987年以后，在碌曲县着手旅游发展之后，郎木寺才逐渐为国内旅游市场所知，2000年后郎木寺才正式成为一个旅游品牌。据统计，2006～2011年，郎木寺共接待国内外游客约30万人次，其中，国内游客24万人次，国外游客约6万人次，实现旅游综合收入9000万元。可见，郎木寺旅游发展的历史不同于国内其他旅游小镇，其最早是作为国外游客所钟爱的旅游目的地，而后才逐渐被国内游客所发现。

郎木寺旅游的这种特征与当时我国旅游发展的社会背景紧密相关。1978年以前，旅游业是中国外交事业的延伸和补充，各级旅游管理机构的主要任务是从事从中央到地方的外事性、政治性的接待工作，因此入境旅游者多半带有政治任务，如外交、参加国际会议等。改革开放以后，海外游客入境旅游政策开始放开，大批海外游客蜂拥而至。据统计，1949～1977年，我国共接待入境游客不到70万人次。而1978年仅一年来华旅游入境游客达180.9万人次，其中：外国旅游者23万人次，华侨、港澳台同胞回乡探亲157.9万人次，超过以往20多年旅游接待人数的总和。到了20世纪80年代，旅游业成为我国重要的创汇产业，受到了国家政策的有力支持。此时的甘肃旅游则按照国家总体方针被动发展。1998年，旅游业被确定为国民经济新的增长点，成为拉动内需的重要媒介。

三、"东方瑞士"

2004年郎木寺被甘肃省政府列为省级风景名胜区，被甘南藏族自治州列为全州十大王牌景点之一。2005年6月，郎木寺镇参加中央电视台发起的"2005年中国魅力名镇评选活动"，全国参加评选活动的镇共有2000多个，最终郎木寺镇成功入围"中国魅力名镇20强"，是西北五省区中唯一入围的城镇。2006年被评为国家2A级旅游景区、甘肃省批准其为历史文化名镇。此后，郎木寺镇还被游客、新闻媒体誉为"东方瑞士""甘南香巴拉"。郎木寺镇知名度的不断提高促使其迅速成长为国内旅游的热点地区。近年来，最多时年接待游客超过20万人次，游客来自世界上100多个国家。"郎木寺"一词逐渐从一个普通的地名转变为众人熟知的旅游品牌。正如甘南藏族自治州某一领导所言："全球可能不知道甘南，但却知道拉卜楞寺、郎木寺。"

第二节　旅游市场结构与特征

一、游客属性

1）年龄结构。到访郎木寺国内游客的年龄构成：①35岁以下的占到样本总量的62%，是旅游市场的主体，对于他们而言"带上单反"就是旅行，即便是一个人，因为"一个人的旅行也很有意思"。②35～45岁年龄段的占32%，这个年龄段的游客具备一定的经济实力，是旅游消费的主体。③45岁以上的占

6%，此类游客多半和家人、朋友一起。由此说明郎木寺旅游的目标市场以中青年为主（图5-2）。

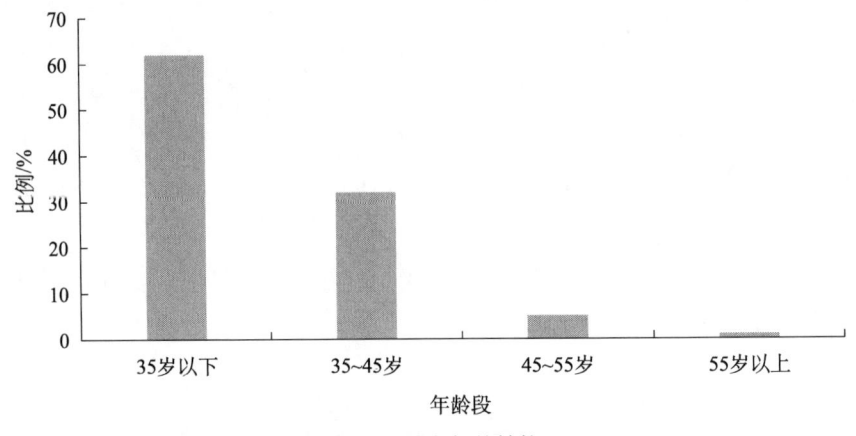

图 5-2　游客年龄结构

2）受教育程度。大专、本科文化程度的游客居多，共占到样本总量的58.3%；其次为高中，占21.6%；初中及小学以下占12.7%。可见到访郎木寺的游客文化程度较高，这与郎木寺的旅游资源富有深厚的文化内涵紧密相关。

3）月收入水平。月收入3500元以下、3501～5000元的低中收入者占相当大的比例，共占82%；5001～7000元中高收入者及7001元以上高收入者所占比例较少，分别占12%和6%。可见旅游总体消费水平不高，经济承受能力不强。

二、客源市场

郎木寺国外游客来自荷兰、美国、法国、英国、德国、丹麦、瑞典、意大利等100多个国家。国内游客主要来自周边城市，如兰州、成都、重庆、西安等，中东部地区以北京、上海、广州、武汉、郑州等发达城市为主。根据游客来向统计，发现由甘肃方向进入的占53%，四川方向进入的占38%，青海方向进入的相对较少，只有9%。总之，郎木寺旅游属于典型的入境旅游市场带动国内市场发展起来的。国外游客起先是基于探险、文化猎奇等目的地前来旅游，近年来，郎木寺已经成为集户外探险、文化体验、休闲度假于一体的综合性旅游目的地，因此在客源市场的吸引范围上逐渐增大，逐渐成为中东部发达地区城市居民放松身心、体验异域生活的重要目的地。

三、出游目的

游客的出游目的依次为观光游览、宗教朝拜、休闲度假,比例分别为52%、48%、23%。调查中发现,游客到访郎木寺的行为有别于传统意义上的观光游览,他们更加注重自身的情感体验。游客到访郎木寺的目的性很强,并非简单的过路观光,这表明郎木寺旅游更是一种体验(图5-3)。

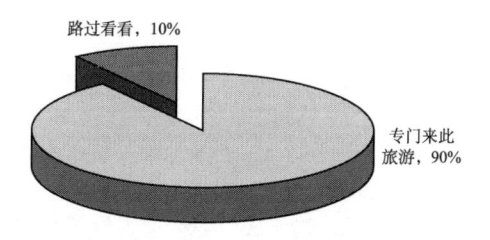

路过看看,10%
专门来此旅游,90%

图 5-3　游客旅游主观倾向

笔者在对游客游记进行文本分析中,发现更为多样化的出游目的:有的是为了自由、自在、随心,如"随心所欲的一路向西""放逐心灵去远行""追寻心中那片纯净的天空";有的是为了接受宗教的洗礼,如"一场灵魂的盛宴";有的是为发现藏族小镇独特的生活方式,如"追寻梦中的五彩香巴拉""原汁原味的小镇";有的是为了扩大视野、体验生活,如"我只是想让我的世界,变得更宽一些","世界那么大,带你去看看";有的是作为毕业旅行;有的仅为了画上一张藏族村寨图或拍摄最蓝的天空;有的甚至只是为了晒晒太阳、喝喝咖啡、交交朋友。

旅游动机。55%的游客被这里美丽的自然风光所吸引,45%的游客被郎木寺古老而艺术的人文景观所吸引,35%的游客出游因为这里独特的风俗习惯。(图5-4)

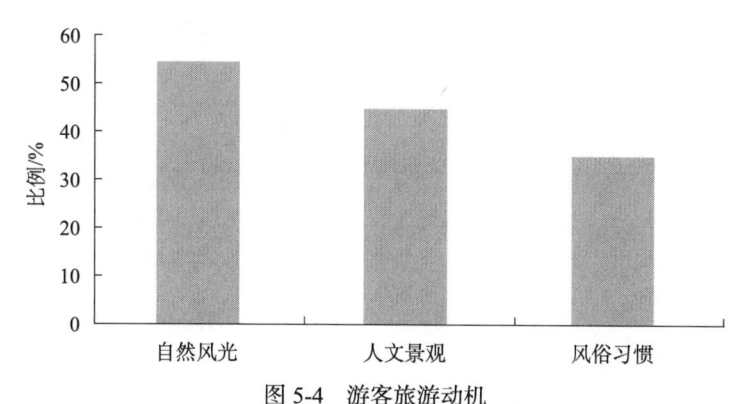

图 5-4　游客旅游动机
注:由于很多游客同时认同几个答案,因此百分比加总大于1

四、旅游行为

信息获取渠道。通过宣传广告媒体得知的游客占35.6%，大多数游客通过网络媒体获知，这一结果与郎木寺镇镇长道吉扎西介绍的一致："来郎木寺的人，大多都是自己来的，他们或者听到朋友介绍，或者看到网上一些风景图片。"通过亲戚朋友介绍的占35%，可见郎木寺的口碑效应不错。旅游企业或代理机构和书刊也是信息的重要来源，分别占15.6%和7.3%（图5-5）。

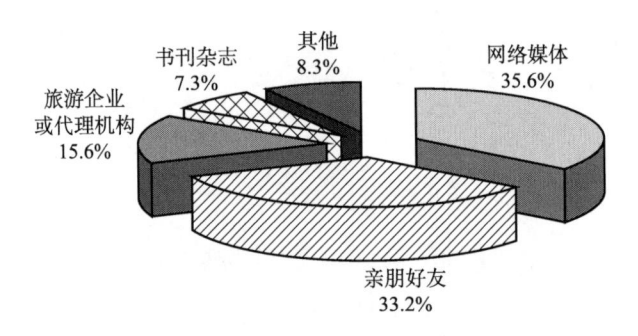

图 5-5　信息获取渠道

出行方式。集体租车是目前最为主要的出行方式，占40%；个人乘车和乘私家车占据55%；旅行社大巴是团体游客最主要的出行方式，仅占5%（图5-6）。

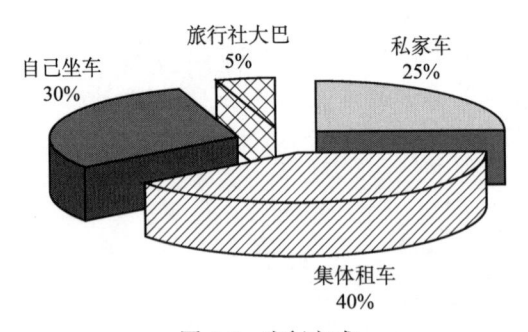

图 5-6　出行方式

旅行方式。从游览郎木寺的方式看，朋友结伴所占比例最大，占54%；其次是家庭出游，占25%；通过旅行社和单位组织的所占比重最小，占21%，表明郎木寺旅游以朋友和家庭出游为主，这符合自助旅游和自驾旅游发展的趋势；旅行社和单位组织的旅游由于不利于旅游体验，仍然存在较大的改善和提升空间。

旅行时间。旅游团队主要集中于6～10月和正月法会期间。自助旅游游客旅行时间相对分散。郎木寺旅游的季节性十分显著，正是因此，在旅游旺季，镇区供给能力不足；而在旅游淡季，服务设施闲置浪费。此外，郎木寺旅游还易于受自然、政治、宗教、民族等因素的影响，旅游呈现较强的变动性，如2008年"5·12"汶川地震和2010年"8·8"舟曲特大泥石流后游客骤减。

重游状况。调查中，专门针对到访郎木寺次数做了调研，其中35%的游客称此次来访是重游，说明郎木寺旅游的重游率相对较高，绝大多数游客对郎木寺的整体感觉表示满意，这在一定程度上促进了游客重游，但是约有90%的游客认为郎木寺中心街区街道的布局欠佳，购物环境不理想。提升游客重游率，增强郎木寺的整体竞争力，街道改造，完善基础设施建设势在必行。

停留时间与旅游消费。郎木寺的旅游者在此逗留的时间以两天或两天以上为主，19%的游客愿意在郎木寺停留一天，56%的游客倾向于停留两天，两天以上的为25%，也有游客和牧民生活在一起，一两个月都不肯离去。游客的旅游消费水平普遍不高，每人每天花费支出在159～300元居多，占总数的60%。在花费构成方面，主要是郎木寺门票收入，其次为交通、住宿和餐饮。游客的娱乐、购物比例较低（图5-7，图5-8）。究其原因，一方面是因为来此游览的大多数游客是背包者，主要目的是为远离都市喧嚣，寻求宁静生活和解脱，除了必需的吃、住、门票等花费外，对额外的项目兴趣不大。另一方面，郎木寺镇夜间的娱乐项目较少，产品项目设置参与性、体验性不强、无法满足游客个性化的需求。应丰富旅游产品内容，如开设藏餐厅，进行藏族传统的民俗表演等。

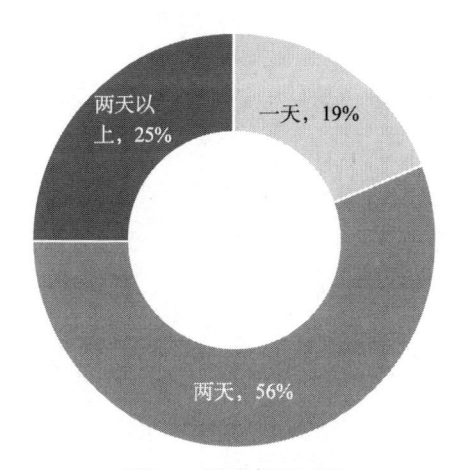

图5-7 游客停留时间

图 5-8　旅游消费

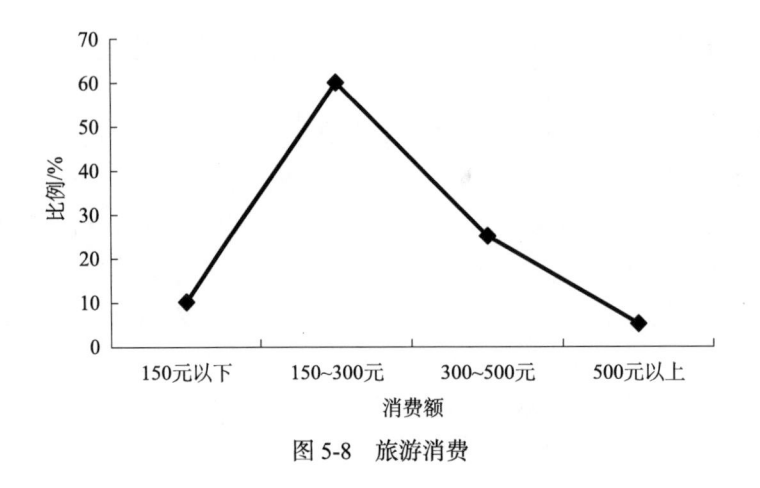

第三节　游客对郎木寺旅游的认知

一、旅游魅力的认知

(一) 基于游记的魅力认知

有很多关于游客与郎木寺的故事，如"一个年轻的韩国人，在郎木寺一住就是几年，还在当地找了一个藏族女朋友"，"一个漂亮的英国女孩，沉醉郎木寺半年以后，特别想要一个自己的孩子"，再如，一位上海的游客，每年都要到郎木寺的藏族同胞家住一段时间。郎木寺核心魅力何在？为何如此让游客梦牵魂绕？

优美的自然环境和因汉、藏、回等多民族融合而带来的奇特风情底蕴是郎木寺旅游魅力的重要构成。游客因感受到郎木寺静谧、美丽、精致、缭绕而动心。相比拉卜楞镇等较大的藏区城镇，郎木寺显得更加安详、悠闲和轻盈；相比丽江古镇，郎木寺显得更加纯朴、原始和神秘，没有嘈杂、喧哗。

郎木寺的魔力无处不在，清晨站在高岗上远望炊烟四起的村庄，黄昏站在山坡上看最后一抹夕阳没入山间，或融进身穿彩色藏衣的人群中，都有着无与伦比的宁静与自然，使人不由自主地卸下所有伪装，还原自我。——李继勇，2007

灿烂的阳光从山峰缝隙间投射进来，形成了一条五彩斑斓的光束，阳光洒向阳面山峦，给山峦镀上了一层灿烂的金色，阳光给草场牧民、牦牛镀上了一层光晕。一面山峰遮住了阳光,给对面的山峰投下了巨大的阴影。明与暗之间,光影显得异常迷人。——北京pippen95,2014-11-15

郎木寺周边风景是极美的。红石崖上空的白云飘来飘去,让你觉得可以在云端漫步。——淄博三月烟花,2015-08-09

清晨的郎木寺,炊烟袅袅,阳光撒下来,泛着银光的雪地、金光闪闪的房顶。——广州静悄悄的来过,2015-05-10

我已经忍不住跳下车,躺在大路中间,仰望苍穹,秋风拂面,心如止水,静静聆听牛羊啃草的扑哧声。——成都violin_小提琴,2014-09-29

郎木寺是游客心目中的桃花源,可以过着"采菊东南下,悠然见南山"的生活。郎木寺的生活让人舒缓、幸福、温馨、感动,在这里可以自由自在、不受拘束,可以不谈工作、不谈生活,忘记烦恼、清空自我,只聊吃喝玩乐,可以不分年龄、种族、职业,交友、分享故事、三五成群促膝长谈。

郎木寺,这我永远无法忘却的西部小镇,我不远千里奔波而来,只是为了在它的怀抱里,安静地休息。——作家许晖,2007

在城市,酒吧里只有酒具相互敲打的声音;在这里,你可以和同处一室的、互不相识的人同饮、同唱、同舞。——游客,2010

到了郎木寺镇后,用了一个下午喝茶,跟驴友吹牛,写明信片,然后蜷缩在阳光下睡觉,睡醒之后,青年旅社老板夫妇亲自带队去尕海湖看落日。——某钻睡不着,2013-06-09

最留恋的地方就是郎木寺,这里不光有让人放空的心境,更让我们遇到一群同样在路上的朋友,一起在青年旅社谈天说地,一起去享受旅行。——西安义诊医生,2015-06-28

想念一个地方,必定与那个地方的人或事有关,在郎木寺我也遇见一个很亲的藏族小朋友。虽然语言不通,但她对你的信任和友好,特别的那种感觉是会让你记忆深刻到无法忘记。短暂的相处,离别时依依不舍。谢谢在一起跳舞,谢谢为我们送行的藏式舞蹈。——一把雨伞,2014-12-16

有些旅游中邂逅的地方会让人离开后,久久地被叫做'乡愁'的那种情绪所笼罩,郎木寺便是这样一个地方。——贺泽劲,2008

……让来自不同种族的人们,在一句简单的问候中,把内心最真的梦,永远停留在郎木寺夜晚的街头。——绵阳西红^_^柿,2014-12-21

郎木寺旅游魅力不局限于自然风光和民俗风情,而是一种因自然环境与人文环境高度融合,所赐予游客的一种感觉、信念、想象。游客各得其所,有人感觉到了郎木寺的祥和、包容,有人感觉到了她的原生与淳朴,有人在此寻找梦想，有人在此祈祷、祝福，并体味到了生命的意义与价值。游客在此随意、随遇、随缘，郎木寺对于游客而言，更多的成为了一种"归宿"的符号与象征、一种精神家园和灵魂栖息的场所，正如《回家，达仓郎木》一书中所渲染的一样，"将她作为心灵归宿的纯洁之地"，每当累了、倦了，都会想起她。

一个让灵魂休息的地方！每个人都可以把自己交付给这里的河水、青草及土壤，感受回归自然的宁静和悠远，寻找一种人性深处的精神图腾。——江苏摄影家江弘颐

置身这林谧山幽，岚雾空蒙的优美环境，仿佛时间和生命只是一粒尘埃，灵魂已超然于一切荣辱得失所带来的欣喜和苦恼之外，可以彻底地融入自然，把自己交付给一片云、一阵风、一湾水或一片草，交付给回忆和遐想中的宁静和悠远。——甘肃日报记者杨德禄

这里有忏悔、有祝福、有祈愿。在这里我也有个心愿，希望自己能早日得到证悟，真正的具有一颗出离心。——北京果皮，2015-08-13

现代社会给人的压力太大了，人们失去了内心最淳朴的东西。郎木寺就是一个能够让灵魂休息的地方！在这里，每个人都可以感受到回归自然的宁静和悠远，都可以发现内心深处最真最纯的那一面。——黑帐篷咖啡老板陈俏

每次踏上通往郎木寺的长途汽车时，心里就有种无法说清的激动和兴奋。时间在这里似乎是缓慢而懒散的，生命在这里仿佛更加具有了色彩和意义。当诵经声从山腰间的寺院里传来时，灵魂仿若超然一切荣辱得失，唯有安详和平静。在这里生活修养，恬静而淡然地度过余生，那该是最幸福的。——王小忠，2013

这座小镇，蕴含着我们这些'俗人'所渴望的宁静、寂静和洁净，到过这里的人都会不由自主地把这里称为'人间净土'。这里的山水、这里的阳光、这里的遗世独立的神韵，净化了人们的心灵。——陈平，2013

如果你的心灵迷失了，那么，来郎木寺吧，这里是你心灵的归宿，我永远在这里等你！——游客

（二）基于日常生活观察的魅力认知

情景1：清晨郎木寺。

清晨天色朦胧，炊烟缕缕，白龙江畔，数位年轻妇女，正在河中洗头发，乌黑浓密的头发在阳光下显得格外凸显，她们拿着梳子，梳理着头发，并不时用镜子照照。头戴披巾的穆斯林大婶提着拖把到小溪边涮洗；提水的藏族老妇人站在岸边，向河对面的邻居问候、聊天；晨光静静地打上屋檐和塔尖，三三

两两的信徒结伴走向转经殿，玛尼堆和白塔旁早已有了藏人在煨桑和膜拜，渐渐地寺庙里传来晨诵的声音……远处朝阳的光彩映在郎木寺的红色砾岩上，木制的藏式水车发出愉快的声音，为肃穆的寺庙增添灵气，佛塔、清真寺和民房的屋顶都呈现出温暖的光泽，整个小镇就洋溢着一种淡淡的却又挥之不去的恬静与亲和（影子，2013）。担水的寨民、眼睛惺松的孩童在蜿蜒的木房间的小道上，有事无事地你来我去；红衣的喇嘛，有的平静悠然地料理着自己的琐事，有的顺着登高的山道向着天空散撒着祈祷吉祥的龙达（印有经文的方开小纸片），让走惯了急匆匆都市脚步的人，也有了几分适然。

情景 2：午后的郎木寺。

午后的草场一片安逸，躺在草地上，呼吸着新鲜的空气，风吹动着牧草，几只牛羊懒散地啃着草。山坡上，成片的榻板房在阳光下泛着灰中带青的光，层层叠叠，密密麻麻，顺山势铺陈开来。在高原强烈的紫外线下，万物的色彩显得更加艳丽多彩，郎木寺像是一个色彩斑斓的万花筒：蓝天、白云相互映衬，近处的绿草、彩色经幡，寺院中的白塔、红墙、金顶和松柏融成一片。

情景 3：傍晚的郎木寺。

夕阳西下，傍晚的郎木寺则呈现出一片祥和。寺院经堂上的金顶与夕阳熠熠生辉，寺院里悠扬的法号、低沉的诵经为傍晚的小镇平添了几分神秘与圣洁。虔诚的藏民仍在转着经，家家户户屋顶上炊烟袅袅，空气中飘来燃烧的牛粪、松柏的气息，孩童赶着成群的牛羊回家，边赶边玩、嬉笑阵阵。炊烟与云雾依然如故地缠绵，只是多了些许牛羊咩叫的回荡。

情景 4：郎木寺"过野餐"。

"过野餐"即香浪节，节日期间藏民一般会在绿草如茵、百花争艳的草坪上，依山傍水扎起帐篷，或三五户一起，或以村寨为单位，备上食品与饮品，住上十天，亲近自然，无需劳作，尽情放松。夜幕降临，远处的帐篷纷纷点起灯，灯火连成一片，与天上的星星相仿。

二、乡土景观环境认知

乡土景观体现着一个地方的自然环境与风土人情，是旅游资源的重要构成和载体，是游客旅游动机的重要构成。郎木寺旅游的迅速发展一定程度上体现了游客对其乡土景观的认同。为了进一步反映游客对郎木寺乡土景观的感知程度，采用 SD 法（语义差别量表法），选取了 20 项指标进行评价，其中自然生态景观 4 项，分别为空气质量、亲水性、植被覆盖、地貌景观；宗教人文景观 6

项，分别为寺院建筑形态、寺院建筑层次、寺院建筑色彩、寺院建筑材质、寺院宗教文化、寺院景观设施；传统聚落景观5项，分别为传统民居街巷尺度、传统民居建筑风格、传统民居建筑质量、传统民居环境质量、传统民俗文化景观；城镇风貌景观5项，分别为城镇布局与形态、城镇规模与尺度、城镇公共空间、城镇景观视觉、城镇景观质量。最终，对调查问卷收集的数据进行处理，得出综合平均值，以综合平均值为基点绘制郎木寺乡土景观感知评价语义曲线（图5-9）。

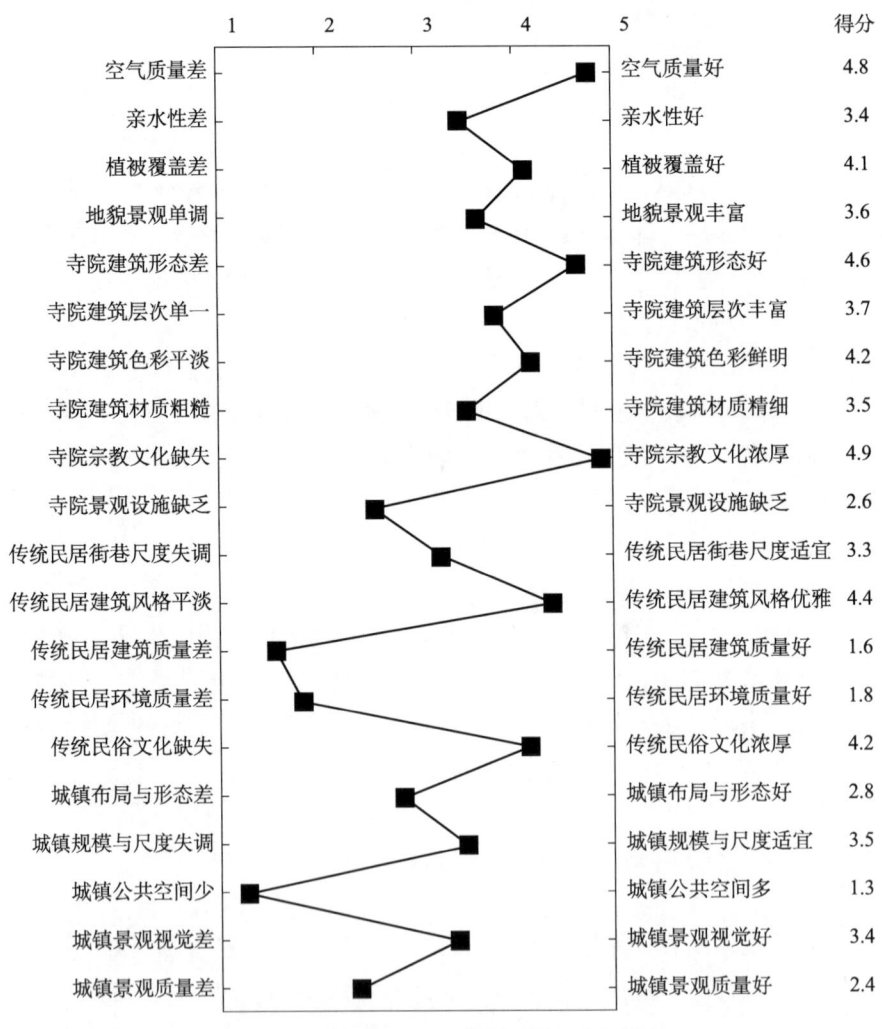

项目	对立项	得分
空气质量差	空气质量好	4.8
亲水性差	亲水性好	3.4
植被覆盖差	植被覆盖好	4.1
地貌景观单调	地貌景观丰富	3.6
寺院建筑形态差	寺院建筑形态好	4.6
寺院建筑层次单一	寺院建筑层次丰富	3.7
寺院建筑色彩平淡	寺院建筑色彩鲜明	4.2
寺院建筑材质粗糙	寺院建筑材质精细	3.5
寺院宗教文化缺失	寺院宗教文化浓厚	4.9
寺院景观设施缺乏	寺院景观设施缺乏	2.6
传统民居街巷尺度失调	传统民居街巷尺度适宜	3.3
传统民居建筑风格平淡	传统民居建筑风格优雅	4.4
传统民居建筑质量差	传统民居建筑质量好	1.6
传统民居环境质量差	传统民居环境质量好	1.8
传统民俗文化缺失	传统民俗文化浓厚	4.2
城镇布局与形态差	城镇布局与形态好	2.8
城镇规模与尺度失调	城镇规模与尺度适宜	3.5
城镇公共空间少	城镇公共空间多	1.3
城镇景观视觉差	城镇景观视觉好	3.4
城镇景观质量差	城镇景观质量好	2.4

图5-9 郎木寺乡土景观感知评价语义曲线
资料来源：李得发（2013）

在各景观感知项中，游客对"空气质量好/差""植被覆盖好/差""寺院建筑形态好/差""寺院建筑色彩鲜明/平淡""寺院宗教文化浓厚/平淡""传统民居建筑风格优雅/平淡""传统民俗文化浓厚/缺失"7项内容的得分均在4.0分以上。说明在郎木寺镇区乡土景观中游客对这7项内容的感知程度强，在游人心目中郎木寺镇区是一个空气清新，绿树成荫，寺院建筑形态和色彩鲜明，宗教文化浓郁，传统民居建筑独特和民俗文化氛围浓厚的特色旅游小镇。

评价分值在3.0～4.0分的乡土景观感知内容有："亲水性好/差""地貌景观丰富/单调""寺院建筑层次丰富/单一""寺院建筑材质精细/粗糙""传统民居街巷尺度适宜/失调""城镇规模与尺度适宜/差""城镇景观视觉好/差"，共有7项。说明游客对这些内容的感知程度较好，但是并没有产生深刻的印象，总体上觉得较有吸引力，感觉较为满意。

评价分值在2.0～3.0分的乡土景观感知内容有："寺院景观设施健全/缺乏""城镇布局与形态好/差""城镇景观质量好/差"，共有3项。说明游客对这些内容没有形成清晰的认知，景观内容缺少吸引力，感知程度一般且略显不满。

评价分值在1.0～2.0分的乡土景观感知内容有："传统民居建筑质量好/差"、"传统民居环境质量好/差""城镇公共空间多/少"，共有3项。说明游客对这些内容的感知持不满意的态度，这也说明传统民居建筑质量和居住环境质量差及城镇公共空间缺少成为影响郎木寺镇区乡土景观整体质量的负面因素。

由上述分析可知，游客对郎木寺乡土景观感知评价的总分为68.1分，评价等级为良好。由郎木寺乡土景观感知评价语义曲线图分析可以得出，在郎木寺乡土景观感知评价的4个构成部分中，游人对自然生态景观各项内容评价得分的平均值为4.0分，对宗教人文景观各项内容评价得分的平均值为3.9分，对传统聚落景观各项内容评价得分的平均值为3.1分，对城镇风貌景观各项内容评价得分的平均值为2.7分。这说明在郎木寺乡土景观构成中，自然生态景观和宗教人文景观的质量较好，传统聚落景观的质量一般，城镇风貌景观的质量较差。

第六章 被利益群体发现：业缘关系增强

第一节 传统的业缘关系

一、以畜牧业为中心的职业

畜牧业是传统职业的根基。几乎所有郎木寺的藏族牧民都进行畜牧业生产，少部分从外地迁入郎木寺的藏民除外。2009年全镇各类牲畜存栏9.8万多头（只、匹），牲畜的总增率、出栏率、商品率分别达28%、32.7%和28%。牧民人均纯收入由2006年的2790元增加到2011年的4450元，五年净增1660元。正是畜牧业的迅速发展，才逐渐衍生出一系列以畜牧业为核心的传统职业。

（一）畜产品加工

畜产品加工包括肉、皮、毛、绒等多种产品的加工，是藏区重要的日常生活消费品，因此，每隔一段时间郎木寺镇区便会有畜产品交易。2008年，郎木寺开展"一特四化"（专业化布局、产业化经营、标准化生产、技能化培训），先后在贡巴村、波海村建立了牦牛繁育带，共建成牦牛专业化养殖户271户，联户牧场27个，专业化合作社2个，畜产品生产资料综合市场1个（王莉芳，2013）。

（二）日用品销售

为了满足牧民和僧侣的基本生活物资需求，郎木寺镇区形成了一批超市、商店、蔬菜水果门市部、服装店、餐饮店等（表6-1）。经营日用品商家多半为回族和汉族，藏族相对较少，他们以此为职业，不断从外界进货，售给本地。

表6-1 日常品店铺

类型	典型店铺	类型	典型店铺
超市	宏达超市	餐饮	临夏饭店
副食	副食商城	电器	百顺电器超市
蔬菜水果	天一绿水果蔬菜门市部	布匹	而买布匹商店
粮油	郎木寺粮油门市部	服装	扎西服装城
调味品	玉林调味用品商店	佛教用品	罗科优质佛教用品直销店

资料来源：根据调研整理

（三）银匠

在藏区，银饰品和相关饰品是藏族人宗教信仰和生活习惯的重要构成，银饰已不是单纯的装饰品，而是根植于民族土壤中的文化的复合体。每逢节日期间，每一个藏族妇女都会穿金戴银，银饰品也是身份和社会地位的象征。因此，银匠在藏区城镇具有重要地位，郎木寺镇区就存有7家银饰加工店（吉祥银坊、格桑花银匠铺、郎木圣地雪银、如意藏式银匠铺、云南金银加工、郎木雪银、古镇银坊），这对于不足2km^{2}的空间（包括寺院）而言已经不少了。

二、传统职业特征

1）单一性。传统职业基本上以满足本土的基本生产、生活需求为主，较少与外界产生广泛的社会、经济联系，因此，职业类型相对单一。

2）封闭性。传统职业受自然环境等因素制约，多局限于本土的空间范围；同时也受到牧业经济分散、孤立式生产限制，业缘关系较为封闭。

3）稳定性。以牧业经济为基础的传统职业很少与外界发生关系，进而导致业缘关系在较长的时间内具有一定的稳定性，较少受到外界环境的影响。

4）脆弱性。由于传统职业一直以来与牧业经济基础紧密相关，一旦牧业经济的地位发生变化，传统职业便会受到影响，被新经济下的职业挤压甚至取代。

第二节 旅游介入下的业缘关系

一、内部利益群体

（一）新职业的诞生

旅游时代郎木寺的业缘关系核心发生了变化。旅游开发前，血缘关系、宗族关系维持着业缘关系；旅游开发后，郎木寺开始与外界产生广泛联系，大量游客源源不断地进入郎木寺消费，业缘关系更多地依靠经济利益关系维系。总体上，旅游开发使得郎木寺的职业开始转向以旅游为核心的职业体系，大量非正式活动开始职业化。刘爱文（2011）通过统计郎木村人口就业情况，发现随着改革开放以来区域经济的发展和政策的演替，郎木村的职业结构发生了变化，从事传统畜牧业的人在社区居民的职业构成中逐渐下降，各类新型职业快速发展，如经商、运输、公务员等。

1. 旅游住宿

旅游开发刺激了本地住宿业的发展，原本很少经商的藏族人，开始将自家的房屋开发为住宿场所，家庭成员也出现职业分工：年轻的子女从事放牧，年长的父母从事住宿业。也有一些本地回民从事住宿业，他们通过租赁获取房屋，然后按照旅游宿舍的标准分割空间、装修。寺院也开始参与住宿业，将寺院多余的房屋外包出去，由社会来管理运营。旅游住宿业的发展促进了本地就业，大部分旅馆在每年5～9月的旅游旺季，会从本地请来临时工或季节工。旅游淡季时，这些帮工又会回到牧业生产或转向其他职业，因此居民的收入来源多元化。

2. 旅游餐饮

游客的口味、饮食习惯导致一批旅游餐饮从业者的出现，从最早的丽莎餐厅开始直到后来出现的一些年轻藏族人开的藏式主题餐饮店。旅游餐饮经营者更加关注游客的饮食体验需求，在饮食类型（清真、川菜、西餐、藏餐、烤肉、面包）、就餐环境（民族/西式装修、传统/现代布景）、附加服务（推荐旅游线路与旅游商品、旅游解说、旅游咨询）等方面做得更加具体、细致。此外，旅游餐饮经营者日趋年轻化，较多来自四川、青海、云南、宁夏等地，多有过外出接受教育或专门培训的经历，他们源源不断地将外地的餐饮服务经验引入郎木寺。黑帐篷咖啡馆老板曾在外地进行过西式餐饮培训，雪山咖啡的老板常年在外地学习等。同样，较大的旅游餐饮店在旅游旺季也会从本地招聘藏民、回民帮工。

3. 旅游交通

旅游业的发展也促进了旅游交通业的发展。较多藏民投入到旅游交通业中，专门从事游客的接送服务，他们经常聚集在郎木寺镇区的主要路口，等待游客的到来。旅游交通从业者存在多种类型，有驾驶出租车的（贡巴村与郎木寺镇区之间的交通方式），有骑着摩托车的（方便、快捷，交通路线较为灵活），有租赁马匹、自行车的（游客自助旅游交通工具）。这些旅游交通的从业者在多数情况下为招揽生意，还承担着旅游信息收集与简单的旅游讲解职能，他们会及时关注郎木寺旅游的方方面面，及时向前来搭乘的游客介绍相关旅游服务信息或讲解本地的风土人情，让游客心甘情愿地成为他的客户，如不少摩托车司机对法会、天葬等信息很关注，因为这些是吸引游客的重要信息。正如一个藏族面包车师傅介绍："不能只开车，还要告诉他们（游客）什么时候有什么活动，这样他们就愿意坐车了。我开车开了很多年，知道他们的心里想什么……我跟他们做朋友，游客回去后可能还会给我做宣传，下次推荐他们朋友来，还坐我的车。"

4. 旅游精品店

游客在旅游过程中，喜欢购买一些旅游纪念品，因为这些纪念品是"旅游者重返世俗社会的象征，是旅游者社会地位的象征，是旅游者人生中重要事件的象征，是旅游者自我的象征"（马晓京，2005），这便构成旅游精品店发展的重要驱动力。这些精品店类型有民族音乐碟片（如雪域妙音之家）、唐卡艺术（如热贡艺术精品唐卡制作中心）、民族工艺品（如藏家手工艺品）、首饰珠宝（如藏宝阁）、古玩（如古玩斋）等（图6-1），不少从业者来自于云南、四川等地，他们也将郎木寺作为展示他们本土文化的重要基地，他们每年在这里经营五个月左右（即旅游旺季），其余时间回到家乡从事其他活动。藏民也开始参与藏式工艺品店经营，他们从外地批发一些唐卡挂件、小型转经筒、手链、项链、藏银等民族特色商品，利用赚来的钱补贴家用。

图6-1 旅游精品店

5. 旅游摄影

旅游摄影也是旅游开发后迅速出现的一类职业。这类职业存在两种形式：一类是有固定店面，因此设备相对齐全，摄影技术较好，可以拍摄系列写真的照片。另一类就是手拿照相机散落在各个景点的普通牧民，他们按照一张照片10～20元不等的价钱，为游客选好拍摄点、姿势、造型、道具（如民族服装）等，拍照完后可快速冲洗出来。当然，后者随着手机和数码相机的普及受到较大冲击，但游客仍需拍摄的背景与道具，这便仍成为后一类职业发展的重要动力。郎木寺院门口的一位汉民解释："现在出来玩的都有手机、相机什么的，除非没带或者有的人想当场打印出来留做纪念的。单独拍照肯定没人愿意，要提供一些服务才行。他们出来玩，对我们藏族服装、骑马、风景都很感兴趣，我们可以租衣服、马匹（给他们）然后帮他们拍照，还可以带他们去一些不错的景点拍一些好看的照片，这样一些游客就愿意拍了。"

6. 旅游公司

旅游公司是全面为游客推荐各类旅游信息、提供旅游服务的组织机构，他们是旅游深入开发后出现的一类旅游职业。郎木寺目前最具特色的旅游公司为格桑马队，他们为游客介绍和组织参与本地的各种民俗活动或日常生产生活活动、推荐饮食与住宿、组织骑马旅游、自行车骑游、徒步穿越等多种方式的旅游。格桑马队的官方网站更是成为郎木寺旅游的攻略集合点，有游客游记、街道地图、各类旅游线路、地方历史文化简介。

7. 邮电所

旅游开发还促使了郎木寺邮电所的发展。邮电所的业务不再局限于传统的报刊收订及投递工作，旅游包裹与明信片业务成为新的主要业务类型。邮电所里经常有寄明信片和快递包裹的游客，也有不少本地居民、商家为游客代邮的。就明信片业务而言，在旺季时，每个月可售出3000元。

（二）老职业的复兴

社会的发展总在不断淘汰传统的职业，旅游开发在一定程度上却能促使一些传统职业的复苏（图6-2）。第一节中介绍的银匠在旅游开发前数量较少，且以本地籍贯为主，仅满足当地人的需求。在藏族社会，藏民酷爱银饰（如银腰带），因为原始宗教本教崇尚白色，以白色为尊，后来藏传佛教也受其影响。银是人类最早使用的天然白色物品，自然银被认为是圣洁的代表，在婚丧嫁娶中被视为重要的饰物。旅游开发首先增加了对银饰的需求，银匠数量开始增加，其中不少来自云南、青海或甘肃的其他地方；另外，多样化、个性化的需求又促使银匠生产产品的多样化、特色化，这导致银匠成为一种兼有技术性、艺术性的职业。

图6-2 老职业的复兴

非物质文化保护也是旅游开发后逐渐被重视起来的。刺绣是藏族文化特色之一。2009年郎木寺新开了一家藏巴格工艺店，这家店主要致力于刺绣这种非物质文化保护（2011年藏族编织、挑花刺绣工艺经国务院批准列入第三批国家级非物质文化遗产名录），受到了游客的普遍欢迎。

此外，在藏区，长期生活于高海拔的藏民在不断与各类疾病的斗争中积累了各种治疗经验，形成了独具特色的藏医药学体系。2006年，藏医药被国务院列为第一批国家级非物质文化遗产名录。正是因此，藏医也开始成为养生保健的专家，藏医院拥有冬虫夏草、贝母、三七、天麻、灵芝、黄连、柴胡等名贵药材。不少游客到藏医院购买藏药，如专治胃病的"洁白丸"。一位来自兰州患有多年胃病的游客告诉笔者："我的胃病已经有十几年了，看过很多医生，吃过很多药。一次偶然的机会来这里旅游，这里的一位朋友推荐我试试藏药'洁白丸'，后来买了几包，效果很明显，藏药文化也是很博大精深的。"

（三）其他职业

除了与旅游直接相关的职业类型外，各类相关职业的需求量也逐渐增加。在郎木村除吉可河有大片的草场外，其余三个自然村并没有足够的草场和牛羊来支撑所有人的生计活动，尤其是加科和卡哇有相当一部分人没有草场。旅游发展带动了相关职业的快速发展。在镇区，由于零杂工对从业者的文化素质和技能要求相对较低（藏民的汉语表达能力一般不好），因此往往成为较多居民增添家庭收入一项良好选择，男性一般在工地搬砖头、拉沙子、搅拌混凝土等，女性除了在工地上从事力所能及的体力活之外，也经常在饭馆、旅馆从事各类杂务。有意思的是，郎木寺居民几乎都在本省打工，且临时性强、收入水平低。

（四）现代职业特征

1. 职业主体的特征

从经营者的角度看，四川、青海、云南、宁夏等地的外来经营者较多，不再局限于甘肃本省；民族成分更加多样，汉族仍占多数，藏族经商者迅速增加，也有较多白族、撒拉族等少数民族；年龄以中青年为主，整体较年轻，44岁以下的商业主体占总数的63.4%；学历仍集中在高中及以下，专科和本科学历开始增多，这表明学历层次开始趋于合理。同时，经营主体的学习意识逐渐增强，重视先进管理思想和经营理念的学习，多有外出接受过教育或专门培训的经历。经营场所多依靠租赁，自家持有商业主体的较少；与传统经营主体相比，现代职业主体的流动性较强，店铺的更新率提高；经营时段集中在旅游旺季（每年正月法会期间和 5～10 月），其他时间段闭门停止营业，体现了以游客为导向的经营模式；经营方式以独资为主，但也有合伙、代理等多种方式，如雪山咖啡店主和黑帐篷咖啡店主就是由他人代理经营的。

从就业者角度看，藏族、回族等居民可以获得越来越多的临时工作机会，他们一般没有草场或只有很少的草场，也有从外地迁到郎木寺的，以此来增加家庭收入。与传统牧民相比，他们不再是被束缚在草场上一心放牧的牧民，相反他们思维变得更加活跃、视野也相对宽广、人际关系开始趋于复杂化。也有部分居民开始自发从事与旅游相关的非正式化活动，如旅游向导等，他们开始时刻关注郎木寺各个方面的动态，以个人为单位，为游客提供类似于定制的私人服务。

2. 现代职业的旅游导向

旅游开发促使了现代职业的发展，职业类型开始迅速增加，职业对职业主体的素质和能力要求也越来越高，职业对外部世界的关注程度逐渐增强，主体间关系日渐利益化。职业不再是稳定的、封闭的，而是更加易变、开放。

二、外部利益群体

（一）旅行社

旅行社是郎木寺旅游开发最大的外部利益主体，他们仔细关注旅游市场的变化，适时根据郎木寺的节庆、法会、天气等情况推荐旅游线路，同时他们还会将郎木寺旅游纳入不同层级、不同区域、不同主题的旅游线路中，目前市场上最为常见的旅游线路为"兰州—拉卜楞寺—郎木寺—扎尕那—郎木寺—黄河九曲—若尔盖—松潘—黄龙—九寨沟—成都"一线。旅行社也积极推出各类旅游宣传广告，最大程度渲染郎木寺旅游的价值与意义，如"你知道洛克之路上的郎木寺么"，"感受'兜率论修白莲解脱洲'那庄严的佛国气氛，远观神秘而又神圣的"天葬台"，参观世界知名的丽莎咖啡屋"。

（二）户外俱乐部

随着散客市场的不断发展和自助游客数量的增加，户外俱乐部也开始关注郎木寺旅游，但户外俱乐部的运营方式不同于旅行社，他们更像是散客的组织者，将前往郎木寺旅游的个体游客组织起来，然后统一包车、预定住宿的地方。

户外俱乐部还为游客提供各类户外运动装备，如冲锋衣、登山鞋、宿营帐篷等，在郎木寺镇区有不少店铺都挂了这些户外俱乐部做的宣传旗帜和广告。

（三）新闻媒体

为增强社会影响力和获取话语权，新闻媒体积极追踪热点新闻、事件。新闻媒体的报导和宣传对游客的行为具有很大的影响，为了吸引游客的眼球和扩大自身的影响，其形成了一系列的策略。在宣传内容上，根据互联网郎木寺旅游线路的推介词语描述调查，多强调"藏族""寺院""酥油""马队"等，这种引导性宣传成为激发游客旅游需求的重要手段；在宣传方式上，有报道、摄影、视频、采访等诸多形式，这些形式的共同点在于全方位再现立体化的郎木寺。

在我国当前新闻发布管理体制下，政府负责内容审查，对媒体报导内容进行选择、过滤，因此，媒体成为"关于社会问题的公共对话中权威和精英的声音……（以及就此形成的）建构现实的重要场所"（Bogard，2001），其报导与宣传具有一定的官方色彩。

（四）其他

郎木寺旅游也越来越多地吸引到旅游摄影协会、文学研究协会、艺术组织与机构、高等教育机构等外部利益群体的关注。旅游摄影协会将郎木寺作为摄影天堂，文学研究协会将郎木寺作为文化体验基地，艺术组织与机构将郎木寺作为艺术写生与艺术思考的基地，高等教育机构将郎木寺作为教育实习基地。

第三节 居民对郎木寺旅游的认知

为了深入了解旅游发展对郎木寺社区居民带来的影响，笔者所在的项目组采取了田野调查、问卷调查和深度访谈等方法，其中统计分析数据以问卷调查为主。调研时间为2010年7~8月，先后对郎木村的84户家庭84人进行了调查。受语言交流限制，调查样本数相对较少，发出调研问卷总计100份，收回问卷93份，最终用于有效统计问卷84份（占回收问卷的90%）。经统计这次调查涉及的84户占郎木村总户数的36.4%，84人占郎木村总人口1302人的6.45%，具有一定的代表性，并且调查对象性别比例相当，可保障调查结果的相对可靠。

问卷调查本着"样本选择应具有代表性且尽可能多样化"的原则，分别选取在镇区从事农牧劳作的个人、从事打零工的家庭负责人、经商的店铺老板、掌握丰富乡土知识的老人、寺院里的僧人及当地的政府领导，每户确保有1人进行问卷调查。问卷内容主要涉及三方面内容：第一部分主要就旅游的经济发展影响来设问，共6个问题，包括就业机会、经济收入、产业结构、物价水平、生活消费、土地价格；第二部分主要就旅游的社区生活影响来设问，共5个问题，包括原有生活秩序受干扰的程度、对传统建筑及景观特色的态度、对传统藏族服装的态度、对外地游客的态度、现在的邻里关系状况等；第三部分主要就旅游的社会文化影响来设问，共4个问题，包括宗教观念、婚姻观念、教育观念、生态观念等。问卷要求受调查居民按1～5等级方法表明对问题的感知，统计时将"完全同意"和"同意"归入"肯定"类，将"不同意"和"完全不同意"归入否定类，1～5分别代表"完全不同意""不同意""中立""同意""完全同意"，最后算出每一问题的加总平均值，3分以下为否定，3分以上为肯定，这样可以相对直观地看出基于居民视角下社区传统文化的变迁情况。

一、经济发展方面

郎木寺旅游开发对其社区经济影响较大，调查结果表明（表6-2），对社区经济发展起到积极效应的主要有：①对"旅游促进社区就业"持赞同意见的居民达61.9%，访谈结果显示在新增社区居民职业类型中以餐饮业、住宿业、娱乐业、交通物流业最多；②超过一半的受访居民认为旅游增加了社区收入，近1/4的居民持反对态度。在旅游开发前，社区居民主要依靠出卖牲畜和畜产品获得收入，收入渠道较为单一；旅游开发后，较大范围及力度的旅游活动迫使传统农牧业开始偏向以旅游商品、特色餐饮、民族服饰及休闲娱乐为主的旅游及其相关产业，农牧产业附加值不断增加，此外，打工、经商、政府补贴及城乡居民最低生活保障金等也逐渐成为社区居民收入的重要来源；③随着旅游的深入开发，传统以粗放型农牧经济为主的产业格局正逐渐向具有较高产业收益和附加价值的第三产业主导的局面转变，农牧业有成为第三产业发展辅助产业的趋势，因此多数社区居民赞同"旅游优化产业结构"这一观点。但旅游开发对社区经济发展也起到了一定的负面影响，主要表现为旅游活动提高了社区的物价水平，改变社区居民的消费结构并促成地价上涨，从均值上看，其中以物价上涨最为明显。

表6-2 旅游开发对郎木寺镇社区经济发展的影响

问题	肯定 人数	肯定 比例/%	中立 人数	中立 比例/%	否定 人数	否定 比例/%	均值
旅游促进社区就业	52	61.90	25	29.76	7	8.33	4.26
旅游增加社区收入	46	54.76	16	19.05	22	26.19	3.44
旅游优化产业结构	37	44.05	30	35.71	17	20.24	3.13
旅游提高当地物价	84	100	0	0	0	0	4.76
旅游改变消费结构	49	58.33	23	27.38	23	14.29	3.18
旅游促进地价上涨	35	41.67	30	35.71	19	22.62	3.31

资料来源：根据调研整理

二、社区生活方面

对居民生活的影响主要体现在生活环境和社区关系两个方面（表6-3）。

表6-3 旅游开发对郎木寺镇社区生活的影响

问题	肯定 人数	肯定 比例/%	中立 人数	中立 比例/%	否定 人数	否定 比例/%	均值
社区生活受到旅游干扰较大	56	66.67	21	25	7	8.33	4.12
原有建筑景观特色逐渐缺失	60	71.43	9	10.71	15	17.86	3.71
对传统藏族服饰的重视不够	39	46.43	26	30.95	19	22.62	3.46
应限制外地游客的数量	35	41.67	31	36.90	18	21.43	3.17
现在的邻里关系比以前疏远	42	50	15	17.86	27	32.14	3.53

资料来源：根据调研整理

就生活环境而言，66.67%的居民认为原有相对稳定的社区生活秩序受到旅游干扰程度较大，尤其是传统藏式建筑及景观与服饰在旅游深入开发中面临特色逐渐缺失、受重视程度减弱等问题。根据访谈结果，旅游的介入，郎木寺镇社区的建筑风貌和格局已发生较大变化，传统的塌板房逐渐被砖瓦房所替代，对传统景观毁灭性的改造导致了街区建筑风格不一且布局混乱，电线、铁塔和垃圾充斥整个社区，独特的藏乡景观正在逐渐丧失。同时，随着城镇商业发展及外来人口增多，郎木寺镇社区居住形式将会更加复杂，社区功能则同样会发生转变，经营性的居住形式将成为以后社区居住发展的方向。传统藏族服装是宗教的精神性或感情性的集中象征（李玉琴，2010），服饰形态、色彩、图案及配饰方面均具有独特的艺术表现力。旅游发展对郎木寺镇社区居民着装的影响主要是通过职业构成和人口成分的变化间接作用的，批发零售、餐饮住宿、交通物流及公共事业单位或部门的相继出现带来了就业结构的显著变化，使得藏服开始追求轻便、大方、整洁，目的是提高经济或行政效率，这一定程度上弱化了藏区藏服的宗教及文化象征。

社区的关系首先体现在社区居民与外来游客的关系上，郎木寺城镇规模较小，社会服务功能不完善，因此外来游客与社区居民存在设施、资源、空间等方面的竞争关系，近42%的居民认为大量外来游客的涌入已经超过了社区的环境心理容量，应对游客数量采取一定的限制措施以减缓主客双方的矛盾；其次，社区关系还体现在社区内部居民之间的关系上，50%的居民认为现在的邻里关系比以前略显疏远，影响的核心因子是职业类型的多样化。整理访谈内容发现，传统类型相对单一、范围相对狭小、人员相对固定、与外界沟通相对较少的工作性质使得工作仅为传统生活的延伸。职业类型的多样化导致生活微环境的变化，原有社区关系逐渐被分割，原有宗族血缘关系在职业关系的冲击下受到显著影响。

三、社会文化方面

藏传佛教作为藏族传统文化的精髓与基础所在，对藏民日常生产生活具有决定性的影响。旅游开发促成了郎木寺镇社会经济开放的格局，居民思想观念在与外来游客的大量接触对比中逐渐出现一定的变化，主要体现在宗教、婚姻、教育和生态等方面（表6-4）。

表6-4 旅游开发对郎木寺镇社区社会文化的影响

问题	肯定 人数	肯定 比例/%	中立 人数	中立 比例/%	否定 人数	否定 比例/%	均值
旅游淡化了传统宗教观念	47	55.95	14	16.67	23	27.38	3.58
旅游开化了传统婚姻观念	29	34.52	27	32.14	28	33.33	2.87
旅游强化了文化教育观念	72	85.71	12	14.29	0	0	4.56
旅游改变了生态保护观念	21	25	43	51.19	20	23.81	2.94

资料来源：根据调研整理

宗教观念。调查问卷表明，超过半数的社区居民对于"旅游淡化了传统宗教观念"这一观点持肯定态度，近1/3的居民认为旅游发展没有影响其传统的宗教观念。根据对郎木寺镇社区居民去寺院的频率和家庭做法事的访谈结果，每天坚持去寺院的人以中老年人为主，总人数已相对减少；做法事虽仍然是传统习俗的要求，但是在家人生病和灾害事件等方面，居民更多地是选择去医院和理性应对，这说明宗教传统对社区居民的需求相对于旅游开发之前已相对减弱，取而代之的是对宗教传统的继承。

婚姻观念。对"旅游开化了传统婚姻观念"，持肯定、中立与否定态度的居民大致均占受访居民总数的1/3，均值小于3，这表明大多数居民认为旅游开发对婚姻观念并未造成较大影响，但仍有必要探究持赞同态度的居民的看法。针对此部分居民，笔者专门进行了深度访谈，结果显示，自由恋爱和父母包办是传统藏区最主要的两种婚姻选择方式，就郎木村而言，这种父母起相当作用的婚姻主要发生在藏汉、藏回通婚的家庭中，旅游的开发促进了社区的社会开放程度和传统职业结构的变化，父母包办婚姻所占比例越来越低。

教育观念。绝大多数居民认同"旅游强化了社区文化教育观念"。据此笔者以郎木寺镇中心小学为重点调研对象，走访了30户牧民家庭并进行访谈。从对子女上学的期望来看，90%的家长期望子女能上大学，希望教育可以改变生活；在子女受教育的地域选择上，80%的家长希望孩子能到教育条件相对较好的县城、合作市及兰州市去学习。教育观念的转变既得益于国家对民族地区教育的投入和政策支持，也与旅游开阔了社区居民的视野有很大关联。

生态观念。调查显示有25%的居民认为"旅游改变了社区生态保护观念"，近50%的居民表示中立。传统藏族生态伦理为崇尚自然、尊重生命、万物一体的价值观念，目前旅游开发已导致社区出现较为严重的生态环境问题，如白龙江河道淤积、固体废弃物污染、景观植被破坏等。由于商业活动的驱使、治理成本和省际交界而产生的行政管理困难等因素，社区居民一般对生态环境保护持被动态度。

四、意象空间方面

（一）郎木寺镇意象空间调查

调研说明以下三点：①社区居民（包括本地土著居民、僧侣和外来经营者）是意象空间认知的主体，对其自身居住的空间环境较为熟悉，理解本地特定的文化景观视觉符号，对其调研是郎木寺镇基于地方需求进行意象空间整合优化的关键；②游客以其情感与环境体验为标准，从市场角度检验旅游目的地是否符合其内在审美需求，对其调研是郎木寺镇基于市场需求进行意象空间整合优化的关键；③郎木寺镇区范围较小，地理空间结构相对简单，选取游客作为调研对象，不仅不会对调研结果产生较大影响，反而可从游客第一印象的角度来探析其旅游感知较为强烈的地域空间范围。为此，笔者于2010年7～9月，就郎木寺镇区情况向社区居民、游客（主要包括游程结束和回头游客）分别进行问卷和访谈调查，问卷要求居民和游客随意画出自己印象中最熟悉的郎木寺镇空间，所画范围不限，并在认为必要或重要的地方标明文字。实际共发放调查问卷125份，回收有效问卷108份（其中：居民72份，游客36份），有效回收率达86.4%。为得到郎木寺镇旅游意象空间地图，采用图片辨认和认知地图两种方法获取基本数据。

1. 照片辨认及结果分析

根据网站、旅行社宣传图片及游客拍摄照片，以体现民族性、景观性、游憩性原则为选取参照，初步确立40张照片，在问卷调查之后要求每一位受访者对以上照片进行辨认，调查结果显示，有16张照片的分辨率低于25%，辨认率较小，故予以剔除。最终选定具有较强代表性和认知度的24张郎木寺镇区照片，并将图片根据功能分为6类，即交通节点及人口集散地、旅游景点、宗教与民族景观及建筑节点、商业娱乐场所、政治性地标建筑、公共服务类场所。照片辨认结果分为社区居民和游客两部分内容（表6-5）。

表6-5 郎木寺镇区空间意象图片辨认结果

建筑/场所分类	编号	建筑/场所名称	居民辨认率/%	游客辨认率/%	平均辨认率/%	排序
交通节点及人口集散地	1	镇区主街入口	72	56	67	11
	2	郎木寺院入口	100	100	100	1
	3	甘川分界点	49	25	41	17
	4	寺院入口风雨桥	74	36	61	13
	5	郎木寺镇汽车站	71	78	73	9
旅游景点	6	红石崖	100	94	98	2
	7	虎穴仙女	96	75	89	4
	8	郎木寺院	100	100	100	1
	9	白龙江	100	89	96	3
	10	千亩草原	68	39	58	14
宗教与民族景观及建筑节点	11	白塔	100	94	98	2
	12	转经廊	100	89	96	3
	13	水磨房	100	50	83	6
	14	洗衣台	97	44	80	7
	15	榻板房	78	28	61	13

续表

建筑/场所分类	编号	建筑/场所名称	居民辨认率/%	游客辨认率/%	平均辨认率/%	排序
商业娱乐场所	16	郎木寺院宾馆	78	72	76	8
	17	郎木寺大酒店	61	44	56	15
	18	丽莎咖啡屋	81	94	85	5
	19	旅朋青年旅馆	58	78	65	12
	20	藏香园	25	47	32	18
	21	格桑马队	50	67	56	15
政治性地标建筑	22	镇政府	85	36	69	10
公共服务类场所	23	镇医院	65	39	56	15
	24	郎木寺小学	56	25	45	16

注：居民辨认率=正确辨认居民人数/调研居民总人数；游客辨认率=正确辨认游客人数/调研游客总人数；平均辨认率=（正确辨认居民人数+正确辨认游客人数）/（调研居民总人数+调研游客总人数）

（1）照片的平均辨认率

1）旅游景点和宗教与民族景观及建筑节点类的辨认率相对较高。这主要与郎木寺镇自然及人文景观资源丰富且知名度较高有关，如对郎木寺院的平均辨认率达到100%，公共服务类场所由于与旅游的直接关联程度较低，其多处于意象认知边缘，辨认率较低。

2）类别内部差异。交通节点及人口集散地中以"镇区主街入口""郎木寺院入口""郎木寺镇汽车站"的辨认率较高，这主要和这些场所处于视线焦点位置和被使用频率较高有关；旅游景点中以"千亩草原"的辨认率最低，这与旅游景点的开发宣传程度有关。

3）辨认率受建筑和场所修建年代影响较为显著。郎木寺镇区商业活动频繁，商业娱乐场所更替速度较快，因此居民和游客（多为回头客）对于较有历史的建筑及场所辨认率相对较高，如对于年代相对较久的丽莎咖啡屋和新近出现的格桑马队，两者平均辨认率差距接近30%。

4）旅游意象是人们活动空间的认知反映。辨认率较高的照片多集中于郎木寺镇区主大街（郎木寺大酒店向西延伸至与四川交界处）和郎木寺院，这与这两处是居民和游客经常活动的场所有关，是其活动空间的客观反映。

（2）照片分对象辨认率

居民与游客两者的照片辨认率差异明显。①居民辨认率总体高于游客，这主要和居民对本地环境较为熟悉有关；②游客与居民除在郎木寺院、白塔、白龙江、红石崖等具有较高等级的旅游资源上具有相对一致的辨认率外，游客更加关注与其旅游直接相关的商业娱乐场所，如丽莎咖啡屋、藏香园、格桑马队和旅朋青年旅馆；③对于宗教与民族景观及建筑节点类照片，居民的辨认率因其年龄差异而略有不同，一般年长者较高，年轻者偏低，如代表着乡土文化的水磨房由于生产方式的改变已渐被遗弃，这说明传统文化正在面临消褪的危险。

2. 认知草图的调查结果分析

对于认知草图的分类，Appleyard（1970）将其分为"序列型"和"空间型"两大类，并根据各要素的精确和繁简程度将各大类又细分成几个小类，即序列型结构的段、链、支/环、网和空间型结构的散点、马赛克、连接、空间格局。在本次调查中，我们要求每位被访者根据自己对郎木寺镇区的印象，快速画出一张意象草图，不规定草图的范围和主题，图形不要求十分准确，但要尽量详细，最终获取认知草图共51份。经对比分析，发现郎木寺镇意象草图类型与Appleyard、顾朝林、冯建等的研究大体相似，包含序列型、空间型和单体型，不同的是序列型中"线型"比较突，且无支/环、网两个亚类，空间型中缺少空间格局。

（1）序列型认知草图

1）"线型"草图 [图6-3（a）]。被访者仅勾绘出一般其认为最为重要的一条或几条交通线 [图6-4（a）]、河流或街区 [图6-4（b）]。占样本的23.53%。

2）"段型"草图 [图6-3（b）]。这类草图要求被访者勾绘出其最熟悉的一个空间，占样本总数的17.65%。这类草图可分为两种情况：一是详细刻画了交通线附近的用地构成和组合状况 [图6-5（a）]；二是沿着街区干道或白龙江向两侧有一定程度的发展，被访者对紧靠道路或河流的部分建筑及不同向道路相接的路口会简略描绘 [图6-5（b）]。

3）"链型"草图 [图6-3（c）]。这类草图由几条道路连接组成，被访者通过几条依托交通干线发展的链条式片断，组合印象中的一个感知空间，有13.73%的草图属于此类。

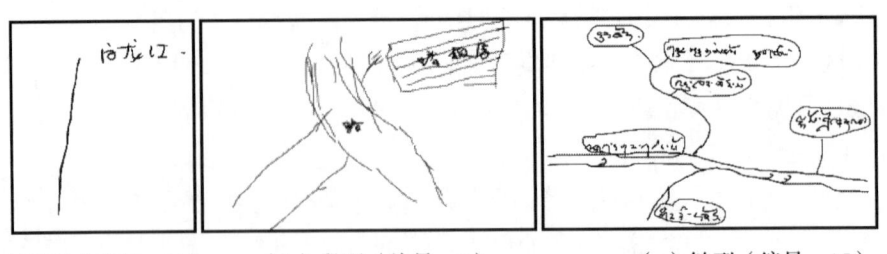

（a）线型（编号：21）　　（b）段型（编号：9）　　（c）链型（编号：15）

图6-3　郎木寺镇区序列型认知地图亚类型

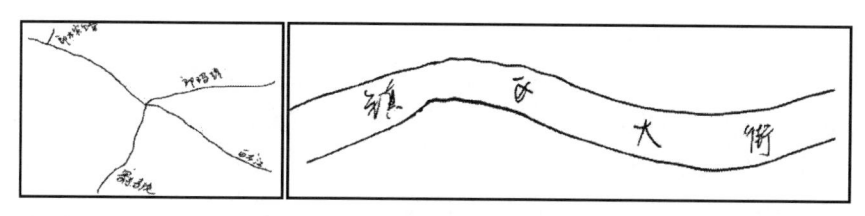

（a）线型Ⅰ（编号：7） （b）线型Ⅱ（编号：40）

图 6-4　郎木寺镇区线型认知地图亚类型

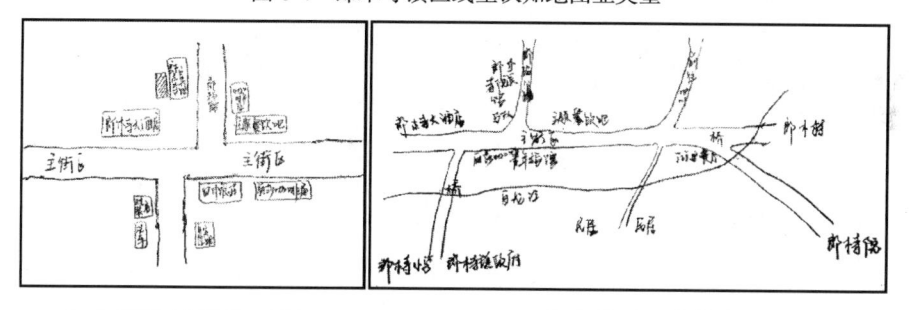

（a）段型Ⅰ（编号：29） （b）段型Ⅱ（编号：31）

图 6-5　郎木寺镇区段型认知地图亚类型

（2）空间型认知草图

1）"散点型"认知地图［图6-6（a）］。被访者通过若干具有区位特征的点的组合，反映其对城镇空间的认知状况。占总样本的17.65%。这些具有区位特征的点数量较多，主要涵盖了自然景观（如红石崖）、人文景观（如居住聚落、商业店铺和寺院）两大类，且受郎木寺镇河谷地形影响，多沿白龙江呈线性分布。

2）"马赛克型"认知地图［图6-6（b）］。被访者通过区域的拼块，组合成为其所认知的城镇空间。占总样本的9.80%。由于郎木寺镇区范围较小，被访者多以土地利用属性为划分依据，进行区域拼块，这与其他学者对大城市的研究结果相异，大城市空间尺度较大，区域多以行政区为基础进行拼块。

3）连接型认知地图［图6-6（c）］。被访者通过对镇区片段与片段之间的有效连接，多以交通通道为载体，反映其印象中的认知空间。在总样本中，其所占比例较小，仅为5.88%。

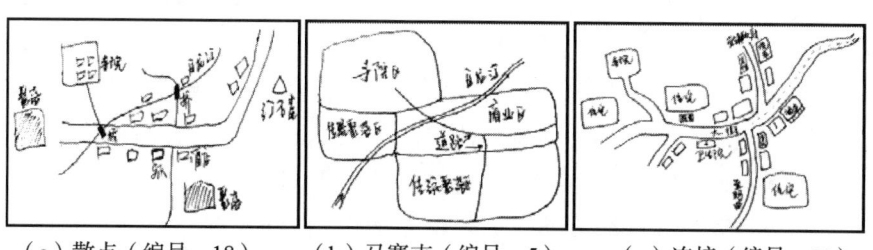

（a）散点（编号：18） （b）马赛克（编号：5） （c）连接（编号：50）

图 6-6　郎木寺镇空间型认知地图亚类型

（3）单体型认知草图

单体型草图（图6-7）描述的是郎木寺镇区最具代表性的建筑或标志物，本次调研共获取6个单体草图，多以体现宗教及民族特色的寺院建筑、白塔和榻板房为主，占样本总数的11.76%。单体型草图很大程度上反映了被访者对空间的一种理解程度，不强调空间构成的主导方式，而强调局部形态的标志性特征。

（a）单体型Ⅰ（编号：4）　　（b）单体型Ⅱ（编号：27）　　（c）单体型Ⅲ（编号：43）

图6-7　郎木寺镇区单体型感知地图亚类型

3. 意象草图特征分析

第一，就整个样本而言，以路径为主导的序列型草图占54.91%，以区位为主导的空间型草图占33.33%，单体型草图占11.76%（表6-6）。因此，郎木寺镇区以路径为主导的草图类型占绝大多数，被访者多以道路为线索来串连其对镇区的印象。这主要和镇区的河谷地形有关，与居民、僧侣或游客对道路的依赖性（如转经路线）也有一定关联。

表6-6　郎木寺镇旅游感知地图类型

样本类型		序列型				空间型				单体型	合计
		线	段	链	小计	散点	马赛克	连接	小计	小计	
样本总计	样本数/个	12	9	7	28	9	5	3	17	6	51
	比重/%	23.53	17.65	13.73	54.91	17.65	9.80	5.88	33.33	11.76	100.0

第二，空间型意象草图与序列型意象草图的比例关系为33.33∶54.91，这与Appleyard的研究结果（23∶77）和冯健的研究结果（15.8∶73.1）存在较大的差异。这可能与样本总量偏少有关，但最主要原因为：藏族有着较为独特的空间观念，无论是风马旗、经幡还是玛尼堆都是基于大尺度空间范围下对方向与地域空间感缺乏的一种有效的补充，并多以此为节点构建与周边区域的联系，因此郎木寺镇区的空间型草图所占比例相对较高。

第三，意象空间受藏传佛教文化及传统民俗影响深刻。无论是序列型还是空间型或者单体型意象草图中，均以民族特色较强的意象元素占主体，如寺院、白塔、转经廊、塌板房等。

（二）郎木寺镇旅游意象空间结构分析

1. 意象空间结构及特点分析

通过对居民和游客所辨认出的24张照片和认知草图中典型地物的出现频率进行统计，基本上可得出郎木寺镇区旅游意象空间地图（图6-8）。由图可见，郎木寺镇区旅游意象空间地图中地物频率大于60%的主要有郎木寺院（87.6%）、郎木寺镇区大街（82.4%）、红石崖（78.5%）、白龙江（75.7%）等，在此值得注意的是在地物统计过程中发现郎木寺院既可作为一个整体意象元素出现，又可分解成为多个子类，如晒佛台（70.1%）、白塔（64.3%）、转经廊（60.9%），它们一起构成图6-8（a）。频率在30%~60%的地物，主要有汽车站（52.3%）、郎木寺塌板房（位于郎木寺院山脚，47.5%）、镇区至四川格尔底寺的交通支线（37.4%）、格桑马队（35.8%）、郎木寺镇政府（33.1%）、郎木寺村（32.6%）、郎玛公路（31.4%）等，它们构成图6-8（b）。频率在10%~30%的地物，包括郎木寺院游步道（27.4%）、阿里餐厅（24.1%）、花盖山（23.3%）、仁贡玛村（19.8%）、镇卫生院（15.7%）、郎木寺主题餐饮吧（14.6%）、郎木寺镇小学（13.2%）、白龙江宾馆（10.7%）、尼姑庵（10.0%），它们构成图6-8（c）。频率在1%~10%的地物，包括滨江东路（8.4%）、千亩草原（5.7%）、郎木寺松柏古树群（5.3%）、镇区东大桥（3.2%）、镇区东南缘村落（1.2%）等，构成图6-8（d）。将图6-8（a）~图6-8（d）叠加，形成地物出现频率在1%~90%范围的综合城镇意象空间地图［图6-8（e）］。

总体而言，郎木寺镇旅游意象空间地图的结构特点表现为如下几点。

1）旅游意象空间结构的整体形态为带状，以镇区主干道、白龙江为骨架，分别向南北延伸。这是由高原河谷型城镇的特定地理环境决定的，不同于北京、郑州、大连、南昌等大城市的意象空间结构。郎木寺镇意象空间结构与北京、郑州等城市的相似之处在于一般多依托道路干线串联意象空间。

2）分析意象空间的构成要素，空间认知的构成要素没有超出Lynch提出的道路、边界、区域、节点和标志物5类元素，其中标志物出现频率最大，其次是道路、边界和节点，区域出现的频率最小。这充分说明标志物和道路对意象空间的形成起着主导作用。

3）圈层结构显著，景观分异明显，旅游意象空间结构可概括为"三层空间"（图6-9）。郎木寺镇区由北向南，垂直于白龙江，沿高差逐级递降，依次形成了宗教寺院、传统民居和世俗商业三层相互衔接且整体共生的空间。

(a) 频率范围：60%~90%

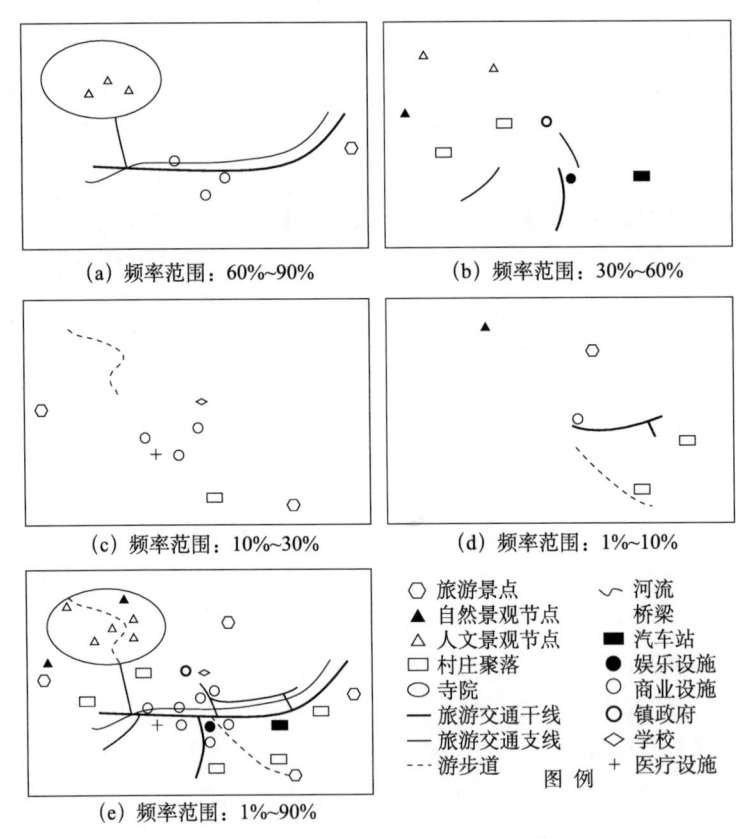

(b) 频率范围：30%~60%

(c) 频率范围：10%~30%

(d) 频率范围：1%~10%

(e) 频率范围：1%~90%

图例：
○ 旅游景点　　　　〜 河流
▲ 自然景观节点　　　　桥梁
△ 人文景观节点　　■ 汽车站
□ 村庄聚落　　　　● 娱乐设施
○ 寺院　　　　　　○ 商业设施
— 旅游交通干线　　◇ 镇政府
— 旅游交通支线　　◇ 学校
--- 游步道　　　　+ 医疗设施

图 6-8　郎木寺镇旅游意象空间地图

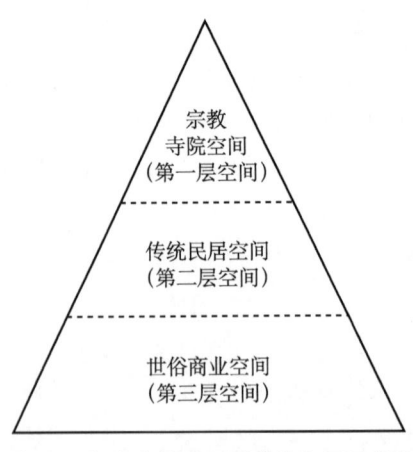

图 6-9　郎木寺镇区三层意象空间示意图

金字塔图层次：
- 宗教寺院空间（第一层空间）
- 传统民居空间（第二层空间）
- 世俗商业空间（第三层空间）

2. 空间结构的意象图式

从藏族的空间观念上看，藏族聚居地的空间构成观念体现在水平和垂直两个方向：垂直方向，藏族人倾向于把空间分成若干层，高山、寺庙、坡地的民居，天、地、人的各自空间领域划分十分明显；水平方向多形成由四方形和曼陀罗等图案组合而成的空间结构，这不仅影响着藏民的认知空间想象图式，在藏地城镇布局、建筑设计等方面也多有体现。郎木寺是一个具有浓郁藏传佛教氛围的特色小镇，从人们手中的经轮到山坡上的玛尼堆，从转佛殿的僧俗到河流上布设的转经筒，藏民族生活在一个旋转与轮回，祈福与吉祥的世界中。沿镇区大街经风雨桥进入郎木寺院，之后出寺院至民居聚落，并从镇区东大桥回到街区，串联三层空间，形成顺时针"回"字形环路，在旋转中构成了曼陀罗的整体空间意象，全力体现了地方之精神和民族之灵魂。

第七章 被政府发现：政策支持

第一节 国家宏观政策

一、西部大开发

自2000年国家出台《国务院关于实施西部大开发若干政策措施的通知》（国发〔2000〕33号）后，西部地区日渐成为我国国土开发的重要板块，随着国家政策、资金等政策的不断倾斜，西部地区社会经济快速发展。2010年，在西部大开发十周年之际，国家又出台了《中共中央国务院关于深入实施西部大开发战略的若干意见》（中发〔2010〕11号）以巩固开发成果和进一步促进西部开发，并于2011年编制了《西部大开发"十二五"规划》。在西部大开发的背景下，甘肃省也迎来了开发的机遇和挑战。2010年，国家为甘肃省专门制定了自新中国成立以来的第一个全面系统地促进经济社会发展的指导性文件，即《国务院办公厅关于进一步支持甘肃经济社会发展的若干意见》（国办发〔2010〕29号），文件提出了要把甘肃建成全国的工业强省、文化大省和生态文明省的宏伟目标。郎木寺的发展正处于西部大开发的大背景下，自然容易为国家、甘肃省、甘南藏族自治州等各级政府所关注。

二、生态环境保护

甘南藏族自治州境内拥有大面积的草原、森林和湿地，水资源丰富，占黄河流域面积的4%，每年向黄河补水65.9亿m^3，占黄河总径流量的11.4%；黄河吉迈至玛曲段径流量的增加高达108.1亿m^3，占黄河源区总径流量的58.7%、黄河年均径流量的18.6%。甘南藏族自治州每年还向白龙江供水27.4亿m^3，可见甘南藏族自治州是黄河重要的水源补给区（图7-1）、"中华水塔"的重要组成部分、长江上游重要生态保护功能区和国家重点生态功能区，具有不可替代的独特高原湿地水源涵养功能和重要的水土保持功能。近年来，随着全球气候变暖，雪线上升、湿沼旱化、冻土消融、冻土层变小、地下水位下降、地表水减少，蒸发量增大、径流减小，众多的湖泊、湿地面积不断缩小，曾被誉为"黄河蓄水池"的玛曲湿地趋于干涸，沼泽低湿草甸植被逐渐向中旱生高原植被演变，生态环境变得十分脆弱。

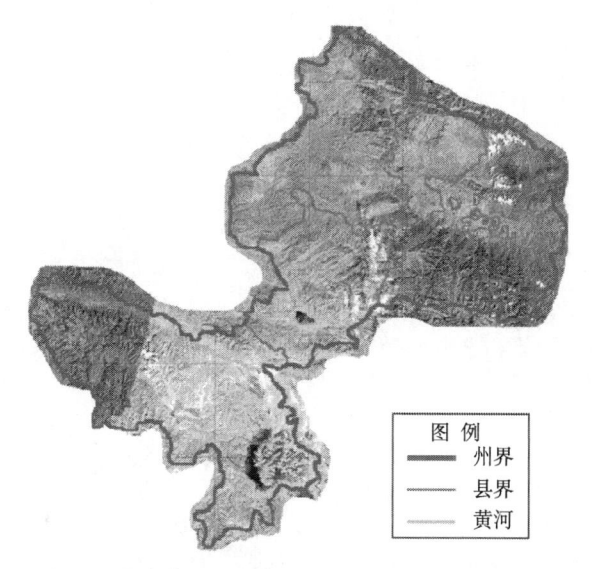

图 7-1　甘南黄河重要水源补给生态功能区卫星影像

随着人口的增加和过度放牧、森林采伐等人类无限制的生产经营活动，大大加剧了该地区生态环境恶化的进程。特别是草原大面积退化、沙化，昔日水草丰美的甘南草原出现了片片黄沙和黑土滩，使广大农牧民的生产生活受到严重影响，生活水平长期处于贫困线以下。野生动植物栖息、生长的环境质量不断衰退，使生物多样性降低。更为严重的是，随着该区域植被和湿地生态系统的破坏，湿地、草原、森林等植被覆盖逐渐减少，加剧了该区域的风沙侵蚀和水土流失，水资源涵养功能急剧减弱，给黄河补给的水资源大量减少，导致黄河中下游广大地区旱涝灾害频繁、河水断流，工农业生产受到严重制约，直接威胁整个黄河流域的经济社会可持续发展和生态安全。

甘南藏族自治州是我国西部地区生态安全问题的重点区域，自 1998 年国家实施西部大开发战略以来，国家先后投资 4.6 亿元，在甘南藏族自治州实施了一系列重要生态保护与建设项目。郎木寺所在地是长江水系重要支流白龙江的发源地，境内动植物资源丰富，但同时由于地势较高（海拔高度一般在3300m以上），境内生态环境脆弱，生态环境抵御外界干扰的能力低，生态环境恶化对地区发展制约的放大、叠加效应显著，因此，郎木寺对区域生态安全的维系具有重要意义。其紧邻的甘肃尕海-则岔国家级自然保护区是国家为保护此区域的生态环境特于1998年8月设立的，其中，尕海为甘南藏族自治州第一大淡水湖，尕海湿地于2011年被正式列为国际重要湿地，成为甘肃省首块列入国际重要湿地名录的湿地；则岔石林位于海拔3250m的洮河以南，属硅灰岩石林。该保护区是我国少见的集森林和野生动物类型、高原湿地类型、高原草甸类型三重功能为一体的珍稀野生动植物及生态环境自然保护区，是黄河上游最大支流洮河和长江一级支流白龙江的发源地和水源涵养地，丰富的湿地资源特别是泥炭资源在生物多样性保护和储水、供水特别是储存碳汇方面具有重要生态意义，现被列为国家禁止开发区（图7-2）。

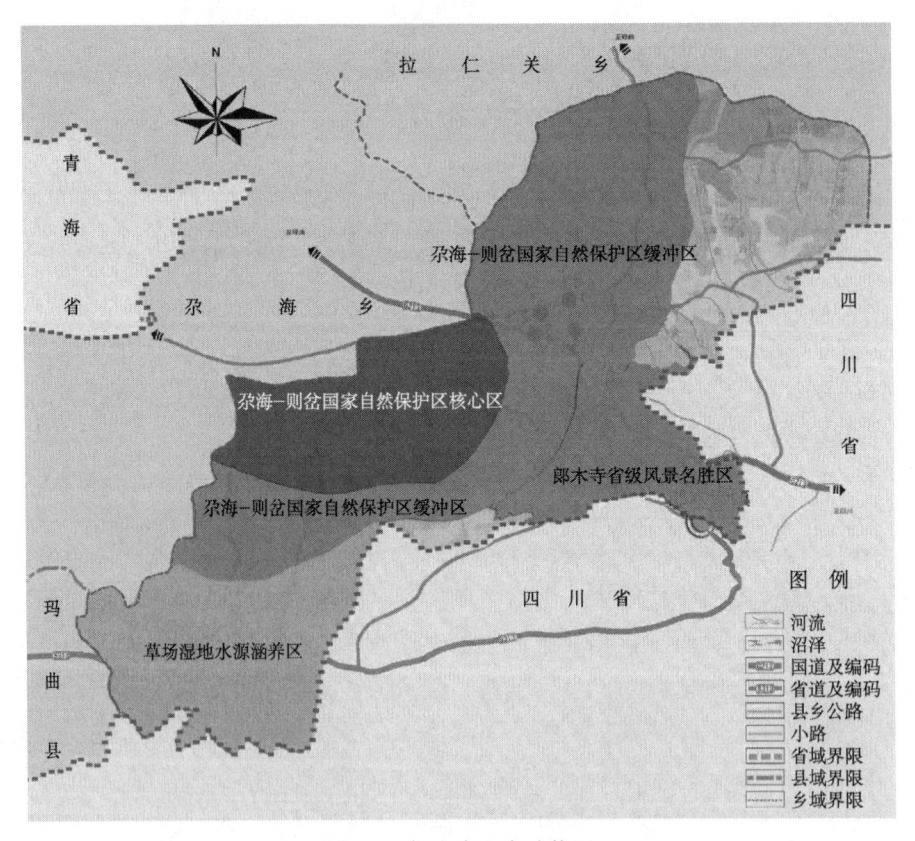

图7-2 郎木寺生态功能区

三、支持藏区发展

藏区由于独特的自然环境和历史等原因,社会经济发展相对缓慢,一直是我国重点扶持的地区。尤其是 2000 年后,藏区社会经济的发展不断得到党和国家领导人的关心(表7-1)。2007 年,时任总书记胡锦涛等中央领导同志对青海藏区经济社会发展问题作出了重要批示,由中央统战部和国家发展和改革委员会牵头开展支持青海藏区经济社会发展的政策措施研究工作,加大支持力度,对西藏以外的藏区统筹考虑,促进经济社会发展,使广大农牧民生活得到明显改善。2008 年,《国务院关于支持青海等省藏区经济社会发展的若干意见》(国发〔2008〕34 号)下发,公布了国家支持藏区社会经济发展的政策框架和投资意向。2009 年 6 月,甘肃省政府向国务院提交《甘肃藏区经济社会发展综合研究报告》及《补充报告》,提出国家对甘肃藏区实施对口支援和帮扶的重点任务、投资需求和项目建议。2012 年 7 月,国家发展和改革委员会印发了国务院批准的《"十二五"支持甘肃藏区经济社会发展规划建设项目方案》,确定了支持甘肃省藏区发展规划建设项目 129 项(含天祝藏族自治县),总投资金额达524.29 亿元。其中涉及甘南藏族自治州的规划建设项目共 122 项,规划项目总投资 496.3 亿元。2014 年,国务院办公厅印发《发达省(市)对口支援四川云南甘肃省藏区经济社会发展工作方案的通知》(国办发〔2014〕41 号),提出大力扶持教育发展、支持培育优势产业、努力促进就业创业、加强生态建设和环境保护、增强基层公共服务能力和深化经济技术和人才交流等重点任务。

表7-1　2000年以来的三次西藏工作座谈会

会议时间	会议名称	主要内容
2001 年 6 月	第四次西藏工作座谈会	一是时任总书记江泽民坚持以经济建设为中心,紧紧抓住发展经济和稳定局势两件大事;二是坚持深化改革,扩大开放,把全区各族干部群众的智慧和力量凝聚到经济建设这个中心任务上来;三是坚持全面贯彻党的民族政策和宗教政策;四是全党高度重视西藏工作,全国大力支持西藏工作,增强西藏各族人民对祖国的向心力;五是深入开展反对达赖集团分裂活动和国际反华势力渗透破坏活动的斗争,坚决维护西藏的稳定和祖国的统一、安全;六是不断加强党的建设,加强领导班子和干部队伍建设,为西藏的改革、发展、稳定提供坚强政治保证
2010 年 1 月	第五次西藏工作座谈会	时任总书记胡锦涛坚持走有中国特色、西藏特点的发展路子,以经济建设为中心,以民族团结为保障,以改善民生为出发点和落脚点,紧紧抓住发展和稳定两件大事,确保经济社会跨越式发展,确保国家安全和西藏长治久安,确保各族人民物质文化生活水平不断提高,确保生态环境良好,努力建设团结、民主、富裕、文明、和谐的社会主义新西藏
2015 年 8 月	第六次西藏工作座谈会	习近平总书记提出"依法治藏、富民兴藏、长期建藏、凝聚人心、夯实基础"20字原则

资料来源:根据西藏工作座谈会主要内容整理

四、支持旅游发展

在深刻认识到旅游业在推动国民经济发展作用和地位的基础上，国家确立了将旅游业培育成国民经济的战略性支柱产业的发展目标，出台了一系列相关政策、措施以推动旅游业的快速发展。2009年12月，国务院颁布了《国务院关于加快发展旅游业的意见》（国发〔2009〕41号），进一步确立了将旅游业培育成国民经济的战略性支柱产业和人民群众更加满意的现代服务业的目标，指出今后将重点加大对中西部地区重点景区、红色旅游、乡村旅游等基础设施建设的支持。

旅游业对于工业化较弱的藏区而言，更是社会经济发展的新增长点和重要引擎，对于加快改变民族地区信息闭塞、交通不便、教育落后、医疗卫生和社会保障体系不健全等诸多不良现状，具有重大现实意义。2010年，《国务院办公厅关于进一步支持甘肃经济社会发展的若干意见》（国办发〔2010〕29号）提出：积极发展高原草原旅游、回藏风情旅游，打造九色甘南香巴拉和临夏穆斯林风情旅游品牌，重点支持甘南香巴拉精品旅游线路建设等，郎木寺正处于甘青川边界、九寨沟国际旅游热线的重要节点，这种区位使其在西部大开发背景下旅游发展的地位更加凸显。

第二节　地方政府政策

一、甘肃藏区发展

2003年，甘肃省为响应国家西部大开发战略，颁布了《甘肃省实施西部大开发若干政策措施》，在财税、信贷和融资、土地利用、矿产资源开发、对内对外开放、人才、投资软环境等诸多方面提出了优惠政策。2008年"汶川地震"后，甘肃省为支持甘南藏区恢复生产，提出了多项具体发展措施。2010年5月，甘肃省政府与国家开发银行签订支持甘南藏区经济社会发展战略合作协议，协议涉及支持甘南藏区经济社会发展的84个项目，贷款资金达到55亿元，内容涵盖教育布局调整、医疗卫生、城乡基础设施、保障性住房、高原特色种植、循环经济园区等方面。2010年7月，甘肃省委、省政府出台了《关于推进全省藏区跨越式发展和长治久安的实施意见》文件，从改善民生、生态环境保护、基础设施建设、社会事业发展、特色产业发展等方面给予了特殊的优惠政策。

2010年11月，甘肃省委办公厅、省政府办公厅下发了《关于开展对口帮扶支援藏区工作的通知》，安排省内兰州、庆阳等7个城市，兰州兰石集团有限公司、华亭煤业集团有限责任公司等9个省属大型企业对口帮扶甘南藏族自治州8个县市。2012年，甘肃省级财政对甘南藏族自治州自行安排的重大基础设施、社会事业和特色产业项目，给予投资补助、贷款贴息等支持，教育、卫生等社会公益性项目取消了地方配套资金。近年来，在"一带一路"战略下，甘肃省提出要借助"丝绸之路经济带建设"扩大藏区内外开放，不断改善藏区基础设施建设，加快产业发展。为促使甘南社会经济持续发展，甘肃省还提出要"力量优先向藏区集中、项目优先向藏区摆布、政策优先向藏区倾斜"。在此背景下，甘南藏族自治州、碌曲县纷纷出台了相应的发展政策。郎木寺作为甘南藏族自治州的重点发展城镇，常常被视为各类试点城镇，在旅游、生态等方面是各类政策聚焦的地方。

二、生态环境保护

甘肃省对甘南藏族自治州的生态环境问题极为关注，最显著的体现是2014年取消了对甘南藏族自治州GDP、固定资产投资总量、招商引资和工业增加值等政府行政指标的考核，突出对生态环境保护的考核。改革开放以来，甘南藏族自治州在实现社会面貌变迁和经济发展的同时，生态环境也面临着严峻的形势。为遏制生态环境环境的恶化，在政策制定方面，甘南藏族自治州委、州政府先后出台了《甘南藏族自治州深入实施"生态立州"战略，努力建设"生态甘南"的实施意见》《甘南藏族自治州落实科学发展观加强环境保护工作的意见》《甘南藏族自治州人民政府关于加强农牧村环境保护工作的意见》《关于建立健全环境保护约束激励机制的实施意见》《关于加强规划和建设项目环境管理工作的意见》等相关政策。

在规划编制方面，甘南藏族自治州先后组织编制了《甘南沙化草原综合治理总体规划》《甘南藏族自治州生态环境保护规划》《甘南黄河重要水源补给生态功能区生态保护与建设规划》《甘南藏族自治州生态文明建设示范工程试点实施规划》《甘肃"两江一水"区域综合治理规划》《甘南藏族自治州生态文明先行示范区建设实施方案》《甘南藏族自治州国家主体功能区建设试点实施方案》等专项规划。其中编制的《甘南藏族自治州生态文明建设规划》于2012年7月通过了国家评审，走在了甘肃省乃至全国的前列。

碌曲县在生态环境保护方面，积极响应甘南藏族自治州生态环境保护要求，启动实施《碌曲县生态文明建设工程示范点实施规划》，全力推进国家生态安全屏障实验区建设。加快转变传统畜牧业发展方式，全面推行禁牧休牧轮牧、以草定畜等制度，加大生态修复和环境保护力度，加强草原综合治理，提高水源涵养能力，加快发展旅游业等特色产业，实施牧民定居工程。2009～2012年下达碌曲县重点生态功能区转移支付资金10 359万元，其中70%的资金用于生态保护建设。

近年来，郎木寺建设用地不断扩大，镇区人口逐渐增多，人口承载压力增大，污水排放和周边草场破坏，加上超载放牧、冬虫夏草的采挖、虫鼠害、恶劣的自然气候等因素，已经严重影响了区域的生态环境，许多天然草场都有不同程度的退化，白龙江上游水生态环境受到污染，经济社会发展和草地、河流生态问题急需得到协调发展。为此，碌曲县将郎木寺列入碌曲"天保工程"和城区面山绿化的重要区域。《郎木寺镇总体发展规划（2011～2030年）》根据不同区域在郎木寺镇发展中的主体功能、发展现状和潜力、资源环境承载力和土地利用适宜性等差异，将其分为已建区、适建区、限建区和禁建区四大空间管制类型区（表7-2）。此外，郎木寺镇也积极建设生态乡镇，2013年被授予国家级生态乡镇称号。郎木寺镇编制了《郎木寺镇创建省级环境优美乡镇规划》，提出加快发展生态农牧业、生态旅游业和生态型服务业等。

表7-2　郎木寺镇空间管治区域

类型	亚类	主要范围
已建区	城镇建成区	郎木寺镇区
	农村居民点	贡巴村、波海村、尕尔娘村、大水军牧场、吉可河村、洛措、加日布哇尔玛、文巴、四日咔哇等牧村居民点
适建区	镇区和居民点建设的拓展区域	郎木寺镇区、贡巴村、波海村、尕尔娘村、大水军牧场、吉可河村、洛措、加日布哇尔玛、文巴、四日咔哇等居民点周边适宜建设的区域
限建区	郎木寺院区	郎木寺寺院
	传统居民保护区	镇区居民区、贡巴、波海等具有典型民族特色居民聚落区
	郎木寺镇街区	一条商业主街和四条支街
	山地生态敏感区	郎木寺镇东北部和中西部山区
	基础设施廊道区	国道213公路、省道313公路等通道区域
禁建区	水源涵养区	白龙江、东才曲、吾俄库曲、庚青库合、曲青库合等河流源头区
	生态功能重点区	大水军牧场和尕尔娘一线以南及海拔3800m以上的山地
	重点畜牧区	根据草场质量、生态环境现状及发展潜力，划分重点畜牧区

资料来源：《郎木寺镇总体发展规划（2011～2030年）》

三、旅游发展政策与行动

（一）发展政策方面

甘肃省政府提出要把旅游业作为全省实施经济转型、转变发展方式的战略重点来抓，力争将旅游业培育成为现代服务业的龙头产业和国民经济的战略性支柱产业。2010年8月，甘肃省委、省政府颁发的《中共甘肃省委甘肃省人民政府关于加快发展旅游业的意见》（甘发〔2010〕9号）文件，指出旅游业是实现甘肃经济发展方式转变和实现甘肃跨越式发展的重要手段，提出要把旅游产业培育成为现代服务业的龙头产业和国民经济的战略性支柱产业的发展目标。

甘南藏区是黄河、长江上游和祁连山的重要水源涵养补给区，99%的国土属禁止和限制开发区。在此背景下，旅游产业作为首位产业，成为促进甘南发展的重要支撑。为此，甘南藏族自治州还确定了"旅游兴州"战略，提出将旅游业发展成为战略支柱性产业的目标。2011年1月，甘南藏族自治州颁发的《中共甘南藏族自治州委、甘南藏族自治州人民政府关于进一步加快旅游业跨越式发展的实施意见》文件，确立将旅游业发展为国民经济战略支柱性产业的目标，提出从2011年开始全州每年旅游专项投入不少于1亿元，逐步形成政府扶持发展的激励机制。2011年10月，甘南藏族自治州第十一次党代会提出大力实施"生态立州、旅游兴州、文化撑州、产业富州、稳定安州"五大战略，首次把"文化甘南建设"提升到了全新的高度，纳入了全州战略的整体框架和经济社会发展总体规划。2013年，甘南藏族自治州又组织编制了《甘南藏族自治州国家生态旅游示范区发展规划（2013～2025）》，以高起点谋划、高层次推进甘南生态旅游业健康快速发展。2015年，甘南藏族自治州州委、州政府又一次把发展文化旅游业提升到了新的高度，成立了州（县、市）文化旅游发展委员会，并由政府主要领导担任委员会主任。先后下发了《关于组建甘南藏族自治州文化旅游发展委员会的通知》《地级领导干部包抓重点旅游景区建设工作的通知》等7个重要文件，出台了《中共甘南藏族自治州委甘南藏族自治州人民政府关于促进旅游业改革发展的实施意见》《甘南藏族自治州旅游文化产业深度融合及第三产业首位产业发展实施意见》等促进旅游产业发展的文件。国家"一带一路"战略实施后，甘南藏族自治州更是抢抓"丝绸之路经济带"黄金段建设机遇，深度融入华夏文明传承创新区建设，整合开发文化旅游资源，加快实现文化旅游产业现代化、旅游主题品牌化、旅游市场国际化。

近年来，碌曲县以"草原风情、民族文化、藏传佛教"为主导旅游产品体系，着力打造"九色甘南香巴拉——高原明珠碌曲"和"中国锅庄舞之乡"旅游文化品牌，并以华夏文明传承新区建设为契机，规划推进藏羌彝文化走廊、郎木寺民族风情文化产业园区建设和国道213线"百里藏文化长廊"建设。

（二）资金支持方面

2003年起，甘南藏族自治州各级政府开始拿出财政资金对旅游业进行投资，旅游业步入快速发展期。2009年以来，州财政每年列入预算的旅游发展资金达500万元，甘南藏族自治州发展和改革委员会列入旅游项目补助资金200万元，各县市财政投入旅游发展资金不少于180万元。5年来，组织实施旅游景区基础设施项目218个，总投资38.85亿元。"十二五"期间，甘南藏族自治州共实施旅游建设项目50个，总投资17.39亿元。碌曲县"十一五"期间共投入旅游发展资金8720万元，是"十五"时期的2.34倍，且近年来每年用于旅游开发的资金不少于1500万元。为促进郎木寺旅游综合开发，2014年以来，碌曲县整合各类资金6961万元，加大了郎木寺景区基础设施建设。这些措施都为郎木寺旅游发展提供了良好的发展机遇与环境。

（三）旅游营销方面

甘南藏族自治州尤为重视旅游宣传，先后借助香巴拉旅游艺术节、自行车赛、文化旅游产业发展高峰论坛、旅游产品推介会、招商推介会、投资贸易洽谈会等多种途径开展旅游宣传。2015年甘南藏族自治州整合宣传资金，认购中央电视台《新闻联播》前黄金时间段广告、甘肃卫视《天气预报》开窗广告、兰州火车站灯箱广告、香港地铁站灯箱广告、中川机场登机廊桥广告、"敦煌号"旅游列车广告等优势广告资源，强势推介甘南文化旅游资源。2015年6月，甘南藏族自治州州委书记俞成辉在碌曲县郎木寺镇调研时，曾强调重塑郎木寺良好的旅游形象。

碌曲也积极创新宣传手段。在旅游宣传品制作方面，制作了《多彩碌曲》画册和《五彩经幡中的高原明珠——碌曲》旅游邮票纪念册，编印了梦幻碌曲、全景碌曲旅游指南、折页、导游图、旅游线路图等宣传资料。为营造碌曲旅游形象，在夏河机场、香巴拉文化广场、县城主干道制作投放了旅游形象宣传广告和旅游宣传片；对碌曲旅游网进行改版升级。在旅游节事活动方面，举办碌曲县锅庄舞大赛和甘肃省原声民歌歌手大赛、甘南藏地传奇自行车暨碌曲县环尕海湖环保骑行公益活动、"红色火炬、绿色长征"红色火炬碌曲传递等活动。更为重要的是，碌曲县成立了碌曲县文化演艺有限责任公司，投入300万元拍摄了大型歌舞诗剧《碌曲神韵》，整合了民间流行的佛曲、佛舞、民歌、说唱、弹唱、歌舞等传统艺术。2012年在甘肃省政府的支持下，碌曲县投入180万元拍摄了数字电影《云中的郎木寺》。为促进宣传，《云中的郎木寺》还先后参加了北京国际电影节、在我国台湾举行的内地少数民族电影展、在美国举行的跨越太平洋——中国电影艺术节等活动，并在英国伦敦举行的"第六届欧洲万像国际华语电影节"荣获优秀原创故事片影片大奖。2015年又创作编排了《江河草原净土》精品歌舞剧目。仅2015年就投入640万元用于旅游宣传促销及旅游产品、市场的开发。

郎木寺镇也开展了强势的旅游宣传。为了改善客运出租市场服务质量，牵头成立碌曲县达仓郎木客运出租公司，并投放30辆夏利A5型小轿车，以统一旅游出租市场形象；为了改善视觉景观风貌，实施白龙江源头治理，对滨河路步行街和仁贡玛组风貌进行改造、提升。此外，积极通过营造媒介景观以改善视觉景观形象。郎木寺镇政府先后邀请中央电视台、浙江电视台、凤凰卫视，以及《人民日报》《中国日报》《中国旅游报》，中外媒体记者采访团等，对郎木寺源远流长博大精深的藏传佛教文化、悠久的历史文化、优美的自然风光和淳朴的民俗风情进行专题报道。

四、规划文本中的郎木寺

（一）上位规划中的郎木寺定位

《甘南藏族自治州城镇体系规划（2010～2020年）》将郎木寺镇的性质界定为"甘南藏族自治州旅游重点城镇"，《碌曲县城市总体规划（2010～2030年）》（修编）将郎木寺镇性质界定为"依托郎木寺景区，发展旅游服务业的旅游型城镇"。

（二）郎木寺各类规划的蓝图

1.《郎木寺旅游区修建性详细规划（2007～2010年）》

自2005年郎木寺入选"2005年中国魅力名镇20强"后，郎木寺的知名度迅速提高，国内外游客尤其是背包游客、自驾车游客、摄影游客纷至沓来。但与此同时，郎木寺不完善的旅游服务体系、较低的旅游接待能力严重限制了其旅游业的深入发展。在此背景下，碌曲县及郎木寺镇政府于2007年邀请成都远见旅游设计有限公司编制了《郎木寺旅游区修建性详细规划（2007～2010

年)》。

在发展定位上，提出把郎木寺打造为碌曲县的旅游品牌、甘南藏族自治州重要的宗教旅游点、兰州—九寨沟黄金旅游线上的重要节点、甘南草场旅游区的重要集散地、中国旅游优秀镇、国家AAAA级旅游区、全国知名的综合型旅游目的地和国际休闲度假旅游目的地，并通过旅游区的开发建设把郎木寺镇塑造成为安多藏区知名的国际魅力名镇和中国历史文化名镇。

在形象定位上，提出"中国郎木寺——东方瑞士，世界香巴拉"的旅游主题形象，并推出"香巴拉净土郎木寺"，"东方瑞士，魅力郎木寺"，"人间佛果，梦幻郎木寺"等相关主题宣传口号。

在空间布局上，确定了"一带四区"的空间结构（表7-3），其中"一带"指白龙江滨水景观带，"四区"分别为入口综合服务区、郎木寺院区、郎木寺镇区和郎木寺外围拓展区，并进行了分区规划及项目设计（图7-3）。

表7-3　郎木寺修规中的旅游空间结构

空间结构	发展导向
白龙江滨水景观带	充实和完善滨水休闲旅游项目，为旅游区增加灵气和活力，与郎木寺院形成"景观互补，旅游渗透"的效果
入口综合服务区	为旅游者获取旅游信息、停车中转、购买门票的场所
郎木寺院区	为游客体验藏传佛教精神和凸现文化休闲的活动中心
郎木寺镇区	既是郎木寺休闲娱乐场所和基础设施的重要支撑地，也是体验安多藏区魅力小镇恬静生活的主要场所和当地居民生活、居住的主要区域
郎木寺外围拓展区	以保护为主，设计旅游线路，营造整体旅游环境

资料来源：《郎木寺旅游区修建性详细规划（2007～2010年）》

图7-3　规划效果图

资料来源：《郎木寺旅游区修建性详细规划（2007～2010年）》

2.《郎木寺镇中心区修建性详细规划（2009～2012年）》

乡土景观是指当地人为了生活而采取的对自然过程和土地及土地上的空间与格局的适应方式，是此时此地人的生活方式在大地上的投影，其包含土地及土地上的城镇、聚落、民居、寺庙等在内的地域综合体。然而，随着旅游的不断深入开发，以市场为导向的受商业利益推动和不受管制的空间行为已开始危害乡土景观的保育，侵蚀地方精神的文脉，并影响到郎木寺的持续发展。在此背景下，2009年郎木寺镇邀请西北师范大学旅游规划与开发研究中心（2011年后，更名为西北师范大学城市规划与旅游景观设计研究院）编制了《郎木寺镇中心区修建性详细规划（2009～2012年）》，以重建郎木寺的文脉和地方精神。

在发展定位上，提出将郎木寺建设成为甘南藏区"交通顺畅、环境优美、设施完备，以居住、商业、旅游、办公为主要功能的历史文化名镇"。

在空间布局上，确定了"一区、两轴、四片"的空间架构（表7-4），即郎木寺主要旅游服务街区（即整个规划区）、两条轴线（以公路313省道构建的镇区商业服务中心景观轴和沿河两岸规划的绿色休闲景观生态轴）、四个片区（入口综合服务区、东侧综合游憩区、规划场地中心区、西侧藏民俗休闲区）。并根据不同片区功能定位进行了分区规划及项目设计（图7-4，图7-5）。

表7-4　郎木寺镇中心区修规中的旅游空间结构

空间结构	发展导向
入口综合服务区	引景、介绍景区整体布局与观览路线，以及安排相关旅游综合服务功能
东侧综合游憩区	由东侧藏曲河景观带、东侧藏民俗体验区、坛城意象区等景观结点（带）构成，为游客提供各类游憩需求
规划场地中心区	商业街改造、重建，以及沿河景观带的规划与建设
西侧藏民俗休闲区	通过对现有建筑的改建、扩建及重建，提高商业、居住利用价值

资料来源：《郎木寺镇中心区修建性详细规划（2009～2012年）》

3.《郎木寺镇总体规划（2011～2030年）》

20世纪80年代以来，郎木寺镇中心区快速扩张，宗教与城镇传统的空间格局和相互作用的模式发生了巨大的变化，并产生了一系列问题：镇区环境恶化、商业空间混乱、邻里关系退化、宗教职能正发生着变迁。国家和地方政府支持藏区发展政策的不断实施，客观上为郎木寺镇的发展提供了新的机遇。在此背景下，郎木寺已有的总体规划已经不能适应当前社会经济发展的需求与形势，为更好地发挥城镇规划的统筹、协调与引导作用，促进区域经济社会合理、健康发展，编制新的郎木寺总体规划势在必行。2011年，郎木寺

图 7-4　郎木寺修建性详细规划效果图

资料来源:《郎木寺镇中心区修建性详细规划（2009～2012 年）》

(a) 水磨坊　　(b) 风雨桥

(c) 藏香园　　(d) 水转经

(e) 休息厅　　(f) 景区大门

图 7-5　郎木寺镇修建性详细规划手绘图

资料来源:《郎木寺镇中心区修建性详细规划（2009～2012 年）》

镇委托西北师范大学城市规划与旅游景观设计研究院编制了《郎木寺镇总体规划（2011～2030年）》。

《郎木寺镇总体规划（2011～2030年）》针对当前郎木寺旅游开发现状，提出在今后的城镇规划建设中，必须把握和重视郎木寺的宗教文化特质、山水特色、藏民族文化、草原特色等文化元素，保证郎木寺独特的地域文脉和传承，建构地域自然生态、宗教民族文化和建筑文化特色相协调与贯通的城镇空间布局结构。提出实施旅游兴镇的发展战略，以资源为依托，以市场需求为导向，以产品开发为中心，坚持规划先行、保护与开发并重、科学合理利用资源的原则，以政府为主导，以旅游基础设施建设为重点，以宗教寺院、民俗风情、草原风光等旅游产品为主导，加快实施镇区景观综合整治、畜牧与旅游业融合、景区基础设施建设等项目，通过实施旅游精品发展战略，不断提升郎木寺旅游品牌的知名度，逐步将旅游业发展成为郎木寺镇国民经济的战略支柱产业，力争将郎木寺建设成为以藏民俗文化、草原风情为主要特色，在国内外具有较高知名度的生态民俗旅游小镇。

在发展定位上，提出将郎木寺打造为中国历史文化名镇、国家生态旅游示范镇、安多藏传佛教文化体验旅游目的地的发展目标，构建了"西部高端休闲度假高地，藏族特色生态旅游小镇"的主体形象，确定了"心灵净土，人间郎木""东方小瑞士，魅力郎木寺"的旅游宣传口号，确定了"北进南融，中枢联动协同发展""牧旅互动，推动产业结构升级""功能转移，推进空间均衡发展""活力释放，全面提升发展水平"的总体发展思路。

在空间布局上，根据郎木寺镇旅游资源分布、交通通达状况、村庄点分布、与周边地区的竞合关系及全镇旅游发展总体战略定位，可将其旅游空间结构概括为：一核辐射、一轴串联、两带互补、两区并重（表7-5）。同时，针对镇区提出了"一带五区"的旅游区空间总体布局（表7-6），其中，一带为白龙江滨水景观带，五区分别为郎木寺院景区入口服务区、郎木寺院旅游资源核心区、郎木寺镇旅游综合服务区、郎木寺镇行政办公综合区和郎木寺院景区外围拓展区。"一带五区"各具特色，总体上突出了整个镇区的旅游文化内涵和地域特色。通过各分区项目设计和线路整体的有效组合，共绘郎木寺镇区旅游发展的美好蓝图。

表7-5 郎木寺总体规划中的旅游空间结构

空间结构	布局规划	发展导向
一核	郎木寺镇区旅游发展核	充满藏族地域宗教文化特色的生态商旅型度假小镇

续表

空间结构	布局规划	发展导向
一轴	国道213草原风光旅游发展轴	积聚草原风光、商贸集市、特色民俗等功能于一体的复合型旅游发展轴线，联通内外，共筑一体化发展局面
两带	白龙江滨水休闲景观带、尕尔娘草原牧场生活体验带	白龙江滨水休闲景观带：串联佛教寺院、传统民居和世俗世界三大空间层次的生态文化走廊；尕尔娘草原牧场生活体验带：集草原风光和民俗于一体的生活体验带
两区	贡巴入口综合服务区、尕尔娘游牧体验区	贡巴入口综合服务区：具有商贸流通、住宿餐饮、牧家体验等功能的郎木寺镇区入口前沿缓冲服务区；尕尔娘游牧体验区：大牧场游牧生活最佳探访体验地

资料来源：《郎木寺镇总体规划（2011～2030年）》

表7-6 郎木寺镇区旅游空间结构

空间结构	位置范围	功能定位	主要建设项目引导
白龙江滨水景观带	白龙江沿线地区	滨水休闲、自然风情体验、民俗观光	滨江北路商业步行街，镇区民俗风情休闲步行街，亲水走廊，景观驳岸、步行栈道、水磨
郎木寺院景区入口服务区	郎木寺东南面、章吉山山麓的南面	旅游集散、景区管理	寺庙东门、入口广场、接待中心、生态停车场、藏药生产基地、宾馆
郎木寺院旅游资源核心区	郎木寺院	文化交流、佛事体验、节庆活动、民俗体验	寺庙观赏点、踏板房观赏点、寺庙旅游标识系统的建设
郎木寺镇旅游综合服务区	东至藏民新村，南、西至甘川交界处，北至白龙江	休闲娱乐、旅游服务、民俗风情体验、生产生活体验	旅游休闲街、商业服务、住宿接待宾馆、旅游观光景点
郎木寺镇行政办公综合区	郎木寺镇东侧、藏民新村、道班及加油站所在的白龙江南岸一带	以新型的行政办公、公共服务等功能为主，营造城镇新区景象及环境	郎木寺镇政府、派出所、税务所、工商所、藏民新村
郎木寺院景区外围拓展区	郎木寺镇区外围的草场、山地等	户外旅游、牧家乐、野外摄影、登山探险等	—

资料来源：《郎木寺镇总体规划（2011～2030年）》

4.《郎木寺镇历史文化保护规划（2015～2030年）》

旅游开发促使了地方政府对郎木寺旅游可持续发展的关注，他们希望保持郎木寺传统藏区旅游小城镇所独具的历史文化底蕴，毕竟郎木寺旅游就是从古朴、简陋、不修边幅且具有浓厚宗教气息的小镇开始的。这是游客内心中最为单纯，也是最为质朴的东西，故需要加以保护。郎木寺镇现为县级文物保护单位。但随着旅游开发，镇区不少传统建筑被改造和拆除，还有较多的建筑不断衰败。2014年，甘肃省省委常委、宣传部时任部长连辑主持召开了甘肃省历史文化名城名镇名村及传统村落专题会议。在此背景下，郎木寺镇委托西北师范大学城市规划与旅游景观设计研究院编制了《郎木寺镇历史文化保护规划（2015～2030年）》。

发展目标与定位：通过实施历史文化保护规划实施计划，确定历史建筑保护范围及保护措施，强调文化传承与发展，推动城市改造建设，壮大郎木寺文化旅游产业。计划五年内进入省级文物保护单位行列，十年内在省级历史文化名镇行列中享有较高的知名度和影响力。在发展定位上，依托郎木寺镇古藏式的典型城市格局和具有深厚文化内涵的宗教文化区，构建以宗教活动、文化展览、旅游观光、商业服务为主导，生活居住、休闲娱乐等多功能复合，以藏传佛教文化为主题特色的历史文化小镇。

规划任务与内容：提出了保护乡土景观、修缮历史建筑、整治空间环境、完善基础设施等四项规划任务（表7-7），确定了"人工环境""自然环境""人文环境"等历史文化保护要素和对象（表7-8，图7-6），此外，还针对土地利用、道路交通、风貌改造、环卫设施等方面提出了规划调整。

表7-7　规划任务解读

规划任务	主要措施	备注
保护乡土景观	重塑乡土景观	提倡有序开发和适度建设，保护当地人居环境和乡土景观，重建地方精神
	完善城镇系统	尊重地方现实需求，完善公共空间系统、水系统、景观系统、旅游服务系统
	营造特色景观	营造既富地方特色风情，又符合现实发展要求的整体景观风貌
修缮历史建筑	修缮加固	加固建筑结构，使用传统材料和工艺修复重点部位，降低倒塌破坏的风险
	外观整饬	墙体维修尽量采用原砌体材料、按传统形式砌筑，屋顶、门、窗按原有形制恢复，保持原有的建筑形式、体量、高度、色彩
	内部改造	完善建筑内部给水、排水、照明、供暖、燃气等设施
整治空间环境	核心保护区环境整治	保护整体格局和风貌，保护历史建筑与传统空间，拆除、搬迁超高度或体量过大的障碍建筑，恢复历史肌理与空间形态
	历史街巷老街环境整治	保留原有街巷空间尺度，对风格不协调建筑进行外观整饬，规范雕塑小品、广告牌匾、交通标识、环卫设施等景观环境要素
	重要节点空间环境整治	对重要历史建筑周围，广场、驳岸、广场等公共空间进行景观环境整治
完善基础设施	改造道路环境	历史街巷全部实现路面硬化。已经硬化但不符合要求的，进行整修
	建给排水设施	完善、改造街巷、核心保护区内的给水、排水设施，对排放污水进行处理
	地下敷设管线	供热燃气、电力电信等市政基础设施管线要埋地设置

资料来源：根据《郎木寺镇历史文化保护规划（2015～2030年）》整理

表7-8 历史文化保护要素构成表

类别	保护对象		保护细类
人工环境	空间格局		典型的格鲁派藏传佛教传统寺院格局，历史镇区的街巷和滨水空间格局
	县级文化保护单位		祥和塔、大经堂、弥勒佛殿、金瓦殿、堪布囊钦、奇桑盖囊钦、岗玛囊钦、赛赤中囊钦、念赞活佛囊钦、卡西囊钦等9处囊钦
	保护建筑		24处建议保护建筑
	特色构筑		宗教建筑空间组合及装饰
	古树名木		讲经亭四周松柏树林
	建（构）筑遗址	近现代建筑	寺门、祥和塔、莲花生佛殿、马头明王殿、大经堂、弥勒佛殿、金瓦殿、护法殿、寿安殿、赛赤夏宫、转经长廊、尼姑庵、堪布囊钦、奇桑盖囊钦、岗玛囊钦、赛赤中囊钦、念赞活佛囊钦、卡西囊钦、囊钦一、囊钦二、小囊钦、医学院、密宗院、宗喀巴殿、天文学院、讲经亭
		近现代文化遗址	瞻佛台、"天葬台"
自然环境	山体		仙女洞、大峡谷、红石崖、杰吉大山、红石崖、千亩草原、老虎洞
	河流水域		白龙江源头
人文环境	地方文化		宗教文化、水文化、民居文化、牧业文化、民俗文化
	商铺老字号		雪域圣地商店、雪域餐厅、秀峰宾馆、雪山商店、高原红民族商店、菲林彩扩、丽莎宾馆、郎木寺宾馆、一里香烧饼、和善茶楼、缘饭茶馆、达老餐厅、一米阳光、藏银商店、鑫达综合商店、雪城纯银、清真饭菜馆、咖啡厅、旅朋青年旅馆、视听总汇、德胜茶楼、达姆仓藏饰精品、音像制品店、雪莲花菜馆、如意菜馆、世昌商店、嘉葛尔商店、古玩斋、白龙江源商店
	历史人物		坚赞桑盖大师
	风土民俗		大法会、瞻佛
	地方艺术		唐卡
	地方信仰		藏传佛教
	地方美食		酥油茶、奶茶、青稞酒、窝奶（酸奶）、酥油、奶酪、糌粑、藏包、蕨麻、风干肉、灌肠、熏腊肉

资料来源：《郎木寺镇历史文化保护规划（2015～2030年）》

（三）规划的反思

除旅游规划外，郎木寺镇政府还先后实施了农家乐建设工程、危旧房改造、沿街建筑风貌改造、地面硬化与景观工程等旅游基础设施与服务设施建设。近年来，还在郎木寺镇区入口处投资1300余万元修建了郎木寺游客服务中心（图7-7），为游客提供综合的旅游服务。然而，这些规划现象本身就值得深思。

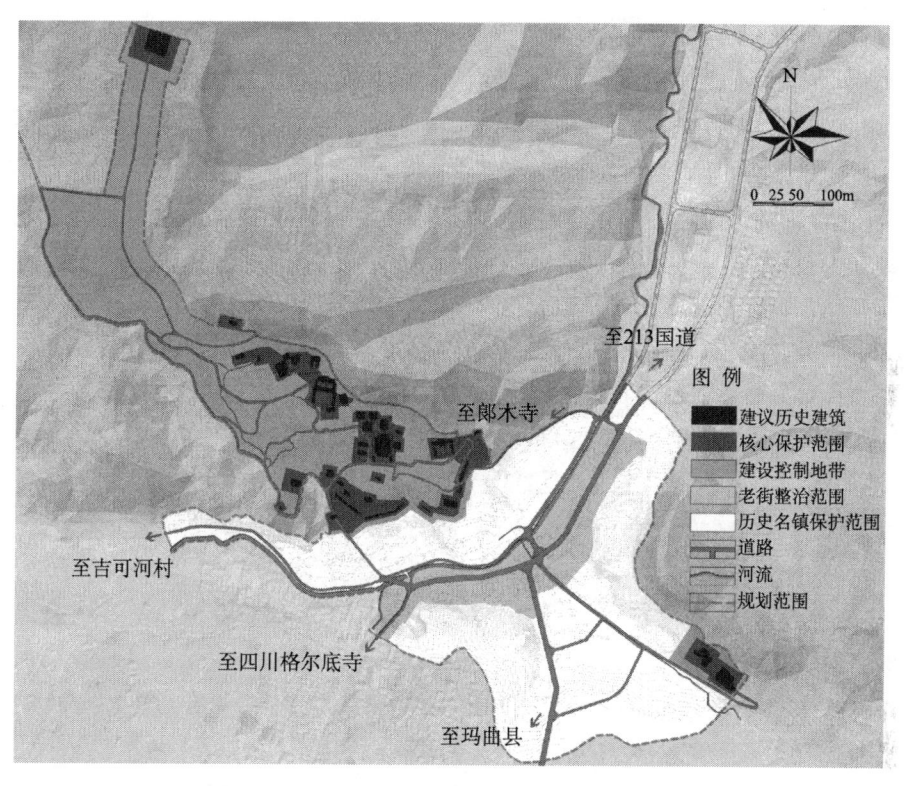

图 7-6　郎木寺镇区保护范围与对象
资料来源:《郎木寺镇历史文化保护规划(2015～2030 年)》

图 7-7　郎木寺游客服务中心效果图

1. 是否需要规划及如何对待规划

郎木寺镇的知名度源于旅游,源于规划之前的城镇发展状态,其后为了进一步扩大旅游接待能力和整合旅游资源,才出现了各类旅游规划。因此,在郎木寺这类民族地区,在旅游规划之时是否对规划的必要性进行过反思?古镇类景区的发展是依靠居民自发进行合理保护与开发以形成良好的发展格局,还是需要借助外来规划的干预。如果需要规划,规划又应该在哪些方面进行引导、控制和约束？政府、当地居民又该如何面对这些规划？是毫无意见地听从规划师的规划策略还是应该结合自身的特性不断修正？

2. 规划为何很多却又短命

旅游规划的根本动力来自于旅游经济的快速发展。2007年成都远见旅游设计有限公司编制的《郎木寺旅游区修建性详细规划（2007～2010年）》还没有正式实施，就被2009年西北师范大学旅游规划与开发研究中心编制的《郎木寺镇中心区修建性详细规划（2009～2012年）》取代。而事实上，新版的修建性详细规划也没有得到全面实施。尽管这两个修建性详细规划在不少方面都提出了可取的发展意见，但其为何沦为般命运？原因有多个方面。

首先，资金匮乏的问题。郎木寺镇是典型的牧业镇，2004年，全镇国内生产总值为1358万元，农民人均纯收入为2862元，财政收入为57万元。当郎木寺镇政府拿到旅游规划成果时，面对美好的规划蓝图，这个个动辄耗资百万的项目，只能将其视为一种发展愿景。近年来，随着国家、甘肃省和甘南藏族自治州对旅游发展的高度重视，旅游发展资金问题才相对缓解，但其依旧是制约旅游发展的关键因素。

其次，行政边界协调问题。郎木寺地处甘肃和四川两省边界，旅游规划的实施往往无法打破行政上的边界，致使很多旅游规划难以深入落实。

此外，不少本土居民尚未意识到本土文化、资源的独特性，对规划的认知程度较低，自然对规划的支持程度也较低，这也在一定程度上影响着规划的实施。

第八章 社会关系的演变

第一节 内外关系演变

一、游客与僧侣的关系

　　旅游开发初期，游客数量总体偏少，对宗教存在敬畏之心，且受寺院游览区域和行为活动的限制，加之语言交流上的障碍，因此，游客与僧侣间缺乏直接接触，关系相对疏远。旅游开发步入成熟期后，尤其在国家"以寺养寺"政策引导下，发展旅游业成为寺院的一项重要任务，如寺院管理委员会通过招标完善或新建道路、厕所等基础设施，部分僧侣被安排到与旅游相关的工作岗位（门票销售、香火销售、达仓郎木宾馆管理人员和藏医门诊部医生），获得的旅游收入作为寺院殿堂维修、僧人生活补助、接待费等支出的重要资金。游客通过消费取得了入寺权利，寺院则成为旅游核心区域。对于持续更新的游客群体与相对稳定的僧侣群体，其相互影响程度存在显著差异，正是这种差异决定了两者复杂的社会关系。根据对僧侣访谈的结果，游客对僧侣的生活方式较感兴趣，僧侣对外部的世界表现出较强的好奇心，这种契合驱使两者的私人关系不断增强。当然，僧侣受游客的影响远远大于游客受僧侣影响，这也是推动宗教世俗化的原因之一。因此，有僧侣认为游客大量涌入寺院干扰了原有宗教环境氛围，正如一位年长的僧侣曾告诉笔者"我们并不希望游客来访"。

　　此外，旅游开发后，僧侣开始每天面对不同类型的游客，僧侣也逐渐形成独特的待客之道，换言之，在与游客的交流中，僧侣的社会化程度在不断提高，僧侣原先的待客之道也慢慢被改变，正如《回家，达仓郎木》一书描述：曾经，阿客们（出家人被尊称为阿客）一旦结识新来的游客，就会像招呼自家亲戚般热情相对。如今，受过虚伪伤害的阿客们也学聪明了，即便是认识了新朋友，也不会贸然热情，泛泛之交最适合对待来了就走、无牵无挂的朋友了。所以阿客们也学会把渴望交友的如炽热情藏在心底，拿着冷漠的面孔对待每天出现在眼前的新朋友们（贺泽劲，2008）。

总之，游客与僧侣之间的关系从无到有、由简单到复杂，原有相互隔离的僧俗世界之间的界限开始模糊，僧侣与游客的关系也经历了热情之后再到冷漠。

二、游客与居民的关系

郎木寺居民与游客的关系可根据游客社会地位和居民发展诉求的变化划分为三个阶段。第一阶段，游客处于弱势地位：游客以国外背包探险者为主，数量少，并对地方历史民俗文化心存敬畏。这种相对弱势且未获得认可的社会地位使其与居民保持一定距离。因此，两者交流较少，仅有食宿方面的简单联系。第二阶段，游客的社会地位得到认可：游客数量开始增多，旅游成为社会经济发展的动力之一。民居空间成为游客体验地方文化的重要载体，较多居民开始参与旅游，先后出现了一些牧家旅游接待户。游客与居民之间出现较多直接交流、沟通。此阶段，游客对社会经济发展的贡献得到认可，社会地位显著提高，游客的"所需"和居民的"所求"一起构成了游客与居民社会关系的核心。第三阶段，游客处于强势地位：伴随着国内游客数量的猛增，居民参与旅游开发的程度和范围进一步增强、增大，牧家旅游接待呈现规模化发展，旅游收入占居民经济收入的比例逐年增大。问卷结果显示参与旅游开发的49户居民年均旅游收入约占总收入的三分之一。旅游需求进一步多样化，居民积极将放牧、骑马、挤奶、割草、剪羊毛等日常劳作和民族节庆开发成文化体验产品，促进了牧业生产与旅游的融合。此阶段，游客社会地位极大提高，旅游需求已经成为居民参与旅游开发的重要导向，居民对游客产生较多依赖。

在游客的影响下居民的行为方式也出现了潜移默化的改变（图8-1）。针对游客的调查问卷，在关于"您觉得本地居民哪些行为或者言语最让您难以忘怀"一问中，游客对本地居民受到外来文化影响后的行为种种行为表现感到惊讶。例如，一名江苏男子对本地居民骑摩托印象深刻，一名荷兰女子对当地人时常盯着她看并试图说几句英语印象深刻。游客对居民行为的影响程度与民族的文化传统密切相关，即一个民族群体的传统规范越严密，价值取向越趋于定型化，它们对该民族中各个个体行为造成的控制程度就越强，在与异质文化接触的过程中往往呈现出比较谨慎的态度，对异质文化的吸收程度也相应地具有较大的选择性（马晓京，2002）。在游客源源不断地进入郎木寺的情形下，居民无论主观愿意与否均被纳入旅游经济中，其切身利益与旅游发展休戚相关，自然成为被影响的对象。

图 8-1 旅游发展与居民行为变化

但同时，作为外来文化携带者的游客已对居民原有的生活秩序造成了干扰。因为郎木寺城镇规模较小，社会服务功能不完善，旅游的快速发展使得游客与居民在设施、资源、空间等方面存在竞争关系，较多居民认为大量外来游客的涌入已经超过了社区的环境心理容量，应对游客数量采取一定的限制措施以减缓主客双方的矛盾（李巍，2013）。可见，游客与居民间的社会关系由相对单一的经济关系开始转向文化、伦理等多层关系。

三、游客与商家的关系

旅游开发初期，游客以自助探险、背包游客为主，以民俗文化体验为主要内容，对物质需求不高；经营者以僧侣、居民和边境商贸者为服务对象，游客尚不包含在内。此阶段，游客与经营者尚未建立起某种需求与供给的消费互动关系，但随着组团旅游增多，集中性消费不断刺激着经营者调整其经营方向，最为明显的是餐饮和住宿设施的增多。近年来，户外探险、摄影写生、自驾旅游等迅速发展标志着郎木寺大众旅游时代的到来，旅游需求逐渐增大、类型日渐增多，且个性化特征不断凸显，镇区的经营活动开始出现新变化。以餐饮业为例，由于国外游客占据重要地位，因此拥有西式菜肴（咖啡、苹果派、牛羊排等）和良好的就餐环境（背景音乐、装修风格等）成为餐饮经营的重要特色。由此可见，旅游需求既可改变商业经营，也能决定旅游者与经营者间的社会关系。但这种以需求为基础的社会关系并非仅维持在购买与消费这一层面。较多经营者认为游客既是先进管理理念的引入者，也是其品牌形象的宣传者与推荐者，如丽莎咖啡馆得益于其与游客良好的私人关系，成为每年夏季欧美组团游客前来旅游的主要定点餐厅。这种私人关系是郎木寺游客与经营者关系的显著特点，也是推动镇区旅游服务业发展的重要力量，在整个社会关系网络中占据重要位置。

第二节　内部关系演变

一、僧侣之间的关系

　　僧侣的内部社会关系也处于不断变化之中。旅游开发增强了社会开放程度，促使各种外来信息的流入和本土观念的更新。虽然游客与僧侣相互影响，但僧侣受游客影响更深，其原因在于僧侣只是游客旅游生活中的某一视觉片段，而游客却组成了僧侣生活的客观环境，僧侣每天都在面对不同的游客，或主动或被动接收外来相关信息。久而久之，僧侣内部逐渐出现分化，尤其以年长者与年轻者间的分化最为典型。年长僧侣对自己要求较为严格，受外部影响较小；年轻僧侣好奇心强，并在与游客的持续接触中，对外界心存渴望（图 8-2）。在对僧侣的访谈中，笔者获知寺院年轻僧侣一般由其师父管教，师父为避免外界对其干扰，大多限制其与游客过多接触。尽管如此，较多年轻僧侣与游客仍存在一定私人交往，学习汉语和英语以便于与游客交流、在商业街区消费或出门云游为年轻僧侣所追捧。对此，年长僧侣对年轻僧侣的这些变化表示无奈和担忧，两者在思想观念和具体言行方式上均表现出了较大差异。甚至出现售票僧人假造门票的严重事故，2011 年售票僧人将其在兰州印好的假门票带到郎木寺，利用其售票之便向游客出售假门票，直至有人在宾馆的垃圾桶里发现假门票其造假行为才暴露（姜馥蓉，2014）。

图 8-2　好奇的年轻僧侣

事实上，影响僧侣间社会关系的直接原因是国家"以寺养寺"的宗教政策，如1985年国家下发《中央办公厅调查组关于落实党的宗教政策及有关问题的调查报告》后，寺院认为经营商业活动是僧侣应尽的义务和职责，尽管僧侣只能有限地参与经营活动。在此情形下，旅游作为寺院重要产业势必会增加寺院与外界接触的机会，促使僧侣间关系的分化。当然，值得强调的是旅游并非是导致僧侣关系变化的唯一因素，而是在当前发展过程中的一个诱发因子。因为，随着社会开放程度的不断提高，宗教禁忌、戒律对僧俗约束力趋于松弛，宗教的世俗化越来越成为一种显著趋势。华热·多杰（2009）认为宗教世俗化问题表明原本以宗教为主导的社会关系因理性和科学的发展而逐渐减弱，宗教支配世俗社会开始向着宗教远离世俗社会的方向迈进。

二、居民之间的关系

郎木寺社会最初的社会关系是依靠宗教缔结的，同时，依托牧业社会而产生的婚缘、血缘关系也是社会关系的重要构成。旅游开发后，大量外来文化渗入，以宗教、血缘为支撑的传统社会关系受到冲击，市场经济意识和利益观念得到强化，新型社会关系（如业缘关系、法律关系、经济关系）开始出现。以业缘关系为例，根据在民居空间的问卷调查，超过半数（49户）的居民表示已直接或间接参与旅游开发，且主要从事职业有牧家接待、住宿餐饮、交通运输、特色商品、旅游向导、旅游摄影、马队服务、音像制品销售等。仅35户未涉足旅游业，依旧以畜牧生产为主。旅游开发转变了较多居民传统的职业观念，如为增加旅游消费与经营者合作，为方便接待国外游客开始学习英语，为提高经营管理水平外出接受专业培训等，这加剧了职业分化，而职业的分化又进一步淡化传统聚落社群关系。根据对郎木寺镇社区居民的调研，一半的居民认为现在的邻里关系比以前略显疏远，职业类型的多样化导致生活环境微环境的变化，原有社区关系逐渐被分割，原有宗族血缘关系在职业关系的冲击下受到显著影响（李巍，2013）。这与"注意力分散"有关（帕克等，2012），即居民可以同时生活在原有的宗法联系环境和具有较强利益关系的市场环境中，进而瓦解着原有生活环境的稳定性和亲密性。

此外，旅游的发展加速了郎木寺的财富分化和社会极化，居民之间在思想、职业、收入等多方面的分异均不断被放大。

三、商家之间的关系

旅游开发在很大程度上改变了传统的商业经营格局，自然也改变了原有的商业关系，形成了以竞争为主、合作为辅的复杂社会关系格局。旅游开发前，经营者主要以为僧侣、居民和过境商贸人员提供生活所需物资维持生存、求得发展。旅游开发后，游客凭借其较高的消费能力成为经营者竞相服务对象，经营内容也转向为游客提供各种旅游服务。经营对象与经营内容的趋同化加剧了经营者之间的竞争。其次，旅游开发使得经营者交往圈小规模化。原经营者以甘肃、青海和四川等相邻地区的汉族、回族为主，具有相对一致的文化认同；旅游开发后，经营主体发生较大变化：民族成分呈现多样化趋势，尤其藏族经营者数量显著提高；经营者来源广泛，牧民所占比例下降，学生、司机、退休干部等比例显著增加，甚至来自于游客；经营者的流动性增强，根据问卷统计，3年内易主的店铺占总店铺的9%。这些不同地方、不同民族、不同文化背景和职业经验构成及较高的流动性，促使经营者之间的社会关系呈现出或以地缘（来自于同一个地方）或以业缘（经营合作需求）或以某种共性（民族、兴趣爱好等）为依托形成小范围、小群体的社会关系网。

第三节 交互关系演变

一、僧侣与居民的关系

历史上，藏区孩子去寺院接受佛法教育几乎是藏民唯一的接受文化知识的渠道。僧侣来自于藏民，大多数藏民经常参加宗教法事活动，宗法关系和血缘关系是两类群体社会关系的重要构成。旅游开发后，随着社会职业分化加剧，部分藏民尤其是年轻一代藏民，开始从事旅游开发相关活动，而参与佛事活动的次数逐渐减少，并开始面对因旅游发展而引发的新的社会角色，产生了新的社会关系。访谈发现居民现在的交往对象广泛，有游客、代理商、零售商、投资商、开发商、政府等，部分僧侣在寺院产业发展的义务要求下也需要与游客和各类社会群体交往。僧侣与居民都需抽出一部分时间与精力处理与其他对象间的关系，两者直接接触的频次降低，首属关系（primary relation）受到影响。以转经为例，根据对藏民去寺院转经的频率统计，每天拜佛、转经和磕头的几乎全是老龄群体，年轻居民则忙于工作较少参与。由此可见，僧侣与居民之间的关系在其社会关系网络中的地位略有下降。

二、僧侣与商家的关系

2006年7~8月，中央民族大学"985工程"《藏传佛教与藏民族》课题组对藏区近20座寺院进行了走访，结果表明寺院在实行"以寺养寺"的宗教政策后，主要参与的经营活动有经营商店、出售门票、办藏医院、经营旅馆和宾馆、出租寺院的多余房屋、出租门面摊位、出售旅游产品及宗教用品、管理信众的香火钱、经营照相馆、出租草场及经营畜牧业、建立运输队、创办加油站等。郎木寺院也正是借助寺庙的资源优势，通过经营农牧副业、工商业及旅游业等进行自养。作为集体经济实体，寺院实力较强，且凭借宗教、政策和社会基础等有利条件，往往在镇区同类商业经营中处于优势。就这一层面而言，寺院与经营者相互竞争。但同时，经营者需借助寺院的知名度吸引游客前来旅游、消费，尤其在宗教法会期间，这又表明经营者对寺院存在一定依赖。当然僧侣与经营者的关系不完全等同于寺院与经营者的关系，其特有表现如下：首先，僧侣依靠经营者获取基本生活物资和获取外界信息，经营者对僧侣的购买依赖则随着游客购买的增加而减弱。其次，旅游开发增强了经营者的流动性（店铺更新），经营者的频繁流动使其与僧侣一直存在较大文化差异。

三、居民与商家的关系

现阶段，购买关系是居民与经营者关系的核心，其既满足了居民的生产、生活的物资需求，也实现了经营者对利益的追求。旅游开发前，居民一直是郎木寺镇区重要的消费群体，门市部、餐饮店、日用品店、服装店、批发部、超市等广泛分布。旅游开发主要通过以下三种途径改变此种购买关系：第一，对传统店铺的挤压。旅游住宿、餐饮、咖啡馆、酒吧、手工艺品与纪念品等店铺迅速增加，较多传统店铺在与其竞争中处于劣势，往往通过店面转让或出租等方式被置换为旅游服务类店铺。传统店铺经营空间的萎缩与分散化，降低了经营者对居民的购买依赖。第二，对居民传统消费理念与习惯的影响。在旅游消费的带动下，居民消费习惯与偏好发生改变，原以生活必需品为主的消费结构正逐渐被打破，藏民也会在出现在川菜馆、咖啡馆或酒吧，身穿运动装，使用手机、相机等电子产品。第三，对传统思维模式的影响。在旅游服务业的利润刺激下，部分藏民转变传统"重牧抑商"思想，积极参与旅游经营活动，成为经营者的一部分。因此，居民与经营者的社会关系总体上呈现一定程度的减弱，但也出现新的转变。

由于商家较多来自于外地，外来经营者通过租用本地的土地从事与旅游活动相关的经营活动，因此商业空间的社区情感归属无法统一，无法达成统一的认知。社会学家金耀基（Yeo-chi King, Ambrose）和陈膺强（Chan Ying-keung）在研究社区时曾提出三个分析尺度：第一是物质尺度，即社区是一个有明确边界的地理区域；第二是社会尺度，即在该区域内生活的居民在一定程度上进行沟通和互动；第三是心理尺度即这些居民有共存感、从属感和认同感。尽管郎木寺商家与居民处于同一个明确边界的地理区域，区域内主体也存在一定程度上进行沟通和互动，但在心理尺度上始终没有达成共存感、从属感和认同感，这导致商家仅仅将郎木寺视为一个可以生财的地方，因此缺乏地方的责任感。实地调研发现不少商家将生活污水（包括厕所污水）直接排放至白龙江，生活垃圾大多直接堆放在白龙江沿岸滩地，造成了极为严重的视觉污染。这与藏族所倡导的"崇敬自然、尊重生命、万物一体"的独特生态伦理观反差极大。

第四节 社会关系网络

郎木寺社会关系网络由内外关系、内部关系和交互关系互动有机构成（图8-3，图8-4）。在旅游的驱动下，首先出现的是内外关系，其出现是新型社会关系生产的过程，即旅游开发将游客导入镇区社会关系网络中，随即游客基于朝觐旅游需求与僧侣发生联系、基于探访需求与居民发生联系、基于消费需求与经营者发生联系，其联系纽带是旅游需求，需求变化会导致行为主体社会关系变化。因此，内外关系在郎木寺社会关系网络中居于核心地位，直接影响内部关系和交互关系的演变。其次，内部关系与交互关系发生相应变化，但相对于内外关系的变化，此二者变化程度缓慢、范围有限，仅在某些方面较为明显。其中，内部关系的变化是社会关系分化的过程，即游客介入对原有社会关系的再调整，主要表现为僧侣之间的代际分化、居民之间的职业分化和经营者之间的交往分化，进而导致传统社会关系的局部改变。交互关系的变化是社会关系转变的过程，即旅游开发改变了居民和僧侣的交往对象，僧侣对居民的影响减弱，但居民对僧侣而言依然是最重要的信仰群体；改变了商业环境，僧侣与经营者既相互依赖，也存在利益竞争，且经营者的频繁流动使得两者文化背景一直存在较大差异；转变了居民的消费理念和经营者的经营理念，经营者对居民的购买依赖减弱，但居民消费理念的转变使得新的购买关系趋于形成。总之，旅游开发将会继续增强内外关系并不断引发内部关系和交互关系的变化，郎木寺传统社会关系网络将面临更新与重构，原有以宗法、血缘、地缘关系为纽带的社会关系结构正趋于不稳定，以游客为核心的新型社会关系网络正在逐渐形成。

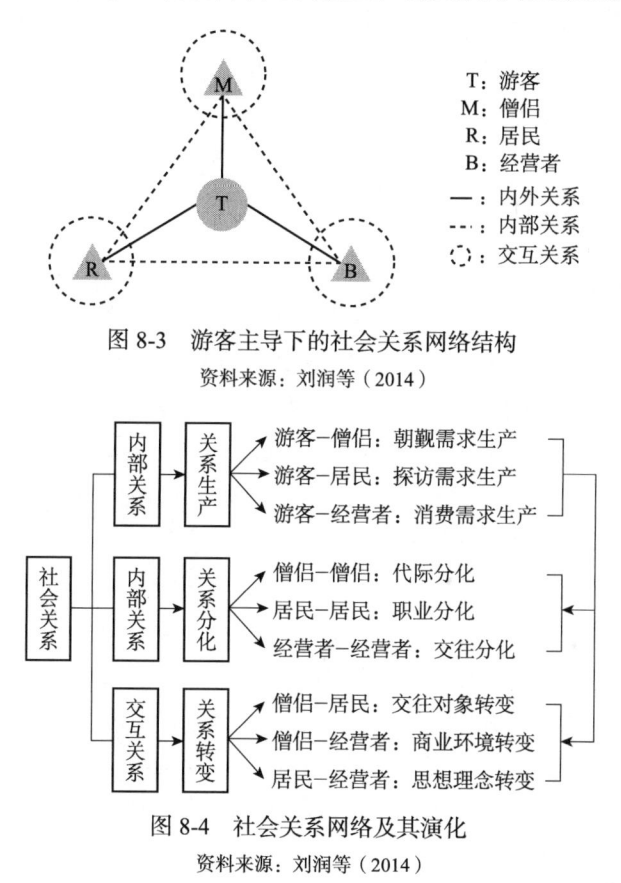

图 8-3　游客主导下的社会关系网络结构

资料来源：刘润等（2014）

图 8-4　社会关系网络及其演化

资料来源：刘润等（2014）

第五节　行为空间分析

行为空间是行为地理学的核心问题，其主要是通过对空间中所发生行为的分析来认识城市的空间，即从人的行为和需要出发，来探讨空间的形成和组织。行为空间理论形成于 20 世纪 60 年代以后，主要是针对于对物质空间决定论的批判而建立起来的。目前行为空间研究的主要内容集中在城市内部空间、居住空间、社区空间、消费空间/商业空间等方面。旅游行为空间理论即是研究行为主体（旅游者、居民、政府、旅游开发商、经营商及其他旅游利益相关者等）在特定地域空间范围内进行旅游活动或从事与旅游相关的经营活动，所表现出来的特定行为特征及规律的理论，通过研究此行为特征及规律可为区域旅游的合理、持续发展提供有力的依据和指导。但目前在旅游行为空间理论研究方面还不成熟。在旅游主体以游客行为空间研究为主，且主要集中于宏观层面的行为空间模式下（杨新军等，2000；吴必虎和俞曦，2010），对于微观空间范围内旅游行为空间研究尚少。

一、游客的行为空间

（一）游客类型与行为空间

游客的行为空间首先受游客类型影响显著。Cohen（1972）根据游客对陌生感的好奇程度和新奇体验的追求程度，将游客划分为有组织的大众游客（organized mass tourist）、个别的散客（individual mass tourist）、探险式游客（explorer）、漫游式游客（drifter）四大类。Smith（1977）对旅游者分类后发现，越是趋向于大众旅游的旅游形式，旅游者对当地文化的适应程度也就越差，对当地的社会文化影响也就越大；越趋向数量较少的探险类旅游产品，旅游者对当地的社会文化越有很好的适应性，产生的影响越小。其后 Smith（1989）按照旅游者类型的频率将其划分为探索型、精英型、求异型、不寻常型、早期大中型、大众型、包价型七种类型，并结合每种类型旅游者数量及其对当地风俗的适应程度进行了重点分析（表 8-1）。换一个视角，即不同类型的游客在目的地具有不同的行为空间。从探索型到报价型或从漫游式游客到大众游客，游客的行为空间从非正式的、非定制、个性化空间转向成熟的、正式的、常规性、大众化的空间。

表8-1 旅游者类型的频率及对当地风俗的适应程度

旅游者类型	旅游者数量	对当地风俗的适应程度
探索型	非常有限	完全接受
精英型	极少见	全部适应
求异型	极少但可见到	大部分适应
不寻常型	偶然可见	部分适应
早期大中型	流量稳定	寻找现代化的氛围
大众型	流量不断	期望现代化的氛围
包价型	大量涌入	要求现代化的氛围

资料来源：Smith（1989）

在郎木寺，Cohen与Smith总结的游客类型可简单概括为组团游客与自助游客两大类。组团游客多为旅行社、公司或单位组织而成行，其受旅行时间和固有活动安排的影响深刻，旅游对组团游客而言更多是一种标准化、市场化的旅游产品，更强调旅游的服务质量及旅游过程的满意度，游客很少能够深入了解目的地的社会文化生活，蜻蜓点水、走马观花式的游览方式决定其行为空间主要集中郎木寺商业街和寺院，更集中在一些知名度较高的店铺消费，对手工艺品较为感兴趣。自助游客注重文化体验，倾向于将旅游视为一次自主的户外体验活动，关注体验的成果与质量，他们可以摆脱原有生活环境的干扰与束缚，积极寻求全新的生活感受，在活动安排上较为自由、独立，因此其行为空间也同样表现出个性化特征，极力寻求特色化、本土化的一些场所和区域，如纳摩大峡谷等，即便同样在商业街，自助游客进出的店铺也绝不同于组团游客。

自助游客内部也存在差异，这与主体的属性特征密切相关。自助游客受旅游行程安排限制小、决策性强，因此需求具有较大的变动性与复杂性，如在吃、住、行、游、购、娱等方面一般都有自己独特的偏好。以饮食场所为例，有的自助游客喜欢"黑帐篷"酒吧的典雅与流行，有的喜欢"郎木寺主题餐饮吧"的民族风，有的喜欢"丽莎咖啡屋"的苹果比萨和满墙贴满了游客留言的氛围等。

国内游客与国际游客也有显著区别，这种区别主要基于不同文化背景的人相互对体验异类文化的渴望，欧洲人"更喜欢融入中国文化、具有中国元素的地方"（丹麦游客CasperTolervd）。例如，在郎木寺酒吧，中国人偏爱喝着咖啡、吃着比萨、听着柔和的西洋音乐，而外国人更愿意吃着糌粑、喝着酥油茶。

重游者与非重游者的区别。非重游者的旅游凝视需求兴趣广泛，这点可通过其所游历的地点发现；重游者更加注重培养本地的人际关系，如很多重游者的食宿地点较为固定，一些摄影者、艺术写生者等也是重游者的重要构成。合理掌握游客行为空间，有助于旅游经营决策的合理化、科学化。

（二）空间场所与空间行为

1. 寺院

游客在寺院内的行为空间多以其游览线路为基线向周围扩散形成。根据对游客在寺院内部旅游线路的统计分析，其主要由一条旅游主线和四条旅游支线构成（图8-5）。旅游主线为A～B段，是寺院内部主要的交通通道，线路串联了祥和白塔、大经堂、弥勒佛殿、金瓦殿、护法殿、赛赤夏宫等，地势逐级抬升，宗教氛围浓郁，是寺院旅游的核心路线；A～C段通往瞻佛台，在此可以远眺整个镇区，也是晒佛节等宗教活动的重要场所；A～D通往奇桑盖襄钦，可向南接转经廊回到祥和白塔处，形成顺时针祈福路线；A～E途经松柏古树群、老虎洞，然后可向北进入千亩草原或者向南进入街区。总体上，游客在寺院内的行为空间范围是排除宗教禁忌限制之后的具有公共场所性质的游览区域，以具有消费特性的摄影、观看宗教活动、祈愿等行为活动为主。

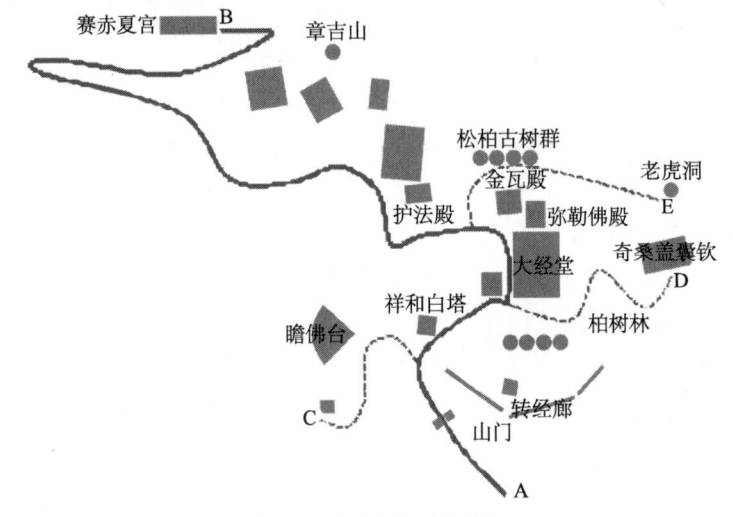

图 8-5　寺院内部游览线路

1）摄影。摄影器材与技术的快速发展使得每一位游客都是移动媒介。游客喜欢用镜头感受文化，感受原生态，摄影的空间范围较大，活动相对自由，但不包括寺院限禁区域（如大经堂），拍摄地点多选择山门、祥和白塔、瞻佛台、松柏林等景观较好的节点处，拍摄内容总体以宗教信仰为主题，反映藏族民族的虔诚、朴实，主要拍摄内容有白塔、红石崖、村落及僧侣等。游客通过镜头将令其或感触或震撼的画面拍摄下来，以此获取内心的宁静与慰藉，摆脱各种浮躁、焦虑、不安等思想负担，是一种对自然与社会的重新思考与对自己的重新定位。

2）观看宗教活动。在宗教法会期间，游客可以更大限度感受藏传佛教文化，因此游客聚集程度较高，以外来者身份审视、感受与体验异地文化。同时，寺院内部活动很多具有宗教禁忌，如尊重藏传佛教的习俗，不要在殿堂佛像前吸烟、摄影拍照；不要从佛像经典及一切宗教用品上跨过去；不要随便摸喇嘛的头等。根据对僧侣的访谈发现，不少游客并未完全遵守。

3）祈愿。祈愿的表达形式有多种，如转古拉、参加祈愿大法会、购买香火祭拜等，活动场所主要有寺院转经廊、祥和白塔、大经堂等公共场所。游客在此可感受到其他僧侣、居民的信仰与虔诚,感受到藏传佛教文化的魅力。

游客的这些行为方式既受环境刺激而产生,也因旅游消费而强化。在游客的眼中,寺院是一个宗教气息浓郁、充满神秘色彩的空间,其旅游行为受到宗教环境的限制和宗教环境的感召而有别于在其他类型空间中,其空间行为变得具有类似于居民和僧侣的一面。但旅游消费者的身份使其不满足于受制于寺院清规戒律的"规训者"的行为模式,其更加愿意根据自身的喜好定义其个性化的行为方式,因而使其在僧侣和居民看来又极为"陌生"。

2. 民居聚落

游客行为空间的范围要远远小于居住空间范围,这主要与居住区域的区位有关。镇区入口处存在成片旧式居住聚落,但由于远离商业街区,游客较少在此停留;沿白龙江溯源向上的吉可河村,也由于偏离商业中心,较少被游客关注。因此,游客在民居空间的行为空间主要集中分布于镇区南部道路沿线的仁贡玛村,这种空间范围的形成得益于邻近商业空间,也得益于政府的规划布局。传统型民居聚落是游客深入了解郎木寺地方文化的重要空间,这里大多还保留着传统的建筑风格和生活方式,积聚了各种传统的、民俗的、文化的、宗教的元素。

游客在民居空间旅游的主要目的是体验牧民传统生活,但由于游客与牧民之间因存在诸多文化差异,包括语言沟通及理解障碍,因此适宜游客探访的牧家较少,仅局限于政府改造的 26 家仁贡玛村牧家乐接待户,主要行为活动围绕牧家探访开展,具体有骑马、放牧、挤奶、穿民族服装、剪羊毛、割草等(图 8-6)。

图 8-6 游客牧家乐体验项目

3. 商业街区

游客行为空间相对集中，主要分布于镇区主要旅游经营性场所，从类型上主要以满足游客的吃、住、行、游、购、娱等活动需求的场所为主，即游客是此类店铺经营的主要对象，具有较强的专业性。游客在公共服务设施（如郎木寺镇卫生院）和以本地居民为主要服务对象的商店、公司（如日用品店、超市、中国移动公司、中国电信公司等）活动相对较少。此外，商业空间游客的行为空间分布虽然最为集中，但并不单纯局限于商业空间内，而是可以向外拓展和扩散，如格桑马队既可以组织游客到郎木寺周边草场骑马、放牧，体验游牧民族生活，也可以组织背包客至纳摩大峡谷和白龙江源头徒步探险，还可以组织游客前往花湖、尕海、迭部等周边区域进行长距离自行车旅行。游客行为活动空间范围的增大说明商业空间具有较强的对外组织能力和扩散能力，是宗教空间和民居空间所不具有的，这也充分说明商业空间使得郎木寺镇区的旅游空间范围极大扩展。这对郎木寺旅游发展具有较大启示，即利用自身区域、资源等条件，借助周边空间发展其自身旅游。

根据对游客的问卷调查，笔者重点分析了105位游客的问卷调查，得出游客在餐饮选择、住宿选择、休闲娱乐选择及购物选择方面存在的差异。

住宿选择主要集中于旅朋青年旅舍、达仓郎木宾馆和仁青宾馆（图8-7）。其中，团体游客多倾向选择达仓郎木宾馆、郎木寺大酒店等服务较为规范、标准的住宿场所，自助游客多选择特色住宿场所，环境相对优雅，价格相对便宜，并喜欢以涂鸦方式留下自己的心情和感受，或者在墙上自绘郎木寺旅游地图等（图8-8）。此外，较多游客的住宿信息是通过网络获知或者经朋友推荐获知的。

餐饮选择主要集中于丽莎咖啡、阿里餐厅和达仓郎木宾馆，近年来开始营业的郎木寺主题餐饮吧和黑帐篷咖啡，逐渐成为游客在郎木寺餐饮消费的新时尚（图8-9），游客较少选择融住宿与餐饮功能于一体的宾馆、酒店，主要原因是游客的消费偏向于氛围浓郁、特色鲜明、服务优良的场所。在餐饮场所，游客也存在类型涂鸦行为，或将签名、T恤、钱币、帽子等贴在墙上或挂起，这类行为在丽莎咖啡馆表现最为显著（图8-10）。

休闲娱乐选择主要集中于购物店、酒吧/咖啡馆/茶楼、格桑马队三处（图8-11），休闲娱乐场所的选择主要受环境氛围的影响，大多游客以交友或放松身心为主要目的，在消费时间上也各不相同，其中，在酒吧/咖啡馆的消费时间一直可以延迟到晚上十二点左右。游客多喜欢听当地藏族音乐和轻柔舒缓的音乐。

旅游购物选择以旅游纪念品和实用工艺品/土特产为主（图8-12），多体现地方文化内涵，如哈达、藏药、藏刀、银器、虫草等。

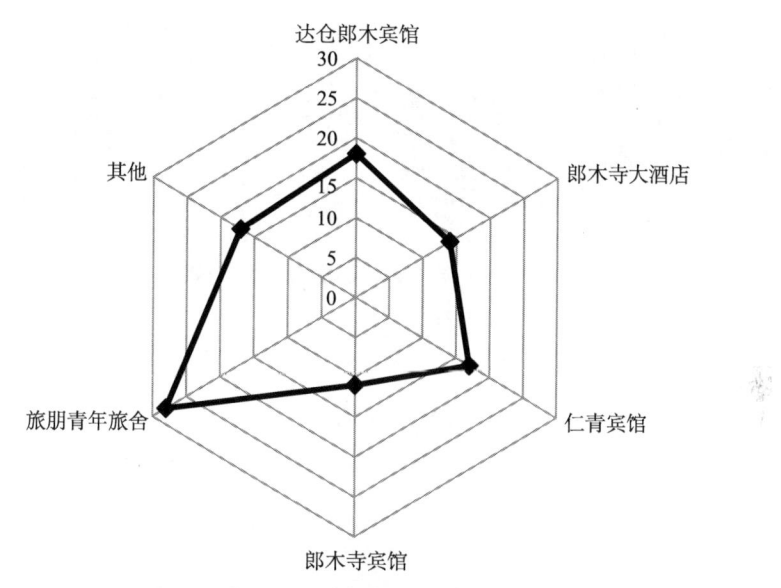

图 8-7　游客在商业空间对住宿场所的选择

图 8-8　游客在住宿场所里的涂鸦行为

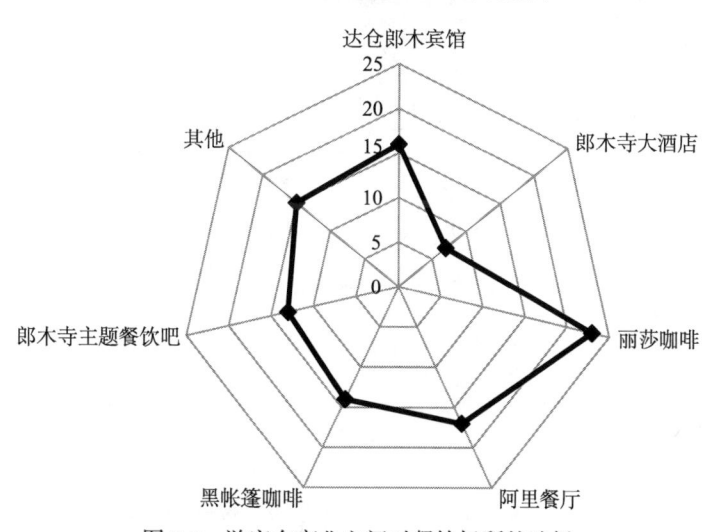

图 8-9　游客在商业空间对餐饮场所的选择

图 8-10　游客在餐饮场所里的涂鸦行为

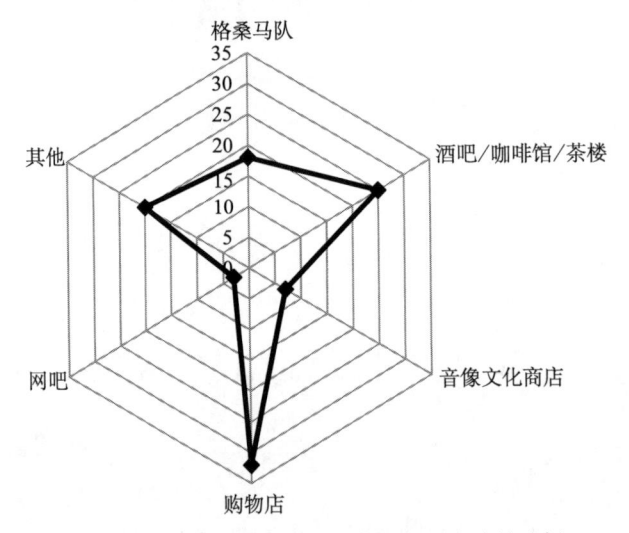

图 8-11　游客在商业空间对休闲娱乐方式的选择

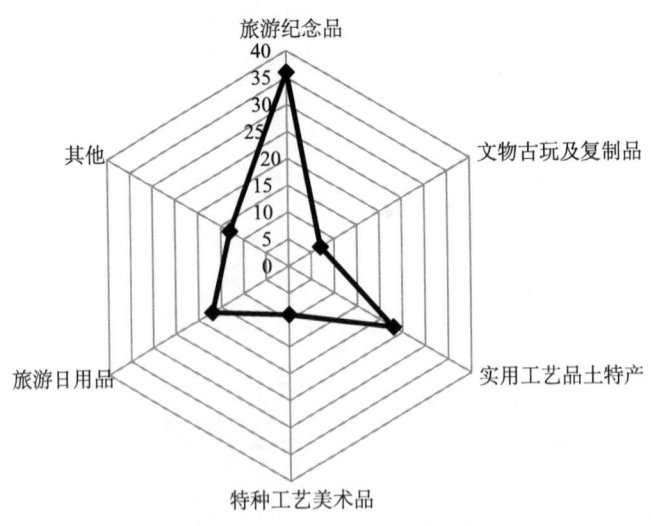

图 8-12　游客在商业空间对旅游购物类型的选择

二、僧侣的行为空间

旅游开发前，僧侣的行为空间主要以寺院为主，寺院内部基本可以满足其所有的生活需求。家庭是僧侣的情感需求，在本地的僧侣可经常回家，离家较远的僧侣少则数月，长则一年回家一次。随着镇区社会经济条件的不断提高，原有的交通不便现象逐渐得到改善，僧侣旅行得到了一定的保障。旅游开发更加刺激了僧侣对外界的渴望，镇区商业空间现已成为部分僧侣常往之处，更有甚者，有的僧侣结交了一批游客，外出的频率也增大了。但无论如何，郎木寺院内部空间始终是僧侣行为空间的主体。旅游开发后，原有由僧侣独占的空间现在由其与游客共同拥有，目前的旅游开发程度虽然尚未造成游客行为空间对僧侣行为空间的挤压、切割、碎化，但也在一定程度上影响了僧侣行为空间的连续性，具有一定干扰性，典型的表现为部分僧侣对游客敬而远之。

僧侣的行为活动可以分为两大类，一类为在寺院内部的宗教活动，另一类为在寺院外部的义务和生活必须活动。寺院内部以功课为主，包括念经、看书、辩经等，具有较强的程序性，往往遵循寺院的规定和安排。旅游开发后，部分僧侣被安排到特定工作岗位，如卖门票、祥和白塔处的香火销售等，行为活动因为旅游开发需求而暂时发生显著变化。寺院外部活动主要发生在商业空间，又可分两类，一类为寺院定期义务安排僧侣前往寺管产业进行工作，如达仓郎木宾馆里的管理人员全部来自于寺院僧侣，达仓郎木寺院藏医门诊部的医生也来自于寺院僧侣，这些职位多半是每隔一年或三年轮流一次，每个人必须承担寺院的义务和相应的责任，同时寺院也明确规定无论在外业绩做得再好三年内也必须更换，这是对"以寺养寺"政策的响应和落实。另一类为僧侣在镇区的日常生活行为，即购买行为、就餐行为等，对经营者的访谈结果显示，僧侣的消费主要集中在旅游赠品（价格几十元，用于赠送游客）、茶水消费（一般20～30元/位）、零食消费（消费一般在5元以下）、生活日常用品消费（如剃须刀、充电器）、服装消费（多买红色的衣服，且不会讨价还价）和银器加工等。僧侣行为活动的变化是旅游开发后所带来社会演变的结果之一，目前还尚未完全成为一种普遍现象。暂且不论寺院发展类型属于世俗化抑或现代化转型发展，但旅游型城镇的发展定位必将对寺院僧侣的行为活动造成更为显著的影响。

三、居民的行为空间

旅游开发前后的居民行为空间不同。旅游开发前，郎木寺镇区居民多以牧业为主，有草场的牧民主要以放牧为主，放牧的空间尺度范围较大，场所也因夏季和冬季的迁徙不固定。旅游开发后，以游牧为主的大格局并没有改变，但由于家庭内部出现职业分化致使牧民的行为空间发生显著变化。笔者根据对经营者的访谈调研发现：家庭中年轻者（子女辈）继续放牧，年长者（父母、爷爷奶奶辈）则在镇区从事旅游商品销售。此外，旅游开发还带来了商业空间的繁荣，使得商业空间成为居民新的重要造访空间，而在此之前居民在宗教信仰的驱使下经常游走于民居空间与宗教空间之间，在民居空间主要从事牧业生产，在宗教空间从事朝觐膜拜。

旅游开发带来的"旅游者凝视"作为一种隐形力量，支配着特殊旅游场域的构建，游客对本地居民的行为方式必将产生一定程度的影响。杨振之（2003）在其博士论文中指出：弱势文化群体对强势文化群体会产生模仿行为，从而产生示范效应。示范效应（demonstration effect）主要指当地居民对外来旅游者的行为举止、态度和消费方式的吸收和接受。旅游者无意中成为了"示范者"，而居民无意中成了"模仿者"（杨振之，2003）。示范效应的变化过程首先是影响个体，继而影响群体。Mathieson 和 Wall（1982）认为，旅游对接待地的社会文化影响是指旅游在以下方面的改变中所发挥的作用：价值体系、个体行为、家庭关系、集体生活方式、安全水平、道德导向、沟通方式、传统文化、社区组织等。受旅游影响，居民的行为活动出现了变化。

1）牧业生产活动。牧业目前依旧是郎木寺镇的支柱产业，大多居民从事牧业生产活动，牧业生产方式在新的时代也面临着重要的演化。牧家乐是牧业生产与旅游开发相结合的尝试，鉴于部分家庭草场面积较小、牲畜数量较少的现状，为了增加其经济收入，利用产业融合的独特优势，将原有纯牧业生产融入旅游生产中，部分牧业生产活动（如放牧、挤奶、割草等）逐渐被包装成旅游体验产品进行销售。为了增强牧家乐经营管理水平，部分牧民外出接受培训学习，访谈发现，有的牧民去过丽江学习酒吧经营，有的开始学习英语等。

2）日常宗教活动。在藏区现代社会中，日常的宗教活动似乎已成为老年人的专利，每天拜佛、转经和磕头的几乎全是老龄群体。很多年轻人平时因忙于工作，很少参与日常的宗教活动。只有在宗教节庆时，他们才能抽出时间到寺庙转经。此外，他们还得抽时间来参与娱乐活动。究其原因，嘎·达哇才仁

（2007）认为：在传统的藏区社会中，孩子在宗教氛围浓厚的家庭、社区和寺庙等环境中成长，宗教对于藏族孩子来说就是根深蒂固的一种信仰。如今，孩子成长的社会环境发生了变化。他们无论生活在城镇中，还是生活在农村或者牧区，几乎都有机会进入学校接受现代教育。因此，他们较早地脱离了宗教色彩浓厚的家庭环境和寺庙环境，大部分时间在学校中度过，宗教对孩子成长产生的影响越来越小。

3）新型职业活动。结合针对郎木寺镇居民的问卷调查，发现居民的职业类型有宾馆酒店的服务人员、运输人员、出租车司机、工人、公司雇佣人员等。这些职业多因旅游开发促成镇区发展而产生的，因此大多以游客为主要服务对象，与旅游存在或多或少的关联。在镇区直接进行旅游经营活动的本地居民较少，这主要与藏民不善经营的历史传统有关，但近年来有显著增加的趋势。

四、商家的行为空间

为深入了解商家的行为空间，笔者对镇区从达仓郎木宾馆至寺院景观桥段南北两侧的所有店铺进行了访谈，小部分店铺由于装修或其他原因而临时关门除外，共计134处。访谈结果显示，经营者的籍贯主要有云南、宁夏、四川、甘肃、青海；民族成分以藏族最多，汉族和回族其次，除此之外，还有白族等少数民族；教育程度主要以初中和高中居多；月收入在3000元的占全部访谈者的60%；经营者以前的职业类型以农民、学生为主；经营方式多独资，较少为合伙；经营场所为租用他人或自家拥有，两者所占比例大致相等。经营时间多为10年以内。

经营者的经营场所不断扩大。近年来，随着商业空间发展，经营者的经营空间正在不断加速向外围拓展，这里的外围包括民居空间和其他距离较远的区域。其中，民居空间因其部分居民为镇区经营者提供相应的服务和物质资料，因而成为经营空间的重要组成部分，如较多牧民在经营者的安排下为经营者提供马匹，并为游客提供骑马向导服务；距离较远区域即经营者根据旅游活动需求，组织游客前往较远区域所进行的自助性旅游活动，但此类行为空间并非无限向外扩充，而是以市场需求为参考，结合经营者自身的活动组织、协调和管理能力，确立的外部旅游资源状况良好、开发相对成熟、交通相对便捷的特定区域。还需明确的是不同经营者类型具有不同的行为空间范围，一般从事餐饮、住宿等经营活动的经营者行为空间要明显小于从事休闲娱乐经营活动的经营者。

根据经营者旅游经营活动调查结果，主要经营活动有住宿设施、餐饮设施、旅游商品店、旅游休闲娱乐设施等，并提供各种特色旅游服务，如租车服务、向导服务、自行车租赁服务等。访谈结果显示，从事餐饮经营活动的主要店铺包括餐厅、咖啡馆、特色小吃店、茶楼等，有特色的藏餐、川菜、西式餐饮、清真餐厅等，共计38家，占调研总量（134）的28.4%；从事旅游商品经营活动的店铺包括各式民族旅游商品店、手工艺品店、影像店、古玩斋、藏式银匠铺、佛教用品店等，共计30处，占调研总量的22.4%；从事旅游住宿的店铺包括酒店、宾馆、旅馆、旅舍等，共计11家，占调研总量的8.2%。从事这三类经营活动的店铺占总量的59%，是郎木寺镇区最为核心的旅游经营活动。

从事旅游活动组织的经营者较少，这主要受制于经营者自身经营管理水平，目前镇区仅格桑马队、白龙马队等少数店铺组织短途和长途骑马和徒步出游路线；此外，这类经营者多偏向在网上进行产品和服务宣传，突出郎木寺户外自助、探险旅游品牌，利用网络的优势可以与游客形成互动，具有较明显的优势，是游客获取旅游目的地旅游相关信息的重要渠道和途径。此外，镇区也有较多从事非旅游经营活动的场所，如门市部、日常用品店、服装店（包括传统藏服和现代服装销售）、中国移动和电信营业厅、百货批发部、超市等，这些店铺以本地居民和僧侣为主要消费对象，为旅游经营活动有序开展提供了重要的支撑。

此外，旅游经营活动类型因主体不同呈现差异。不同地区的经营者从事的旅游经营活动类型不一，如来自云南的多从事旅游商品、旅游加工品经营，来自四川的多从事餐饮经营等。不同民族的经营者从事的旅游经营活动类型也有区别，以前藏民很少做生意，现在参与程度提高了，多经营藏式餐饮和藏式旅游商品，或者利用自家住房开办小型旅社等，而穆斯林民族多经营清真餐厅和旅馆（表8-2）。外来且受教育水平相对较高的经营者多引进先进的管理理念和市场开发思想，在店铺装饰、环境氛围、特色营造方面别具一格，主要经营西式或藏式酒吧、咖啡馆或餐饮店，而本地经营者多凸显民族特色，强调本民族文化的精髓。为了改善经营管理，一些经营者努力提升旅游接待服务水平，如为了方便与国外游客交流，积极学习外语；为了满足国外游客的饮食需求，积极学习牛肉汉堡、苹果派、巧克力可可、咖啡派、土豆饼、牛排等西式菜肴。

表8-2　郎木寺回民村回族家庭宾馆统计　　　　　　　　（单位：间）

名称	2人间	3人间	其他	名称	2人间	3人间	其他
锦源宾馆	25	0	1	龙源宾馆	6	1	0
沐心客栈	20	0	0	吉祥宾馆	7	1	7
全禧宾馆	9	0	0	东佳瑞士宾馆	4	1	0
磊鑫宾馆	6	3	0	佳乐宾馆	10	0	1
江源二部	3	0	2	蜀山家园宾馆	8	0	0
丁丁宾馆	8	2	3	伊清宾馆	7	4	0
敏叔的家	7	2	0	丽馨客栈	6	3	0
新月宾馆	4	0	1	永忠宾馆	18	0	0
清秀宾馆	6	0	0	蜀秀宾馆	30	0	0
阿辉家庭宾馆	9	2	0	蜀景宾馆	16	3	0
雪山客栈	0	0	2	秀峰宾馆	14	3	0
松岩客栈	2	2	1	萨娜宾馆	29	1	0

资料来源：根据网络资料整理

关于"在郎木寺进行经营活动的原因"，主要可以概括为以下几种类型：第一，投资成本小，租金低；第二，郎木寺知名度较大，国外游客较多，旅游需求旺盛，生意好做；第三，在本地经营，离家近，具体原因又可以分为"父辈一直在此从事经营活动""前一份职业不好"等。在问及"如何招待回头客"时，有的经营者采取价格优惠的策略，有的赠送礼品，有的对待客人像自己的朋友一样。

旅游经营活动的季节性差异。从事旅游经营活动具有较高的经济收入，但易受旅游季节性影响制约，全年大致有3～4个月的经营淡季，因此店铺多在淡季进行装修、整改，或者为降低经营成本，解雇过多的旅游服务人员，有的店铺直接休业。旅游旺季集中在7～9月和次年的1～2月（宗教活动带来的旅游旺季），在此期间，一些经营者会雇用临时工，缓解人力不足的现状。

第九章 三层空间的演变

第一节 宗教空间演变

一、宗教空间的旅游开发

朝拜旅游并非只是宗教信徒的宗教行为与活动，更为广大非宗教信徒所推崇，其原因主要是宗教旅游可以带给人种种思考与启发。旅游本身就是一场"特殊仪式"（赵红梅，2007）、一种"现代朝圣"、一种"世俗的精神追求"（Graburn，2009）。旅游是为了"倒换生活体验的需求"（宗晓莲，2001），到外面去寻求一种真实的、属于自己心灵的家园（张晓萍，2009）。甚至旅游还被引申为"一种现代新形式的精神文化'朝圣'"（郑晴云，2008），是为了不断丰富、改变、创造自己的精神素质，实现自己的终极目标和精神价值。旅游的这种类宗教属性使其与宗教活动相似存在"世俗—神圣—世俗"的阈限阶段。旅游是神圣与世俗、不寻常与寻常、旅行与家居之间的分水岭，针对其神圣性，有人曾这样描述："藏传佛教撼人心魄而又仿佛超然于世，坚韧、宽容、神秘而悠然，使人有一种抓不住的感受，一旦靠近，就被深深地吸引"（刘务林，1993）。著名绘画大师李可染之子、北京画院著名画家李小可则认为促使游客前来旅游的主要动力在于"现代社会给人的负担和压力太大了，人们失去了最淳朴的东西"。藏传佛教的博大精深让人感受到了一种精神的家园，"跋涉的艰辛与苦痛，会在神山圣湖冷洌清辉的无言包容与见证中，在金色神佛焕发微笑的慈爱祈祷与唱诵中，在勃勃众生心无旁骛的注目与放歌中，得以回报，让人回归到真正的精神家园"（陈韵鹦，2000）。游客之所以来到郎木寺是为了"寻求与大自然的交流、寻找生命的感觉、寻找自我"，郎木寺"已经成为他们内心本源的追求"。对于游客而言，寺院内的大德高僧、法事活动、经卷、佛教义理哲学、佛像乃至僧侣的生活方式都具有极强的宗教吸引力。

宗教旅游开发的另外一股动力来自于寺院本身。民主改革前，寺院曾拥有较强的经济实力，各项收入具有坚实的保障，是区域社会经济文化的中心，寺院自养的宗教政策实施后，寺院的草场、耕地收回国有后，寺院需自谋出路，经济实力变弱，这些无疑构成了寺院参与旅游发展的重要内在驱动。

此外，寺院所在的城镇普遍缺少工业化进程，传统的农牧经济在当前发展背景环境下无法有效地推动城镇迅速发展，为了振兴民族经济，推动社会发展，也会积极发展旅游业。寺院作为城镇宗教旅游开发的核心与载体，自然被纳入旅游发展体系中，成为重要的旅游资源。政府也鼓励支持寺院开餐厅、茶馆、招待所，进行旅游服务。事实也证明，在当前藏区的很多地方，旅游已经成为寺院经济和城镇经济来源的重要构成。

游客凭借门票获得进入寺院的凭证（图9-1），寺院也理所当然地成为郎木寺旅游的一部分。游客自然也获得了旅游的相应权力，如观光、拍照、购物等。寺院为发展寺管自养产业，越来越融入旅游发展之中，广泛参与与旅游相关的经济活动。近年来，寺院为满足旅游发展需求，不断翻新和新建内部景区道路，新建旅游厕所，在山门入口处修建停车场和旅游接待室等。同时对游客（默认）开放了一些宗教场所，甚至连"天葬台"也开始对外开放（从2014年开始不对外公开，不公布天葬消息，但若爬上山观看不会阻止），寺院内部初步形成了一些旅游线路。2012年，郎木寺仅门票收入就有100万元左右。

图 9-1　郎木寺院景区门票

二、宗教空间的商业扩张

除了寺院内部的旅游开发，镇区也出现了寺院的产业，如出租商铺、售卖旅游文化产品、开设宾馆（达仓郎木宾馆）、成立运输队（后转手个体经营户）、开藏医药店等。目前寺院在镇区拥有6家店铺（即2家寺院宾馆、2家寺院餐厅、1家寺院商店、1家寺院门诊部）和1家木材加工厂。虽然数量少，但规模较大、经济实力较强，在镇区商业空间中占据重要地位，其中，达仓郎木宾馆作为镇区最好的涉外酒店，成立于20世纪90年代，是寺院自筹300余万元成立的以宾馆服务业、医药、商业为主体的游客接待设施，其2007年盈利高达20万元。尽管当时宾馆建成后，也曾想让外界专业的管理公司接管，但最终因成本过高而放弃了。宾馆运营初期，寺院并不参与，而是将其租出去，收取租金。随着2000年以后旅游经济的迅速发展，寺院才收回宾馆的经营权。在经营管理上，寺院甄选出了三位僧侣组成酒店的管理层，并派专门的僧人进行经营管理。

寺院门诊部主要经营藏药，为本地藏民服务，外地人多购买西药。门诊部的收入每年在10万元左右（迭目江莲，2015）。寺院一般安排固定的僧侣进行管理。访谈时，门诊部的藏医谈道："我已经在铺面从事了二三十年的工作，之所以不换，主要是考虑到病人的习惯性；另外，医学还是需要一个长期的学习过程，我的功课还是比较放松的，有空的还可以随时去做功课，因为从医的原因，我在寺院学位较低，但是从事过医学，辈分还是比较高的，格西必须要考。"

针对郎木寺特殊的地理位置，寺院投资40万元，修建了占地2000m^{2}的达仓郎木集贸市场，从而结束了郎木寺及周边有市无场和交易无序的面貌。针对寺院周边没有桑料加工企业和桑料需求量大的实际，在集贸市场内创办了桑料加工厂，年加工桑料15万t，年创收9万元。同时，寺院通过制售寺院旅游纪念品、门票等，不断增加收入。2007年，郎木寺宾馆、旅游门票、商店、藏医门诊、香料厂等各项收入达到60万元，主要用于寺院殿堂维修、僧人生活补助、接待费的支出。2015年，寺院还在乡上寺属地方修建了一些二层商品房（迭目江莲，2015）。

第二节 商业空间演变

一、商业空间的扩张与更替

郎木寺商业空间最初的发展动力来源于寺院，随着人口集聚与村落规模不断扩大，商业空间对寺院的依赖程度逐渐减弱。19世纪60年代，甘肃宁夏等地回族商人经商至郎木寺落户，郎木寺成为茶马互市贸易的重要集聚地。直至新中国建立前，郎木寺基本上处于有商业无空间的境地，仅一条沿江狭巷盘曲的窄街，商业点数量较少、孤立分散，商业类型单调，多满足本地居居民和寺院僧侣的生活所需。20世纪60年代后街面仍未形成，之后国家为发展民族地区，在郎木寺相继设立了一些国营、集体企业。改革开放以来，国家颁布了支援藏区社会经济发展的系列相关政策及国家西部大开发政策方针，交通网络日渐发达，以旅游业为龙头的第三产业发展迅速，郎木寺镇的商业才逐渐有所起色，个体经济、私营经济在旅游的驱动下发展尤为迅速。此阶段，郎木寺镇区空间结构开始按照旅游的功能进行配置，用地类型上以餐饮和住宿为主的商业用地逐渐增加。寺院多余的房屋也开始以出租的方式进入商业领域。至此相对完整的商业街区才得以形成。郎木寺商业空间由一条主街和四条支街构成，其中，主街为商业主街，四条支街按照方位分别为北支街、南支街、东南支街和西南支街（图9-2）。

图9-2 郎木寺商业用地范围

资料来源：刘润等（2013）

在当前的郎木寺商业空间中，丽萨餐厅是最好的从事旅游接待的店铺之一。1993年，丽萨与其先生丁学文在郎木寺搭建了一个简易的帐篷，为游客提供基本的餐饮需求，主要为"清真小吃"。1994年改名叫丽萨餐厅。据说一位英国游客到此吃不惯本地的食物。作为伦敦餐馆的老板，这位英国人提出自己掌勺制作。来过几次之后，教会丽萨制作苹果派、汉堡、煎饼及各种西式菜品。久而久之，丽萨学会了不少西式菜品，很多游客都会来品尝这家地处高原却做得如此完美的苹果派。郎木寺宾馆，是当地最早的个体旅店之一，开业于1997年，是外国游客、摄影者共同的家，店主才让道尔吉原是地道的牧民，改革开放后，办起了旅店，旅店的入住率一直居高不下，如今又投资修建了四层楼的标准间宾馆。黑帐篷餐厅是比较年轻的一家餐厅，店主委托一对四川夫妇打理经营，餐厅是典型的西式风格，店主专门学过西式餐饮做法，主推咖喱土豆、牛肉盖被、冰片牦牛肉、拉萨甜茶、康巴汉子等，骑行俱乐部也是他们负责的旅游接待项目。旅朋青年旅馆是郎木寺最早开设的一家服务旅行者的青年旅舍，由本地的西日布经营管理（西日布曾是郎木寺镇仁贡玛村的村长）。旅馆有两层，一楼为酒吧，二楼为客房，这里经常聚集一帮来自不同地方的背包客。此外，还有一批其他具有较高美誉度的店铺，如阿里餐厅、达老餐厅、安多咖啡、圣地茶馆、古镇银器等。

根据2007年由西北师范大学国土资源与城乡规划设计研究院对郎木寺镇步行街两边店铺的调研，然后与2011年调研所得店铺进行对比，发现4年间更名店铺达20处（图9-3），转变特点如下：①被迫更名店铺的类型为餐饮、手工加工、商品；②更名后店铺类型主要为宾馆、服装店、餐饮店与商品店；③以餐饮、住宿为代表的同类型更名多与旅游有关，2007年住宿、餐饮店更多为本地和商贸人员服务，更名后店铺主要服务游客；④多店铺整合与单店铺分化并存，多店铺整合的如清真川味馆、世昌商店和嘉葛尔商店被整合成萨那宾馆，单店铺分化如鸿雁手机部分化为郎木寺主题餐饮吧、郎木寺民族工艺品商店、中国电信郎木寺营业厅、珠穆朗玛峰（商品店）、中国联通等。以住宿为例，2007～2011年由店铺更新而出现的住宿设施为4处，分别为萨那宾馆、兴隆宾馆、和善宾馆和阳光宾馆，而2011年年底镇区商业空间住宿设施总计才11处。此外，还有部分店铺被拆除或改建为新的商业设施，部分民房被租为商业店铺。

除了店铺更新流转较为显性的空间演变外，也存在相对一些隐性的变化，即店铺功能的转变。餐饮类型的多样化，西餐在郎木寺镇区越来越占据重要地位，以丽萨餐厅、黑帐篷、阿里餐厅为主要代表。例如，丽萨餐厅信息曾刊登在美国《国家地理》杂志上，受到了欧洲游客的青睐，他们漂洋过海寻找郎木寺

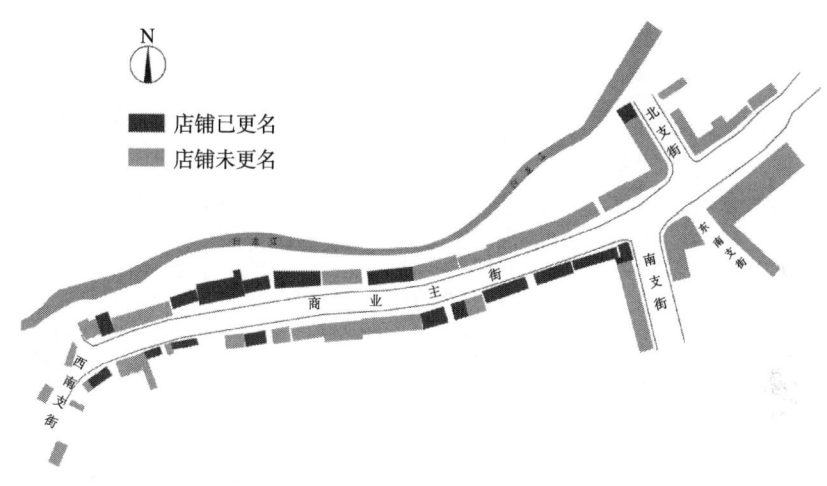

图 9-3　2007～2011 年郎木寺镇区店铺更名情况

的美味西餐。黑帐篷的高原牛排、汉堡、土豆泥等食材深受游客的喜爱。同时，餐饮不再局限于饮食，更开始向休闲、娱乐等功能转变。例如，位于西南支街的神仙居，游客在内可以晒太阳、听音乐、吃午餐、喝咖啡、阅读杂志或者在墙上、T 恤上留言等。

在商业空间结构出现变化的同时，商业主体的构成也正在迅速地演变。商业主体的演变主要体现在其空间流动上，包括前来郎木寺镇的经营者、离开郎木寺的经营者和变化经营内容的经营者三部分。根据对经营者问卷调查的结果分析，发现 5 年内易主的店铺占调研总数的 9%，商业主体结构日渐复杂。

郎木寺商业空间结构的演变与经济形态直接相关，郎木寺镇区同时存在牧业经济、寺院经济与服务经济三种经济形态。牧业经济和寺院经济属于内生性经济，服务经济属于输入性经济。牧业经济生产水平较低，且具有相对的保守性和封闭性，其下的商业空间盈利水平较低，地价支付能力有限，在市场竞争中多处于不利地位。寺院经济既遵循市场经济规律，受宗教、政策及社会心理影响，其下的商业空间较少受市场规律影响，具有较强的稳定性，体现在用地上即用地属性极少发生变更。服务经济以对外服务为主，以市场为导向，其下的店铺更新正是经济规律的体现。因此，"市场区位条件最佳、地价最高的空间将会被能够支付这种地价能力的高级职能零售业所占据，低级职能的零售业由于支付地价的能力受限，将被排斥到市场地域的边缘"（刘伯雅，2008），在服务经济的驱动下，牧业经济下较低经济收益的传统商业空间逐渐变更属性和用途，不断朝着更高经济效益的方向转变，牧业经济下的传统商业空间不断遭受服务经济挤占，呈现出边缘化、分散化趋势。

二、商业空间的装饰

在视觉体验时代，人们比以往更加重视视觉体验与享受，"视觉被提高到以前曾是触觉享有的特别卓越的地位"（德波，2006）。海德格尔（1936）曾预言这是"世界图像时代"的到来，"世界被把握为图像了"。人们"对商品的消费不仅是其使用价值，而主要是消费它们的形象……影像就替代了使用价值，成为使用价值的代用品"（费瑟斯通，2000）。消费的象征意义转变，加剧了地方的视觉化。很多城市、地区将视觉作为一种发展策略，依托视觉吸引促进消费。旅游地尤是如此，被当作视觉表征。为此出现了为满足游客视觉需求而精心布置形成的具有一定标识性的景观形态，即视觉景观。商业空间由于直接面向消费者，因此自然需要精心布置以营造良好的氛围与环境，其中视觉景观环境是游客旅游服务体验的重要内容。

随着郎木寺旅游的逐渐升温，原先错乱无序的建筑结构、新旧不一的建筑房屋、泥泞不堪的石子路成为制约郎木寺旅游体验的重要瓶颈，为能体现藏区建筑、文化特色，营造别样的藏区旅游小镇，郎木寺的重新规划、改造不可避免。在镇政府的统一规划和组织下，沿街立面改造、危旧房改造、建筑色彩控制、路面硬化、人行道设置、环卫设施建设、夜景等工程开始实施（图9-4，图9-5）。近年来，还引白龙江水入商业街，以水景围城造就更加特色化的旅游意境。

图9-4 2008年（左）与2015年（右）的街景

第九章　三层空间的演变

图9-5　郎木寺商业街的夜景

将近现代历史文化作为消费空间塑造的重要主题是当前中国的普遍做法（张京祥和邓化媛，2009）。这种做法也开始普及到藏区小城镇的商业空间发展上。在装修上，店铺结合游客的品位，力求装修的复古化、地方化，藏式餐厅追求原生态的藏文化风格：充满神秘气息的唐卡、洁白的哈达、原木墙面与地板、五彩的丝带装饰等特色民族元素。也有的追求简易、温馨、西式的装饰风格：彩色的招牌、玻璃的门窗、装饰的方形柱子、抽象的墙画、绚丽的灯光、简易的木质书架，另外条件成熟的还摆设便于游客查询信息的电脑等（图9-6）。丽萨餐厅是郎木寺最早的餐饮店之一，整个餐厅营造出了具有现代特色的藏式餐饮环境，材料上不拘泥于土、木、石的运用，在局部材料饰面上，工艺玻璃、银镜、镜面不锈钢、定制马赛克、反光材料的使用让餐厅感觉轻松了很多，彩绘、雕刻等出现在餐厅的门、窗、顶上，营造的环境张弛有度，立面视觉上尽

图9-6　店铺的内部装修与布局

量以艺术唐卡、藏族特色装饰品营造环境氛围。酒吧与咖啡馆不可缺少的背景音乐中，藏歌、中国民谣、欧美爵士、日韩热曲均可发现。值得一提的是，店面装修的风格与经营者自身的兴趣有关，在"您店铺的装修布置风格、样式是如何确定下来的"问题中，大多数经营者是通过自己学习借鉴得来的。当然并非所有的店铺都会如此装修，以本地居民为主要消费群体的餐馆、日杂店铺则不会在此方面进行投资。

商业空间越来越重视装饰。涂鸦成为店铺新的风景线，成为联系游客与店铺的重要媒介（图9-7）。最初涂鸦只是游客为表达某种情感而在餐厅、咖啡馆等的墙壁留言或简单绘画，游客的这种无意识的行为很快成为店铺的人气和知名度的象征，也成为游客选择店铺消费的重要依据。例如，有游客在墙上留言"若无相欠，岂会相遇"，道出了来此消费、来此旅游的某种因果缘分。其后，店铺为方便游客的情感宣泄、增加本店的某种文化氛围，主动设置涂鸦墙和涂鸦板供游客涂鸦。目前新开设的酒吧、旅舍也出现了大量的涂鸦景观，店主也借助涂鸦为游客提供推荐各类美食、特产、线路等更加特色化和人性化的服务。

图 9-7 游客与店主共同营造的涂鸦景观

商业空间的迅速开发与建设同样也带来了不小的负面影响。一进入郎木寺，映入眼帘的是尘土飞扬、乱搭乱建、乱停乱放的脏乱差景象，特别是各类建筑纵横林立、杂乱无章，为此郎木寺被戏称为"工地"。此外，为满足游客视觉需求，店铺越来越趋同化，郎木寺的原真性逐渐丢失，郎木寺与丽江、乌镇等知名旅游景区越来越相似，有游客直呼郎木寺在"丽江化"（图9-8）。更值得深思的是以旅游需求为导向、以商业开发为手段的传统商业空间结构正在被解构，这种快速的演变是自发盲目的还是有目的的引导和干预，是综合考虑了社会的可接受性还是只单纯强调了经济的创收性？

图 9-8　特色模糊的商业区

　　整个郎木寺就是个大工地。现在国内很多地方都是这样。因为旅游的发展大兴土木，原生态没有了……——广州小 Vanniewei_wei，2013-09-16

　　整个郎木寺镇正在大兴土木，翻新房屋和街道。道路坑洼，尘土满天……——成都 Coral_Phone，2014-02-21

　　郎木寺已经被开发了起来，可能已经不像以前如此原始，到处在大兴土木……——上海游客，2015-04-11

　　吃饱喝足，晚上 7 点半了，天还大亮，没事和 LD 逛逛郎木寺镇，小镇越来越丽江了。——dengxiangxiao，2015-08-04

　　郎木寺小镇就像丽江大理，九寨沟口或者江南水乡的一些小镇一样基本上就都是旅游相关的东西了。——香港球大侠，2015-08-28

　　晚上入住郎木寺，这个印象中应该是宁静的小镇，已经变成旅馆一条街了……而且，住宿还挺贵，380 元一晚的标间，也是我们沿途最贵的一晚。——北京 kissdark，2015-08-22

第三节　民居空间演变

一、民居空间的扩张与退缩

传统的民居空间是为供养寺院才逐渐发展起来的。目前郎木寺镇区已经成了加科居住组团、加科卡洼居住组团、仁贡玛居住组团、游牧民定居点居住组团四大组团，居住用地面积为 14.86hm²，占城镇建设用地的 39.97%，其中以寺院山脚下的加科村和镇区入口处的仁贡玛村分布最为集中。1995 年郎木寺镇所依托的郎木村为 1165 人，2010 年时增加到 1700，净增 535 人。人口的增多迫使民居空间开始沿着白龙江向上游、下游和山坡扩张。为响应"牧民定居"政策，在镇区的入口处还按照现在社区形式建设了大规模新的现代化的居住区。这类居住区是按照现代化的管理方法组织和布局的，因此显得更加规范、均衡和统一，与传统自发集聚所形成的大小不等、错落有致的民居不同。不难预测，未来郎木寺镇区的人口仍将继续增加，南部缓坡地带将进一步被开发为居住用地。

二、民居空间的功能转变

旅游改变了民居空间赖以生存的社会关系网络，在此基础上，促使居住空间功能的转变。旅游开发前，传统孕育于牧业经济下相对保守和独立的血缘、地缘、宗法关系不断塑造着民居空间，总体上形成了穆斯林民族居住区和藏族居住区，地域文化认同较强。此时，民居空间较少受到外界环境干扰，居民主要从事牧业生产，传统的生产生活方式尚未改变。

旅游开发后，民居空间正在经历着从血缘关系到地缘关系再到业缘关系的纵向演化，居住聚落区逐渐裂变、蜕化。少数居民开始从事与旅游有关的商业活动，职业类型开始出现一定程度的分化，部分民居空间开始转变为商业空间。商业经营、政府规划逐渐破坏了其内部原有的内生机制，如现有的民居空间已经朝着消费空间转变，游客前往民居空间通过视觉消费，感受着郎木寺独特的民俗风情。尽管部分家庭表示游客的观光行为已对其生活造成了干扰（图 9-9），但在旅游开发的大背景下，民居空间不可避免地承担起部分旅游职能，较多居民参与到牧家旅游开发中。为了促进民居空间旅游的进一步开发，2009 年后郎木寺镇政府先后投资 120 万元对郎木寺景区周边牧村进行房屋重建和风貌改造。仁贡玛村是首批改造村庄，共有 27 户新建了木质榻板房（图 9-10），县上每户补助 4 万元；对 28 户进行了风貌改造，每间房子补助 2000 元。此外，也有很多民居建筑不再只作为生活用地，更成为旅游纪念品、特产等的加工地。

图 9-9　现代与传统的冲突
资料来源：游客菁小琳拍摄

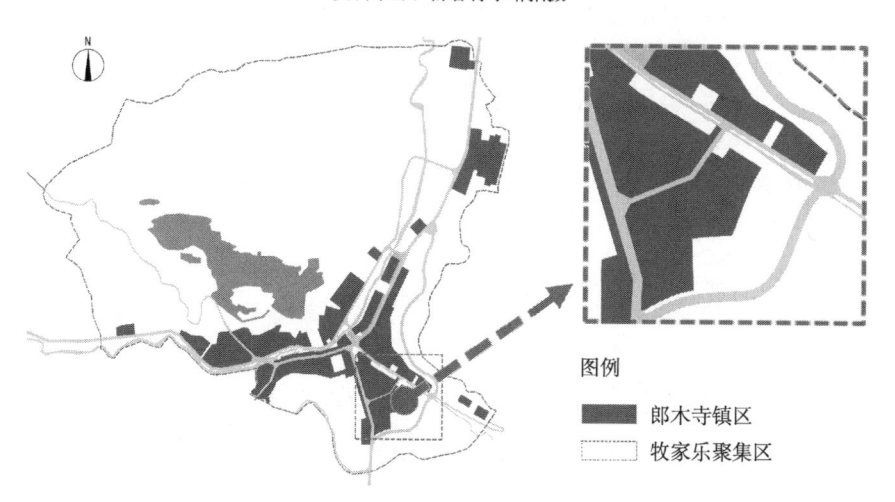

图 9-10　郎木寺镇区仁贡玛村牧家乐接待户聚集区

第四节　三层空间演变过程与相互关系

一、旅游开发初期：社会空间有序统一

郎木寺因寺兴镇，以寺院为载体缔结的宗教关系（僧侣与居民、僧侣与经营者关系）不断塑造着郎木寺镇的社会空间，宗教空间是社会空间的核心，是

藏民精神信仰与希望的寄托空间。其深刻影响着民居空间与商业空间：居民以寺院为社会生活核心，进行各种祈福、朝觐活动，民居空间具有较高且一致的价值认同；寺管产业空间作为宗教空间在商业空间的延续，自然也是商业空间的重要组成，这也正是寺院空间与商业空间既竞争又依赖的原因。

改革开放后至1995年以前，郎木寺旅游发展处于起步阶段，牧业经济是郎木寺的绝对主导产业，郎木寺较少受到外界环境干扰，以宗教和血缘为联系纽带的社会空间结构相对稳定，居民以农牧业生产为主，较少从事商业活动，农牧型城镇的根本属性未发生变化，社会空间变化缓慢，具有较高的内部统一性与秩序性。

二、深化开发阶段：社会空间分化裂变

1996～2005年，郎木寺旅游进入深化开发阶段，以旅游业为主的第三产业发展迅速，镇区空间结构迅速按照旅游的功能进行配置，以餐饮和住宿为主的商业用地逐渐增加。部分居民开始从事与旅游有关的商业活动，旅游空间开始依附于三层空间逐渐形成，传统社会空间出现裂变：寺院为迎合旅游发展，对游客入寺条件的放宽（如默许女客入寺），致使寺院成为旅游的核心区域，并形成不同的游览线路和游览空间；民居空间最显著的变化是部分居民脱离牧业生产而转向旅游服务，居民的职业、收入差异开始显现，民居空间不再是单纯的牧业聚落空间，也成了游客的游览空间和部分居民的旅游生产与服务的空间。商业空间以利益为导向迅速发展，较多经营者开始将其服务对象转向游客，总体上形成了以住宿和餐饮为主的旅游消费空间与生产空间，从达仓郎木镇区商业大街长约300m的街道两侧分布着38家餐饮店、30家商品店和11家住宿旅馆就可看出。

此阶段，原有的社会空间结构开始松散，但仍未完全脱离原有的社会环境，农牧业依然是主导产业。这一阶段，以宗法、血缘、地缘为主的社会关系开始受外部环境的影响，但仍保持相对独立，对原有社会空间仍具有一定的维持作用，故总体上社会空间分化程度有限，多样性是此阶段社会空间的主要特征。

三、成熟开发阶段：旅游空间独立出现

2006年以后，旅游商业及服务业已经成为镇区发展的重要支柱，寺属产业和牧业的传统地位受到削弱，尤其以牧业最为显著。游客的大量出现，直接促使了较多外来经商者的进入，他们开店设铺直接参与旅游经营活动，且无其他副业，属于相对独立的社会群体。随着他们逐渐融入社区，商业活动范围得到

较大扩展，独立于传统农牧型、宗教型社区的商业社区正式形成，并逐渐发展成为支撑郎木寺镇区发展的又一重要社区，在此基础上商业社区内部又开始分化，进一步形成商业生产、加工、贸易、运输等子单元。同时，游客的大量出现也使得居民和僧侣开始围绕游客进行一定程度的旅游活动，最终形成了以职业、需求、利益等为新型纽带的错综复杂的交往关系，极大地改变了原有的社会关系网络格局。至此，相对独立的旅游空间结构逐渐完整并独立出现。

旅游空间的独立出现导致土地资源变得相对紧张，因此更高效益的土地利用方式成为社会空间演变的重要经济驱动。在此背景下，只有通过对空间功能的不断完善与优化才能促使郎木寺经济结构优化、产业布局合理、社会环境和谐，对于局部不合理的空间功能进行规范约束、空间转移或组合优化。然而，这也加剧了三层空间的分化：原由僧侣独占的相对封闭的宗教空间现在正逐渐演变为对所有游客开放并为僧侣和游客共同占有的半公共空间，在一定程度上影响了宗教空间的内在连续性；民居空间内部的牧业生产与旅游服务两大社会空间结构特征逐渐显著；商业空间内部更新加快，店面转让和转变较为频繁，从事餐饮、住宿和旅游商品的店铺占调研总数的60%，经营年限在5年及以下的店铺约占调研总数的10%。三层空间的边界也处于不断调整中（图9-11）：居住用地被商业用地置换，部分居住用地成为商品生产、加工和仓储用地，民居空间不断向周边地区退缩，沿白龙江向上下游延伸，总体上呈现边缘化特征；商业空间的活动范围不断向周边区域扩张，如格桑马队、白龙马队组织短途和长途骑马和徒步出游路线。总之，此阶段，郎木寺社会空间出现了极大的分裂与变迁，复杂性是其主要特征。

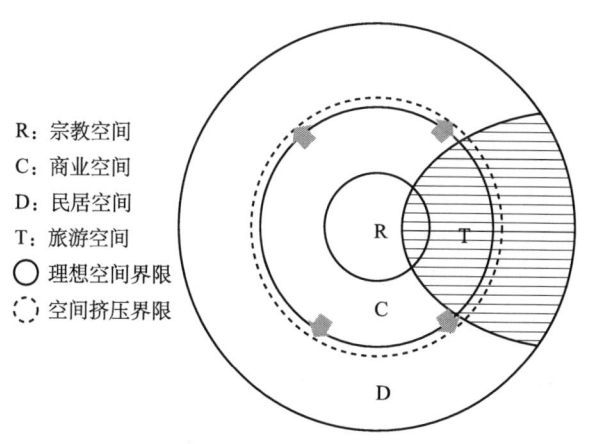

图 9-11 正在形成的旅游型社会空间结构
资料来源：刘润等（2014）

四、三层空间演变差异

旅游的发展已经对三层空间产生了显著影响，而且这种影响将随着旅游开发强度的增加逐渐增强。但是，不同的社会空间，由于其属性不同，对外来影响的响应也有所区别。宗教空间具有较强的抗干扰性，变化程度最小。这主要因为僧侣受到众多戒律限制和传统思想的限制，其行为方式无法突破寺院和整个社会对其直接的或潜在的制约。民居空间受传统牧业生产方式及生活习俗影响，具有一定的延续性和传承性，短时间内不可能发生较为激烈的变化，但相对于宗教空间而言其变化更为显著。商业空间以经济利益为发展导向，受经济规律支配，较之于民居空间和宗教空间，其自由流通性、开放包容性与灵活敏感性更强，空间变化阻力最小，是变化最为迅速、敏感的空间。

第五节 演变机制分析

一、空间利益视角

郎木寺社会空间演变是旅游开发背景下各方利益团体行为选择、互动的结果，尤其是形成了以游客为中心的整个社会空间演变的体系（王录仓和李巍，2013）。空间利益是空间演化的重要驱动力。在郎木寺旅游开发中，政府、商家、居民、游客共同构成了利益关系链。游客是所有利益来源的根本，自然游客的需求很容易被置于郎木寺镇各项发展战略的最前端。空间演化有利有弊，关键是如何趋利避害。因此有必要首先分析在此背景下，不同行为主体的行为选择及如何为这些行为提供相对科学的依据和引导规范。

郎木寺镇政府在旅游开发中一直是中坚力量，旅游开发促使镇区迅速从牧业小镇向旅游小镇转型，增加了镇区的社会经济发展水平，提高了政府的财政税收，这些自然是政府所期望的。原先的郎木寺镇作为社会经济发展相对落后的地区，发展经济自然成为郎木寺镇建设与发展的首要任务。旅游的发展，让政府找了一条捷径。因此，政府积极推进旅游开发，编制了众多的旅游规划、景观规划，改建、新建了一批服务设施；积极在各类旅游推介会、新闻媒体杂志宣传郎木寺的旅游形象；积极借助各类招商引资机会，吸引外来投资，驱使旅游开发、经营与管理不断走向现代化、成熟化；积极优化镇区旅游发展环境，从道路建设、环卫设施建设、景观工程、危旧房改造、街区立面改造到制定各类吸引投资与经商的政策、文件等。郎木寺的发展可谓风生水起。

郎木寺本土的穆斯林民族、藏族是其商业开发的重要主体，他们为游客提供了基本的住宿、餐饮、娱乐等服务。但郎木寺的旅游效应还吸引了周边更远地区的经营者，他们不远千里，落户郎木寺，与本土的商家共同构建出配合郎木寺旅游发展需求的商业化、市场化的空间保障。他们凭借敏锐的嗅觉，察觉到市场需求的变化，积极引入其他地方成熟化的发展模式，在带来郎木寺旅游商业繁荣发展的同时，也将郎木寺的商业空间构建成各个地方商业发展的浓缩和精华版本，使得郎木寺看起来仿佛是丽江，又仿佛是乌镇，也许是周庄。

居民在新的产业发展下，认识到传统的畜牧产业经济下家庭收入增加的缓慢，于是开始响应镇区旅游开发的号召，积极参与各类相关的旅游活动，如发展牧家乐，从事出租车、摩的等旅游交通服务，或作为地方旅游向导提供旅游综合服务，或进入住宿与餐饮店做起零杂工等。他们积极引导游客消费，以满足其各类惊喜、好奇的心理需求。民居空间出现了分化，传统的依托牧业经济的职业体系开始分化，传统的思想观念和认识在旅游经济冲击下开始迅速地进行市场化重构，曾经私密的居住空间可以对外开放，供游客观看。

不同的主体在旅游需求的驱动下积极进行着行为选择。在郎木寺则表现为，在宗教空间，游客游走于寺院之中，近距离接触僧侣的生活世界，寻找某种精神寄托或摆脱某种尘世杂念，因此朝拜需求成为旅游需求的核心内容；在民居空间，游客与本地人或直接或间接地交流，文化的差距使得游客对本地居民的生活方式和风俗心存好奇，体验异质文化生活即探访需求成为其旅游需求的重点；在商业空间，游客追求的是旅游活动的保障，是游客在其他空间进行旅游的重要后盾，因此商业空间可被描述为"一个可进行精力补充、恢复与再生的空间"，空间的消费属性是商业空间最为显著的特征，游客的消费需求是此空间旅游需求的核心。然而，他们似乎太在乎源源不断到来的旅游需求，却不知或并不太在意旅游需求已经正在显著改变其曾经工作、生活的社会空间。旅游需求具有多样性与差异性、空间性与时间性、复杂性与敏感性，既能刺激经济发展，也能加剧经济的不稳定；既能促进文化传承，也能加速传统文化变迁；既能推动社会进步，也能滋生种种社会问题（刘润等，2013）。在此背景下，社会空间出现的问题成了公共问题，缺乏相应主体的关注。原本政府应该承担起监管的职责，其却将地方经济发展作为核心。九寨沟旅游发展就是一个很好的启发案例。据九寨沟官方网站统计，2012年中秋、国庆长假期间，九寨沟旅游景区日接待人数屡创新高，10月2～4日连续3天超过4万人次，其中10月3日超过5万人次，达到了52 935人次，创下单日历史最高接待量。不少游客排长队等待，出现了不少冲突，这自然牵涉景区的容量问题。关于九寨沟旅游环境容量一直没有定论，起先不少学者认为应确定在5000～5500人/日，以符合生态旅游发展要求；随后，为了适应大量游客旅游需求，九寨沟旅游由生态旅游扩大至大众旅游，并实行了每日12 000人的限量进沟的政策；近年来，九寨沟管理局认为九寨沟风景区综合环境容量应为22 000人，最大日容量可达28 000人（章小平等，2007）。游客数量的提升不断修改着景区的旅游容量，这说明了什么？发展经济是民族地区的首要任务，但旅游发展评价指标体系不能仅注重数量问题，而更应朝着社会可持续、环境可持续的方向发展。

因此，关于郎木寺旅游的发展，政府或相关组织有必要对其进行监管，建立有效的预测和反馈机制，不能只片面地强调大量外来游客到来对其经济的刺激。

二、供需平衡视角

若站在旅游地社会经济系统的供需平衡的层面，郎木寺社会空间演变则是旅游需求与供给之间的某种作用、冲突和调适的结果，正是旅游需求与供给的阶段性变化才出现了社会利益主体行为参照标准和空间尺度的变化，才导致社会关系的变化及社会空间结构、功能等的变化。在郎木寺镇社会经济系统中，随着旅游要素的不断介入，原有对等平衡的供求关系链不断发生改变，供需双方越来越受到旅游要素这一中介的影响，最终发展到供需双方以旅游要素为参照，实现供需组合与统一，而两者之间原有的直接关联程度逐渐降低。本质上，这种变迁与社区的供需属性有直接关联，特定的供需性质支撑特定的社区生产、生活组织方式，属性的变异正是导致传统社区发生变迁的重要动力。

相对封闭状态下的供需平衡阶段（20世纪90年代中期以前）：郎木寺镇的社会知名度总体较低，不为大众所知，其内部的社会经济系统相对封闭，旅游需求与供给基本处于空白状态，镇区的商贸、餐饮等功能仅用于满足当地社区居民和外来宗教朝觐者。社区居民以简单的生活性物资和生产性的农牧器具需求与供给为主，这种仅在规模上能够适度扩张，且无较大利益空间存在的供需本质上属于"维持式"供需，即无法形成较强的生产拉力促使社会空间变迁。背包探险旅游者开始出现，一定的旅游需求（主要以餐饮和住宿为主）开始产生，在旅游需求的拉动下，郎木寺镇区逐渐产生旅游供给者和一些简易的旅游服务空间。

旅游介入状态下的供需变化阶段（20世纪90年代中期至2005年）：1994年碌曲县旅游事业管理局成立，郎木寺旅游开发逐渐受到重视。2000年以来，郎木寺镇入境旅游发展迅速，国内旅游也随之壮大，原有"维持式"供需逐渐演变为以市场为导向的"参照式"供需，此时生产者考虑消费对象不再局限于本地社区居民，更有大批外来游客，因此产品的类别、生产数量、供给方式乃至价格均开始参考外来游客的实际需求。大量的外来游客及从业人员的流入，一方面使得原有社区居民的需求主体地位逐渐下降，随之而来的需求类型、需求数量及消费方式的变化引起了传统社区消费结构的变化。另一方面，较多的自助旅游者的到来和少量旅游组团的出现，导致旅游需求的多样化，为迎合旅游需求的新变化，供给也出现了相应的调整（如西餐厅的出现）。在此阶段，消费者具有自主选择供应方的权利成为加剧生产与消费的相对孤立的重要因素，因此生产进一步参照外来需求，外来需求进一步刺激生产，在这种"参照—刺激"的互动中，社区居民逐渐受其影响，原先的社区关系开始淡化，社区作为一个整体开始从事旅游开发活动，参与旅游开发的利益分成，社区联系纽带的商业性逐渐增强。

产业主导变化下的社会变迁阶段（2006年至今）：郎木寺镇积极推进"旅游兴镇、旅游名镇"的发展战略，郎木寺镇区迎来了大众旅游时代，游客人数大量激增，客源市场组成也丰富多样，镇区旅游发展相对成熟，但迫于激烈的市场竞争，镇区旅游供给者为实现错位发展，纷纷以供给的新奇性、独特性为特色吸引游客，郎木寺社会空间进一步分化。旅游影响的程度与广度已扩大至郎木寺社会生活的方方面面。首先，产业结构的变化，表现为农牧业的地位和产值逐渐降低，以旅游及其相关产业为主的第三产业迅速发展成为社区新的经济支撑，这预示着传统农牧型社区居民心理特征正逐渐模糊退化，而与第三产业相匹配的注重效益与服务的经营心理则在不断被强化；其次，社区空间结构变化，沿街商业空间逐渐兴起，社区空间不断因镇区规模的扩大而被置换成设施用地、商业用地、道路用地等，社区面临分割和蜕变的困境；最后，制度构成变化，即政府为加强社区规划管理，实现旅游业与社区经济社会的协调发展，开始优化调节原先的管理措施及规章制度，郎木寺镇区制度的重新确立为其社区变迁提供了政策准许，规范了变迁方向与力度。这一阶段的变迁具有反馈效应，将会再次作用于供给与需求，进而引发下一轮的变迁（图9-12）。

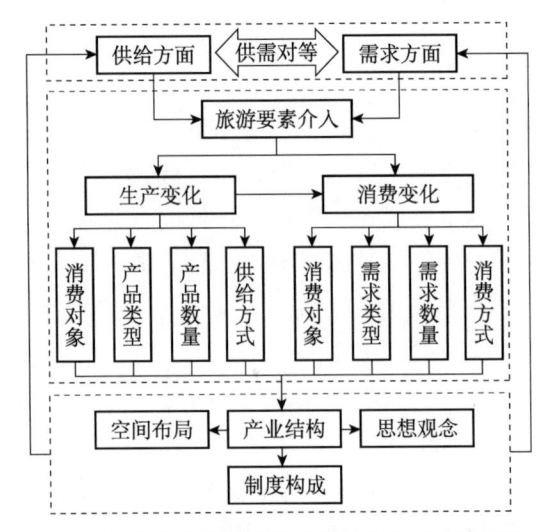

图 9-12 供需角度的郎木寺镇社会空间演变机制

总之，民族地区旅游需求首先是一种凝视需求，是一种带着"偷窥欲"和好奇感的旅行。郎木寺地处藏区，是较多外来游客所不曾感受过的地域，在此游客将其凝视需求进行转化，以行为方式表现出来，并将其映射到目的地社会发展之中，造就了不同的社会空间结构的分异，也促使了目的地社会空间的演化。

第十章 社会空间演变的思考与应对

第一节 社会空间"消逝"

任何社会空间都能够承载特定外在压力,一旦外在压力突破其阈值,便会出现空间裂变,如职业分化显著,居住分散或集中特性增强,社会关系异常等。牧业生产是藏区社会空间形成的物质根基,宗教信仰是其社会空间形成的精神纽带,因此藏区城镇社会空间在很大程度上建立在宗法和血缘关系基础上,具有一定的外来排斥性。同时,藏区城镇社会空间地理区位上的封闭性导致其内部空间结构相对简化,空间承载能力有限。郎木寺旅游开发始于20世纪90年代,旅游发展日益深入,极大地改变了以畜牧业为经济基础的城镇的社会空间,社会空间演变的代价是空间一定程度的"消逝"。郎木寺社会空间的"消逝"主要体现在日常生活、空间特色与环境问题等方面。

一、日常生活的变化

旅游的开发,使人不禁提出"郎木寺为谁所有"这一颇具社会学意义的问题。曾经的郎木寺是藏民放牧、回民经商的场所,是每日数不尽的虔诚的转经人的场所,是无数藏族孩童嬉笑玩耍的场所。如今,郎木寺不再仅仅是本地人的郎木寺,也是外来游客的郎木寺,甚至郎木寺作为本地人的社会空间正在被外来者所侵占。本地人只能在每年的旅游淡季才能拥有郎木寺,而且这种拥有更像是一种看管和维护,将空间状况维持在较好的状态以等待着下一年旅游旺季的到来。传统的日常生活也逐渐在以旅游为中心的经济生活的冲击下逐渐褪却颜色。

常清民(2000)在考察郎木寺日常生活风俗时曾这样描述桥与孩童的游戏:

"郎木寺小溪小河多，自然小桥也多，当然故事也多，桥和郎木寺人的生活密不可分……小桥方便了大家的生活，也给孩子们带来欢乐。一有时间和空闲，孩子们就聚在一起，玩起了各种各样的'小桥游戏'，特别是冬天下雪时，更是孩子们玩'游桥桥'的好机会，许多藏家的'希勒'和'希毛'（小男孩、小女孩）边玩边吃着从远方运来的冻成冰蛋的水果，飘落的雪花落在孩子们满脸酥油脂的脸面上，化成冰水，轻轻地流进他们的嘴角，可爱得就像雪山上的雪莲花。"如今，小桥因为通行量较小，已被路面更宽、承重更强的石桥所取代，孩童也不再将其作为娱乐场所。作家习习（2015）也感叹传统生活方式的流逝："郎木寺不再是若干年前那个小镇了。我犹记得镇上那条曾经静谧的小街，泥土路、两溜儿平房，房子外是一米来宽的白龙江，江上搭一木板，走几步，就跨了江。屋子有后院，家家园里种着绿油油的菜：小白菜、萝卜、芫荽、辣椒，门帘儿一闪就能看见。后院门外也分过去一绺儿白龙江，几个女人在水里洗红皮的小萝卜，眼馋，咬一个，冰糖脆。"

甚至，有些时候游客对郎木寺的日常生活并未给予足够的尊重，在好奇心的驱使下他们已经开始毫无礼貌地干预居民的日常生活。在实地考察中发现每一位身着民族服饰的藏族群众都有可能成为游客"摄影"关注的焦点，他们不经意间的一个动作或是眼神，往往会引来"长枪短炮"的"围剿"。本质上，这属于旅游强迫凝视，这种现象存在较为普遍，一定程度上干扰了居民的正常生活（图10-1）。

图10-1 旅游强迫凝视下的牧民

二、空间特色模糊缺失

为促进旅游开发，郎木寺也进入了大拆大建的时代。近年来，政府部门不断推进危旧房建设、商业店铺改造、旅游服务设施建设等项目，但由于缺少相应管理与规划引导，已对镇区原有的城镇格局、自然环境和宗教氛围造成较大影响，较多具有民族特色的景观元素正逐渐丧失，致使人们无从辨认郎木寺镇的风采与神态，郎木寺镇因此也失去了固有的气质与性格。

不少极具民族特色的藏式榻板房建筑被更新替换为砖瓦房，商业建筑开始迅速扩张，挤占了传统藏式建筑空间，也破坏了传统藏乡韵味，传统藏区城镇空间结构面临特色缺失的威胁。常清民（2000）回忆："郎木寺的木头多，家家户户都是用木料建筑自己家的房屋，房顶是木料的，房壁是木料的，地面是木料的，连房上的'瓦'也是木板做的。还有木柱、木台阶、围院子的木篱笆等。最有意思的是一种用木条编织成的木篱笆屋，是郎木寺别具特色的建筑。"如今榻板房越来越少，汉式的陡檐砖瓦房、平房、藏汉风格结合的三层楼房逐渐增多。

商业街区在旅游业和商业浪潮的冲击下，街巷原有的清净祥和早已被打破，城镇景观风貌与原有的基础环境的断裂较为明显，原有特色乡土景观破坏严重，玻璃幕墙、水泥路面、形形色色的建筑色彩等现代城镇景观风貌频频出现。由于缺少必要的统一规划管理，各种功能和形式的建筑随地而落，使得各种建筑因使用功能的不同而在形式、结构、色彩、材质、高度等方面表现出差异，建筑风貌没有形成统一的风格，且相互冲突。

传统的典型的向白龙江河谷集聚的紧凑型城镇空间格局正在被打破，居住区和一些工程项目不断零散地向镇区外围扩散，空间变得无序和分散。郎木寺的发展似乎在证实她不再局限于藏区旅游小城镇的发展定位与目标。

三、传统文化的淡化

郎木寺传统民族文化资源丰富，但文化承载力脆弱。游客作为外来文化和生活方式的携带者，在多数情况下是主流（强势）文化的代表，游客的消费需求和行为方式必然会影响到居民，因为居民生活在由无数游客所组成的社会空间中。游客的需求与消费是外来文化施加于本土文化的一种持续强有力的隐形力量，可改变种群文化的延续原则，割裂民族的种群认同，生产着有别于原生态文化的各种"奇风异俗"，造成种群文化的移植（张晓萍等，2009）。甚至游客的旅游过程本身就是不断与目的地文化进行交流、沟通、磨合的过程。因此传统文化将无可避免地受到一定程度的影响，主要可能产生的影响有：文化真实性问题、文化商品化问题、文化的变异性问题、文化传统的再创造和再发明问题等。

当前，藏区不少旅游城镇为满足游客的文化消费进行文化再生产，其结果往往是传统文化的商业化包装。因此，特色商业街道改造、传统建筑复原、民族景观元素再现等硬性文化大量出现，民俗歌舞表演、传统节庆活动等软性文化也层出不穷。当然，旅游发展也确实拯救了很多即将消逝的民族文化，但过度商业化的开发导致的文化再生产不是传统民族文化自身的生产，而是将其解构成各种民族元素来进行装饰。值得关注的是，民族地区的文化生态极为脆弱，旅游导向下的社会文化较为容易裂变分化，而非正常演化下的持续有序变化，若不予以重视，原有浓郁的、本真的民族文化必将逐渐演变为一种舞台表演式的假文化。

旅游开发使郎木寺正面临着过度商业化的挑战，一部分游客及生意人甚至迁移到郎木寺镇形成了社会学意义上的"入侵"，正在迅速地改变郎木寺镇的社会文化和环境，许多凝结着浓郁的藏民族独特风格、风俗、风情的藏族建筑及文化传统正在逐渐被现代化，郎木寺旅游发展的核心竞争力受到了严重的威胁。访谈中发现大多20岁以下的藏区青年由于长期寄居其他地区，对本民族自身的文化认知能力减弱；他们平日里很少穿藏袍，牛仔裤、夹克、T恤成为常穿服装，反而在旅游经营活动中会刻意穿上传统服饰。民俗传统文化逐渐淡化，走向市场的传统文化必然要遵循市场的逻辑，越来越远离其原来的生存背景，被仪式化、舞台化，成为被观赏的对象（宗晓莲，2002）。镇区成为了多个民族兜售旅游文化商品的平台，游客对传统社会生活的兴趣促使居民将原有的文化生活当作一种谋生手段，他们将日常生活搬至舞台进行商业化包装并进行舞台展演和影响，吸引更多的游客进入体验。比如说，牧民为游客提供民族服装试穿及摄影服务，让游客体验挤奶、割草、放牧等家务活动等。传统的藏式建筑风格逐渐退却，取而代之的是没有地方性支撑的、整个藏区都是一样的风格。此外，在旅游经济冲击下，宗教文化开始庸俗化、世俗化。寺院为发展自养产业，也为僧侣安排了一些世俗的职责，僧侣为了增加收入私自为游客进行旅游商品开光等。

四、传统经济基础的崩溃

郎木寺镇区范围较小，旅游对其经济发展的影响极为显著，尤其在游客不同的旅游需求偏好驱动下，不同的产业和部门将会出现非均衡发展，原有利益平衡格局被打破，社会有限的人力、物力、财力逐渐由第一、第二产业向经济效率高的旅游业积聚，造成传统产业及部门的萎缩和以旅游业为主的新兴产业形态发展，并且在级差地租的刺激下，传统产业部门不断被旅游经济驱逐到镇区的边缘，并在空间上呈现出较大的分散性。为了适应发展形势，部分传统产业开始转变发展导向，结合旅游需求服务于旅游经济，并在本产业内部进行调整，如畜牧业成为牧家旅游的重要依托；畜食品加工业、手工艺品加工业及纺织服装业等也开始为游客提供特色旅游商品。传统的牧业经济社会面临崩溃。此外，民族地区经济发展抵御经济波动能力较弱，加之以旅游经济为主导的经济结构更容易受到外在环境的影响进而出现不稳定，如不良经济形势下游客数量或消费的减少等，势必会影响到目的地经济发展的稳定有序。

五、生态与社会环境问题

社会空间演变对郎木寺的自然生态环境也产生了严重的威胁。首先，在旅游驱使下，自然生态系统多经人工化干预、调整优化来满足旅游发展需求，较少考虑自然生态系统自身的约束性和限制性，如原来白龙江流经镇区，其后为便于商业开发，将白龙江改道从镇区北面流走。其次，集中的商业开发也造成了镇区环境污染、生态恶化，流经镇区的白龙江河堤两边出现成堆的垃圾杂物，白龙江河道淤积、固体废弃物污染、景观植被破坏（图10-2）。再者，旅游开发后，大批游客涌入镇区的各个角落，郎木寺开始变得拥挤、嘈杂。

图10-2 郎木寺镇区生态环境问题

同样，社会环境也正出现一系列显著的变化，主要表现为旅游抬高了物价，改变了人口结构（出现了各类经营者、商家、过路人、游客）、改变了传统的职业构成和社区消费结构、方式，促使了社会财富的分化（贫富差距开始拉大），催生了一批旅游投机者，加剧了以经济利益为驱动的土地置换和流转加速。原本清静的环境也开始浮躁起来。

总之，任何改变都存在痛苦和遗憾。商业繁荣了，建筑现代了，经济富足了；但是，这里也多了更多的尘土，更多的喧闹，更多的功利，还有更多的迷失和无奈。也许，郎木寺越来越不像郎木寺了。留给我们思考的是，郎木寺现象是个案还是普遍？郎木寺旅游是偶然的发现，还是旅游时代不可避免的被征服者？

第二节 社会空间"整合"

郎木寺独特的社会空间曾是其被发现并迅速被游客所认可的重要基础。如今郎木寺社会空间正在发生一系列的演变，朝着满足大众旅游市场需求的方向，与丽江、乌镇趋同化的方向，原生性、原真性不断为现代性、商业性所击垮、替代的方向发展。郎木寺现象不禁让人提出这样的问题：走上国际化的郎木寺，其社会空间如何抉择与取舍才能促使其旅游发展可持续？

一、基于意向空间的整合

意象空间整合的目的是最大限度地保留社会主体具有较高认可度的空间形态、结构与功能，以减缓空间被迅速改变。根据意向空间调研结果，无论社区居民抑或游客，对郎木寺镇区"三层空间"的意象空间结构认同较为统一。为指导郎木寺镇合理规划发展，从"三层空间"入手，针对目前郎木寺旅游的发展现状及相关问题，深刻地解析其空间结构的文化内涵及属性特征，从本地居民的意象需求和市场的意象导向出发，整合优化现有的意象空间结构。

第一层空间即寺院空间，脱离尘世，地势相对最高，主要由寺院建筑群落组成。自1748年建寺以来，郎木寺城镇逐步发展成形，寺院在城镇中有着重要的地位。寺院的核心地位既是当地藏民社会生活本身的直接体现，同时也是寺院长期在藏族社会公共生活中的特殊地位所决定的。宗教的绝对地位使得寺院实际上成了城镇最重要、最典型且多数时候也是唯一的公共空间。同时，寺院建筑的宗教职能及与周边环境形成的"佛界"景观给人以强烈的神圣体验，这是郎木寺最为传统与核心的魅力所在。目前镇区旅游的快速发展迫使寺院成为旅游的核心景区，寺院原有宗教文化氛围和活动秩序遭受干扰。基于此，寺院空间应以环境和氛围的整治为重点，保持寺院现有土地利用属性与空间格局，尊重并保护藏式宗教传统建筑风格及样式，传承、延续宗教文化内涵，真实客观体现其神秘性与神圣性的场所精神。

第二层空间即传统民居空间，沿高差自寺院向下延伸，由白龙江南北两岸山坡和西部谷地的村庄聚落组成。民居空间在景观构成上以富有地方民族风情的"踏板房"为特色，宁静、祥和，这些鳞次栉比、错落有致的民居建筑群体与自然有机融合，将神圣、庄严的寺院群落环拱于上，形成了独特的藏区山地河谷城镇景观特征。作为传统民俗活动及藏民生活的原真空间，民居空间不仅是商业与寺院空间的过渡层，更是郎木寺镇区历史文化延续的表征空间。但聚落景观的外在特征较为单一，乡土、民俗特色及景观内涵无法集中体现，可意向性元素较少，致使游客对居住空间的总体感知印象较为模糊。基于此，传统民居空间应以本土性、民俗性及历史性为整合优化原则，通过乡土景观元素如水磨、洗衣台、转经筒等点缀，使其成为代表藏族古镇独特魅力可意向性的标志，同时可开展多种地方特色的民俗活动，提高游客参与性，使旅游地形象更鲜明。

第三层空间即商业空间，地处过境公路和白龙江两岸街区，是镇区人流、物流最为密集，各种交换作用最为强烈的民俗世界。因此其社会关系相对第一、第二层空间较为复杂，且内部分布大量的商业、娱乐和公共服务设施，是民族城镇特色的直接体现，是第一、第二层空间发展的重要保障，也是三层空间相互交流与融合的主要平台。调研发现镇区景观元素种类繁多，但目前除了主街这一串联游客感知意象的空间脉络之外，很少具有明确的空间组织系统进行引导，致使意象空间结构联系松散。基于此，商业空间应以空间秩序确立为主旨，确立其规划先行的发展原则，对建筑容积率、高度、密度、形式等指标加以规范约束，避免因商业过度发展而造成的空间无序化，尽量以民族文化元素作为主题串联空间，确定合理有序的空间组织联系，引导游客以地方精神为意象线索，进行空间感知。

三层空间交流频繁，联系紧密，寺院空间是民居空间和商业空间进行宗教活动（朝觐、法会等）的主要场所，民居空间是寺院空间和商业空间发展的根基，商业空间又是寺院空间和民居空间生产（商业经营、劳务工作）、生活（消费购物、休闲娱乐）的主要场所。从三层空间的发展演进关系看，郎木寺镇因旅游而兴起，商业空间发展速度快，商业用地不断扩张，目前已对民居空间造成负面影响，如空间侵占、民居建筑拆迁等，更要防止因为空间分割而造成社区空间的分化。寺院空间也因商业空间的迅速扩张而受到影响。在整体上，应明确三层空间地域范围，注重三层空间之间的过渡区域的标志性景观元素的牵引，严格控制第三层次向第一、第二层次的入侵，涵养第二层次，引导各个层次各居其位。同时，修正现有布局中存在的若干问题。例如，镇政府、郎木寺小学建筑的布局、外观和体量，与寺院建筑和民居景观存在一定的相互干扰，需要修正等。

在此三层空间的基础上，郎木寺镇还存在一类自然化的空间即第四空间

（自然生态空间），虽然不属于居民和游客感知的意向空间之列，但也承担着重要的功能。第四层次位于历史文化镇区东南侧，是郎木寺最临近草原牧场的层次空间，这里保留了原有藏族居民生产生活方式与民俗文化的追求，展示了牧民与草原息息相关、密不可分的原有生态村落空间环境（图10-3）。

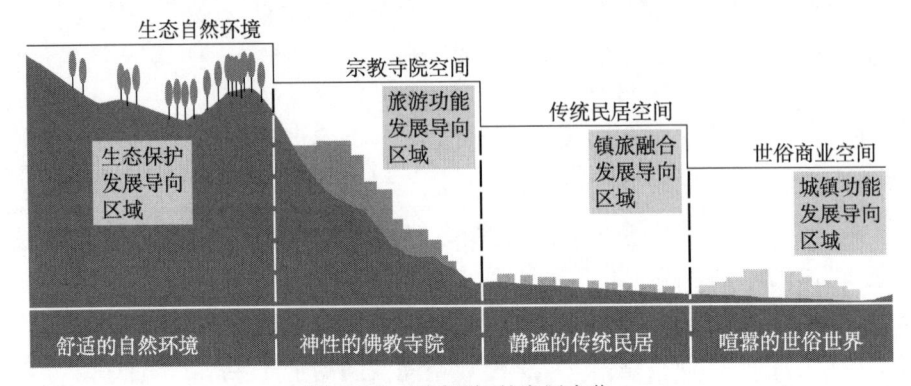

图 10-3　不同空间的发展定位
资料来源：李得发（2013），略有修改

二、基于意境设计的整合

通过深刻解读郎木寺历史文脉，继而对游客的心理需求进行细致分析，提炼出适合当地发展，具有特色的主题意境。通过意境点、意境流、意境场的情感化演绎，展示一个生活在轮回的吉祥世界中的圣地郎木寺（图10-4）。

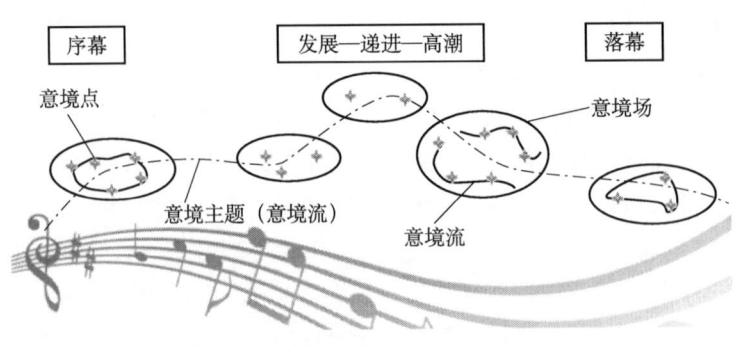

图 10-4　旅游规划意境设计的结构
资料来源：程华（2009）

（一）立意：旋转的吉祥

神秘与清幽是郎木寺的双眼。博大精深的藏传佛教文化是郎木寺文化的灵魂。一年四季，南北对望的两大寺院佛号长鸣，"煨桑"（敬神、祭典）的香烟袅袅，弥漫山川。从人们手中的经轮到山坡上的玛尼堆；从转佛殿的僧俗到河流上布设的转经筒，藏民族生活在一个旋转与轮回，祈福与吉祥的世界中。因此，空间整合主题以"旋转的吉祥"为引领，以回路的行走路线和视廊设计作为城市空间、镇区景观和建筑布局的基本形式，通过一系列体现藏民族精神追求的建筑布设，将滨水与商业街巷联为 体。大到空间组织，小到转经筒、幡杆和玛尼堆，"旋转"的形式反复出现，"吉祥"的祈愿不断凸显，全力体现地方之精神和民族之灵魂。

（二）意境场空间布局

根据现状地块空间关系，结合当地文脉、景观和山水地形分析，受众心理感知，进一步分解演绎"旋转的吉祥"的精神内涵。在南北方向上，镇区景观空间秩序主要依靠横跨藏曲河南北两岸的四座桥梁连接并组织生成。四座桥梁自东向西次第坐落，建议对原有空间结构进行重新整合，突破旧有的街是街、河是河的独立性。通过水道的设置，辅以空间行为上的引导与暗示，将藏曲河南北两岸构建为完整一体，形成郎木寺特有的意象空间。意境场的设计以这四座桥为节点，由入口处依次形成郎木风情、吉祥郎木、郎木朝圣、藏香情韵四个篇章。由景区主入口向内仰视，高度不断变化的镇区空间与山景、水景和谐统一，充分感受到郎木寺宗教沐浴下由近及远的三层空间，即"喧嚣的世俗世界""静谧的传统民居""神性的佛教寺院"。

（三）意境点（流）设计

第一座桥以东（镇车站以北）区域，为景区总入口，以"郎木风情"为主题拉开郎木寺旅游的序曲。第一座桥与第二座桥之间为起讫点，以"吉祥郎木"诠释吉祥的祈福之路；第二座桥与第三座桥之间区域，第三座桥作为连通"尘世"与"佛界"通道，因为自该桥北上，跨过了流淌不息的藏曲河，更跨入了一个新的境地——属佛的庄严寺庙，其主题为"郎木朝圣"。将吉祥的祈愿推向高潮。自第三座桥起向四川方向，以"藏香情韵"结束郎木寺小镇风情体验。

三、基于空间秩序的整合

（一）山水格局

保护仙女洞、大峡谷、红石崖、杰吉大山等山体，恢复原有山体形态与植被分布；提升千亩草原自然生态景观，将草原景观保护纳入郎木寺镇山水草木保护的体系；保护郎木寺镇域内的白龙江源头区域，控制白龙江沿岸及黑河沿线水体景观等水体。

1）保护好历史镇区的背景景观界面。郎木寺镇区周边群山环抱，为镇区提供了多层次的背景景观界面，使城镇景观与自然景观很好地融合。应保护好重峦叠嶂的自然地貌，旅游发展不得破坏或影响背景景观界面的完整性。重点保护面向寺院的章吉山山体的自然形态不受破坏，控制城镇建设对山体绿地的侵占。

2）按白龙江的走向建设，科学地引导镇区用地调整。要保护白龙江生态环境，恢复曲水湿地等自然地貌景观；要保护山水依存的生态环境，积极引导滨水景观区的建设，严格控制沿岸的开发强度，保证留出绿化和开敞空间。

3）利用章吉山、花盖山、红石崖、千亩草原等山体植被和黑河、白龙江等构筑楔入镇区的绿化空间，突出和完善山绕寺、水环镇，城外有山水草地，"山、水、小镇"一体的历史文化小镇格局。

4）保护好可观赏性强的景观视点和景观视线通廊。楔入镇区的诸山有多处制高点可多视角地鸟瞰历史镇区全貌，所形成的景观视廊应严格保护。不得在视廊范围内进行阻挡视线和影响视廊内景观完整性的建设。

（二）景观视线

为更好地体现和增强郎木寺商业建筑、公共建筑、民居建筑与镇区西北部的寺庙建筑的空间层次感，尝试以视觉感知的方式，从街区轮廓、街区建筑、街巷空间、节点与标志物、景观视线几个角度出发，对镇区内建筑景观风貌进行系统性的建构和恢复，对街区轮廓和格局进行控制和引导。同时考虑到镇区地形起伏，合理组织街道空间布局，将山、水、街、城、寺的景观通过视线关系有机地联系起来，形成东西向的两条城镇景观轴线，分别是商业街民俗文化景观轴线和白龙江生态绿地景观轴线，并对其进行控制和保护。

（三）色彩秩序

1. 宏观层面——整体色彩体系引导

从郎木寺全镇的色彩分布入手，在色彩形成的大环境中解读色度特征。具有藏族特色的色彩产生于特殊的地域范围内，正是基于高原地带的气候地质、地貌、水文、土壤、生物等要素及由这些要素构成的自然综合体所形成的。

在郎木寺镇区范围内，寺庙成为人们聚集、修行的中心。把握了寺庙建筑的色彩就把握住了一个地区的主色。寺庙建筑浓厚的宗教色彩，大面积使用纯度高的红、黄两色，配以白色和黑色，形成强烈的对比效果。总之，藏式建筑装饰的用色上，习惯大面积使用饱和度高、对比度强的颜色。还有以一种主色调统一，多用同类色衍生，形成明确色调的使用方法。

基于以上认识，郎木寺镇区整体上，必须重视对寺院固有颜色的"尊重"，强化对宗教色彩的"保护"，即镇区生产生活区宜不重复使用寺院本底色彩。由于郎木寺院位于镇区西北山坡之上，为了突出寺院的重要地位，宏观层面确定：从色料的三原色色彩属性和对比度角度出发，寺院整体色彩宜为"两高一中"，即延续使用高饱和度、高对比度、中等明度的色彩体系。其他整体色彩宜为"一中一低"，即主要使用中等饱和度、低对比度、高（或低）明度的色彩体系。

2. 中观层面——分区色彩体系引导

通过参照"色彩地理学"的方法，建构郎木寺镇区具有藏族特色的色彩体系。"色彩地理学"是法国现代著名的色彩学家、色彩设计大师——让菲力普朗科罗（Jean-Philippe Lenclos）创立的实践应用型色彩理论学说，其主张对某个区域的综合色彩表现方式（主要是民居）做调查与编谱、归纳方面的工作，目的在于确认这个区域的"景观色彩特质"、阐述这个区域居民的色彩审美心理。"色彩地理学"以调查、测色记录、取证、归纳、编谱、总结色彩地域性特征等实践方法为主要研究形式。最终编谱归纳寺院建筑和民居建筑色谱，可以得到郎木寺镇区藏族特色色彩体系的中观分区层面备选色谱。值得注意的是，受高原寒冷气候等影响，备选的色谱不宜采用过于明确的冷色调，以运用暖色调为主。

从寺院建筑构成来看，寺庙的外墙壁多为红褐色，白色和棕色是装饰色，寺院的经堂和佛塔是白色。寺院门窗靠外墙处都涂成梯形（上小下大）的黑框。木门用红色、饰带用棕色装饰。从整体角度来看，整个郎木寺院可以大体上分为三种色相，即中部大经堂建筑及弥勒佛殿和金瓦殿，主色调为金黄色；周边的护法殿、囊钦等，主色调为藏红色；大经堂两侧为僧侣住所，主色调为纯白色或土黄色。

3. 微观层面——地块色彩体系引导

不同民族的色彩表达了不同的感情，这种感情既有关于人的视觉经验，也与人的记忆、联想等心理活动有关，还与人所处的环境密不可分。此处参考了两种感情色彩价值表，一种是大致代表西方人感知习惯的"克拉因感情色彩价值表"，另一种是大致代表东方人感知习惯的"大庭三郎感情色彩价值表"。笔者对从郎木寺实地考察与文献查阅中了解到的藏族色彩感情及其各种不同的象征意义，以图表形式做了较详细的解析。据此，郎木寺色彩控制宜按照地块性质和功能形成独特的色彩体系，采用主色调统一法或场所色统一法控制引导（表10-1）。

表10-1　郎木寺镇建筑用色引导

建筑类型	总体要求	具体选色原则	用色建议
寺院	尊重寺院色彩设置，用色鲜明	主色调宜选用高饱和度、高对比度、中等明度的藏红色、金黄色或纯白色	以藏红色、金黄色或纯白色为主，辅以黑色、赭石等色
行政办公	风格求实，用色庄重、严肃	主色调宜选用稳重、低彩度、较低明度对比度的灰色	以棕红色为主，辅以灰白等色，体现办公的庄重肃穆而不冷漠
文教体	体现地域文化，用色朴实、纯洁	主色调宜选用较高明度、较低对比度的淡黄色	以淡黄色为主，辅以灰白等色，体现地域文化的多元性与包容性
医疗卫生	要求色调统一，体现创新、活力	宜多采用低明度的色彩，强调色彩的变化、过渡	以白色调为主，辅以棕灰色系列，冷暖变化，局部点缀较亮的色彩
商业服务	营造氛围，原则上需要多样化色彩	明快、舒适、丰富，避用纷乱、无序的低明度色彩	以木质色调为主，辅以砖灰色系列，冷暖变化，局部点缀较亮的色彩，烘托中心气氛
住宅	与安静、舒适的心理需求保持统一	以恬淡、柔和、愉悦、安全的色调为主	以棕灰色为主，辅以灰白色系列，符合居住气氛

四、基于空间管制的整合

空间管制是从可持续发展的角度出发，通过明确区域城乡空间开发管制范围，制定严格的生态环境资源保护措施，为各类开发建设行为规定必须遵守的行动纲领和行为准则，以达到合理使用各种资源，保护和改善生态环境，维护社会公共利益，城乡统筹和谐发展，促进郎木寺镇可持续发展的目的。根据郎木寺镇开发现状，为了保存郎木寺镇现有景观格局，使建设开发与自然资源生态环境、景观相协调，建议将郎木寺院区、传统民居保护区、郎木寺镇街区、山地生态敏感区列入限制建设区，此区域以保护、建设控制为原则，对区域内建设的用地规模、用地类型、建设强度、城镇活动等提出严格的生态制约条件。

（一）郎木寺院区

郎木寺院区应突出郎木寺的文物古迹、景观风貌、历史文化特点，挖掘深层次文化内涵，体现特定的空间信息和城市历史文脉，使郎木寺在快速发展中保持自己浓郁的地方特色。

管制策略：确定一批历史文化建筑保护名单（表10-2），区内的各项建设活动应与寺院的景观环境相协调，不得破坏或影响寺院的整体风貌，各项建设项目的外观造型、体量、色彩、高度等都应与寺院整体风貌相一致；坚持"修旧如旧，以存其真"的原则予以保护和修缮寺院现有建筑物，根据各个建筑单元的实际情况，增强藏传佛教的文化符号，突出寺院文化内涵；建筑之间应有合理的空间景观过渡，建设项目的高度、密度等要有序协调，打造舒适、怡人的空间格局。

表10-2　郎木寺院历史建筑保护一览表

序号	名称	级别	时代	类型	位置
1	寺门			近现代建筑	郎木寺院的东南面
2	祥和塔	县级		近现代建筑	郎木寺院山门北侧
3	莲花生佛殿			近现代建筑	晒佛台南侧
4	马头明王殿		20世纪80年代	近现代建筑	转经长廊北侧
5	大经堂	县级	1989年	近现代建筑	天文学院南侧
6	弥勒佛殿	县级		近现代建筑	大经堂正北面
7	金瓦殿	县级		近现代建筑	弥勒佛殿西北面
8	护法殿		20世纪80年代	近现代建筑	宗喀巴殿西侧
9	寿安殿			近现代建筑	卡西囊钦西侧
10	赛赤夏宫	县级		近现代建筑	寿安殿北面
11	转经长廊			近现代建筑	郎木寺院南面
12	瞻佛台			文化遗址	祥和塔西南部
13	"天葬台"			文化遗址	郎木寺北部
14	尼姑庵			近现代建筑	郎木寺镇东南部
15	堪布囊钦	县级		近现代建筑	大经堂西南部
16	奇桑盖囊钦	县级		近现代建筑	大经堂东侧
17	岗玛囊钦	县级		近现代建筑	医学院东面
18	赛赤中囊钦	县级		近现代建筑	护法殿北侧
19	念赞活佛囊钦	县级		近现代建筑	赛赤中囊钦西北面
20	卡西囊钦	县级		近现代建筑	岗玛囊钦西北侧
21	囊钦一			近现代建筑	岗玛囊钦的北侧
22	囊钦二			近现代建筑	奇桑盖囊钦东侧

续表

序号	名称	级别	时代	类型	位置
23	小囊钦			近现代建筑	转经长廊东侧
24	医学院			近现代建筑	岗玛囊钦西侧
25	密宗院			近现代建筑	赛赤中囊钦东侧
26	宗喀巴殿			近现代建筑	金瓦殿西侧
27	天文学院			近现代建筑	弥勒佛殿西侧
28	讲经亭			近现代建筑	马头明王殿北侧

（二）传统居民保护区

对传统居民聚集进行保护，建设项目应和周边环境相协调，保护、传承具有藏民族传统文化特色的建筑和民俗风情。对白龙江沿岸进行环境整治和滨水空间建设，营造独具特色的藏式滨水公共文化长廊。

管制策略：规定新建民居样式须为踏板房，建筑材质、色彩、装饰应体现藏式建筑特色；民居建设不能破坏山体景观、天际线及寺院景观风貌；拆除、改建缺乏藏族建筑特色或破坏周边整体环境景观的民居；对于部分已建成大体量新建筑，建议对其体量和结构进行适当的调整改造，使其和周边景观相协调；对损坏严重的应结合新农村建设和危旧房改造政策原样重建或修复；对白龙江进行综合整治，在两岸下游集中处理排放污水，清理整治河道，建设亲水生态河堤，同时充分考虑人们的亲水心理，设计景观驳岸、步行栈道、水磨、水转经等小品；拆除由西向东的沿河临时性建筑，进行石板铺装，并结合木构建平台及自然河岸，通过草皮种植，铺嵌驳石形成富于变化的滨水景观，扩展镇区的公共空间。

（三）郎木寺镇历史文化街区

郎木寺镇历史文化街区地处镇区过境公路两侧，是人流、物流最为密集和各种交换作用最强烈的区域，历史文化街区经历了20世纪80年代后的改造建设，2013～2014年的全面整修，如今基本街巷格局和传统肌理尚存，但沿街立面和主体功能都发生了较大的变化。目前，急需对该历史文化街区进行整体整治与修缮，这不仅可以保护郎木寺院周边的历史环境的完整性，更重要的是其将延续镇区的发展脉络关系，使历史文化街区和郎木寺院的整体性凸现出来。

管制策略：重点保护的对象有街坊格局、沿街建筑界面、街区天际轮廓线、白龙江滨水空间、石板路、廊桥等特色构筑物等，历史文化街区更应被视为生活街区，对其保护应以延续其传统的生活秩序为主，尽可能地保存传统的社会结构，完善其生活功能、改善生活环境，恢复并增强街区的商业活力和旅游魅力。主要通过规定、限制建筑项目的高度、材质、样式、结构、色彩等空间管制措施，改善交通混乱、布局凌乱、景观特色丧失等问题，具体策略如下。

1）严格保护镇区的整体风貌特色及空间形态，维持街区空间尺度，保证街巷空间的完整性和周边环境的协调性。

2）核心保护范围内应当保持原有的高度，新建和改造、整治建筑，层数控制为2~3层，总高度不能高于15m；恢复地域建筑体量、色彩及外观形象。除必要的基础设施和公共服务设施除外，保护区内不得进行新建、扩建活动；与历史风貌不协调的现代建筑应进行更新改造，对建筑结构已遭较大损坏的危房进行维修或拆建，对于严重影响风貌的现代建筑应限期拆除。

3）核心保护范围内应保持原有的街巷格局，不得新建、扩建道路（街巷）。对现有街巷改造整治时，街区内的各项建设活动的外观造型及体量、色彩、材质都应突出藏族文化民俗特色，对破坏总体景观的建筑应加以改造，保持或恢复原有的街巷格局和景观风貌特征；突出该类地区内的草被绿化、特色小品、石质铺装等历史环境要素；整修、改造与历史风貌相冲突的环境要素；对市政设施的安排应考虑历史风貌保护的要求。

4）核心保护范围内应从郎木寺历史文化街区的物质形态的恢复和整治出发，恢复传统的商业功能和藏族民俗文化，并对部分建筑功能进行更新置换，以便开展各种民俗活动和经营手工作坊，以实现街区的文脉延续，使其旅游的体验性和观赏性增强。

5）在不影响整体风貌的前提下，进行功能的调整和置换，改变与街区功能冲突较大的用地性质，采取有机更新的方式进行适当的功能置换，并加强公共服务设施和市政基础设施的建设，适当改善当地居民生活环境，使居民安居乐业，保持地区活力。

6）建设控制地带内，新建、扩建、改建建筑应在高度、体量、色彩等方面与历史风貌相协调；新建、扩建、改建道路应与街巷格局和空间尺度相协调；尽可能保留现存的地域自然生态资源，保持历史文化街区的历史环境整体性关系。

（四）山地生态敏感区

将海拔在3500m以下、坡度20°~35°，森林草地植被较好的区域划分为山地生态敏感区，主要包括郎木寺镇的东北部和中西部山地，应以生态环境保护和保育为空间管制的主要目的。

　　管制策略：采用搬迁避让，集中和分散安置相结合的方式，逐步退牧还草、还林，鼓励区内牧民向山下搬迁。对于破坏生态环境的行为进行约束，严格建筑项目的体量、规模，尽量减少永久性项目的建设。严格保护自然山体景观，严禁可能破坏生态环境、破坏山体景观的所有开采活动。

参考文献

阿绒甲措. 2004. 藏族文化与康巴风情. 北京：民族出版社.

安玉源. 2004. 传统聚落的演变·聚落传统的传承——甘南藏族聚落研究. 北京：清华大学硕士学位论文.

昂巴. 2013. 甘肃藏区藏传佛教的区域性特点及发展趋势. 中央民族大学学报（哲学社会科学版），（3）：46-52.

敖红. 1993. 论塔尔寺在藏传佛教史上的地位和作用. 青海社会科学，（5）：84-91.

巴卧·祖拉陈哇, 黄颢. 1980. 《贤者喜宴》摘译. 西藏民族学院学报，（4）：27-48, 85.

白庚胜. 2003. 纳西族空间观念之色彩表象. 西北民族研究，（1）：84, 163-171.

柏景. 2006. 藏区苯教寺庙建筑发展述略. 西北民族大学学报（哲学社会科学版），（1）：10-18.

柏景, 陈珊, 黄晓. 2009. 甘、青、川、滇藏区藏传佛教寺院分布及建筑群布局特征的变异与发展. 建筑学报.（S1）：38-43.

班班多杰, 扎洛, 周拉, 等. 2008-02-27. 社会转型期藏区宗教生活中的若干新现象. 中国民族报, 第2版.

包亚明. 2002. 现代性与空间的生产. 上海：上海教育出版社.

保继刚, 邱继勤. 2006. 旅游小企业与旅游地社会文化变迁：阳朔西街案例. 人文地理，（2）：1-4.

布迪厄·P, 华康德. 2004. 实践与反思：反思社会学导引. 李猛, 李康译. 北京：中央编译出版社.

布洛菲尔德. 1990. 西藏佛教密宗. 耿升译. 拉萨：西藏人民出版社：77-82.

才让加. 2007. "藏传佛教寺院经济"正义. 西南民族大学学报（人文社科版），（3）：64-66.

柴彦威. 1996. 以单位为基础的中国城市内部生活空间结构——兰州市的实证研究. 地理研究, 15（1）：30-38.

柴彦威. 2010. 中国城市老年人的活动空间. 北京：科学出版社.

柴彦威. 2014. 空间行为与行为空间. 南京：东南大学出版社.

柴彦威, 翁桂兰, 沈洁. 2008. 基于居民购物消费行为的上海城市商业空间结构研究. 地理研究, 27（4）：897-906.

常清民. 2000. 郎木寺乡藏族日常生活风俗考. 西藏民俗，（3）：10-13.

陈昌文, 郭潇帼, 臧肖. 2014. 藏传佛教社会构成要素的神圣性特征. 西南民族大学学报（人文社会科学版),(5):73-76.

陈浩,张京祥,吴启焰,等.2010.大事件影响下的城市空间演化特征研究——以昆明为例.人文地理,(5):41-46.

陈乃华.2005.古代城市发展与河流的关系初探.南方建筑,(4):4-6.

陈平.2013.郎木寺,寻梦者的天堂.地图,(4):106-113.

陈韵鹦.2000.触摸西藏.成都:四川人民出版社.

程华.2009.旅游规划中的意境设计.兰州:西北师范大学硕士学位论文.

楚静,王兴中,李开宇.2011.大都市郊区化下的社会空间分异、社区碎化与治理.城市发展研究,18(3):112-116.

川易.1979.民族贸易促进民族团结//中国人民政治协商会议四川省委员会文史资料和学习委员会.四川文史资料选辑(第49辑).成都:四川人民出版社.

崔翔.2014.甘南藏区传统聚落空间营建智慧及启示.西安:西安建筑科技大学硕士学位论文.

丹曲.2015a.试论藏传佛教在甘肃地区的传播(一).西藏研究,(1):56-66.

丹曲.2015b.试论藏传佛教在甘肃地区的传播(二).西藏研究,(2):28-36.

丹增伦珠.2000."雪"社区的社会变迁.北京:北京大学博士学位论文.

德波C.2006.景观社会.王昭风译.南京:南京大学出版社.

迭目江莲.2015.甘南郎木寺研究.北京:中央民族大学硕士学位论文.

丁波,李雪萍.2014.费孝通小城镇建设思想及对四川藏区城镇化的启示.西藏研究,(3):83-89.

丁昶.2009.藏族建筑色彩体系研究.西安:西安建筑科技大学博士学位论文.

丁莉霞.2010a.甘南藏传佛教信仰以及寺院经济的现状考察.世界宗教文化,(3):67-73.

丁莉霞.2010b.核心—边缘:甘南藏传佛教寺院经济研究.北京:中央民族大学博士学位论文.

丁莉霞.2014.当代藏传佛教寺院经济现状及其管理探析.世界宗教文化,(1):72-77.

段金录,姚继德.2002.中国南方回族经济商贸资料选编.昆明:云南民族出版社.

樊杰.2000.青藏地区特色经济系统构筑及与社会、资源、环境的协调发展.资源科学,22(4):12-21.

范文艺.2010.旅游小城镇中心区空间意象与空间整合——以阳朔镇为例.旅游学刊,25(12):53-57.

费瑟斯通M.2000.消费文化与后现代主义.刘精明译.上海:译林出版社.

冯健.2005a.西方城市内部空间结构研究及其启示.城市规划,29(8):41-50.

冯健.2005b.北京城市居民的空间感知与意象空间结构.地理科学,18(2):142-154.

冯健,周一星.2003.北京都市区社会空间结构及其演化(1982~2000).地理研究,22(4):465-483.

参考文献

冯健,周一星.2008.转型期北京社会空间分异重构.地理学报,63(8):829-844.

冯天瑜.1990.文化生态学论纲.知识工程,(4):13-19.

付磊,唐子来.2009.改革开放以来上海社会空间结构演化的特征与趋势.人文地理,(1):33-40.

嘎·达哇才仁.2007.藏区现代化过程中宗教世俗化的趋势.中国藏学,(1):72-77.

甘南藏族自治州政协文史资料委员会.1991.甘南藏族自治州文史资料选辑(第九辑).合作:甘南藏族自治州政协文史资料研究委员会.

高珊珊,李巍,阚保强,等.2010.藏区旅游城镇规划、建设与民族文化保护——以甘南藏族自治州为例.安徽农业科学,38(30):17354-17356.

格勒,刘一民,赵建世,等.1993.藏北牧民——西藏那曲地区社会历史调查.北京:中国藏学出版社.

格桑本,朶藏才旦.2000.青藏高原游牧文化.兰州:甘肃民族出版社.

葛昊祖,罗正君,张玉玺.2011.郎木寺僧人的快乐生活.http://www.cnii.com.cn/ds/content/2011-12/09/content_940676.htm.[2011-12-09].

顾朝林.2005.城市社会学.南京:东南大学出版社.

顾朝林,克斯特洛德C.1997.北京社会空间结构影响因素及其演化研究.城市规划,(4):12-15.

顾朝林,宋国臣.2001.城市意象研究及其在城市规划中的应用.城市规划,5(3):70-77.

顾朝林,王法辉,刘贵利.2003.北京城市社会区分析.地理学报,58(6):917-926.

郭蕴静.1994.清代商业史.沈阳:辽宁人民出版社.

郭志合.2014.原生态视阈下非物质文化的传承与发展——南木特藏戏原生态演进的实证研究.原生态民族文化学刊,(4):120-126.

郭志合.2015.藏区"围寺而商"类型城镇发展模式研究——以拉卜楞寺院、商业与城镇互动关系为例.西藏大学学报(社会科学版),30(1):103-113,122.

海德格尔.1996.海德格尔选集.上海:上海三联书店.

海力波.2007."三界"宇宙观与社会空间的建构——广西那坡县黑衣壮族群空间观念的研究.广西民族研究,(4):68-79.

韩方明.2014.藏传佛教的寺院教育对今天的教育教学仍有借鉴作用.http://fo.ifeng.com/guanchajia/detail_2014_08/14/38171759_0.shtml[2014-08-14].

韩茂莉.2003.历史时期草原民族游牧方式初探.中国经济史研究,(4):93-104.

韩书力.1995.西藏风马旗.北京:人民美术出版社.

郝文渊.2009.藏族牧业社区变迁研究.兰州:西北师范大学硕士学位论文.

郝亚明.2004.外力推动下的变迁——一个藏区城乡结合部的研究.北京:中央民族大学硕士

学位论文.

何艳玲. 2008. 城市的政治逻辑：国外城市权力结构研究述评. 中山大学学报（社会科学版），48（5）：182-191.

贺泽劲. 2008. 回家，达仓郎木. 长沙：湖南教育出版社.

胡鞍钢，温军. 2001. 西藏现代化发展道路的选择问题（上）. 中国藏学，(1)：3-26.

胡翼成. 1942. 论康藏喇嘛制度. 边政公论，(1)：3-4.

华热·多杰. 2009. 藏传佛教的世俗化及其动因刍议. 中国藏学，(2)：45-50.

华锐·东智. 2010. 西藏格鲁派四大寺与甘肃拉卜楞寺的法缘关系研究. 西藏民族学院学报（哲学社会科学版），(4)：30-34，38，122.

黄晓军，李诚固，庞瑞秋，等. 2010. 伪满时期长春城市社会空间结构研究. 地理学报，65（10）：1198-1208.

黄应贵. 1995. 空间、力与社会. 台北：中央研究院民族学研究所.

黄应贵. 2002. 空间、力与社会. 广西民族学院学报（哲学社会科学版），(2)：9-21.

黄瑜媛. 2006. 基于宗教涵义的西藏传统建筑空间解析. 成都：西南交通大学硕士学位论文.

黄跃昊. 2015. 曼荼罗与藏传佛教寺院布局. 甘肃高师学报，20（1）：132-134.

黄增章. 2006. 民国广东商业史. 广州：广东人民出版社.

吉布，杨典. 2006. 图解曼荼罗：获得生命能量的无上秘法. 西安：陕西师范大学出版社.

建红英. 2012. 多维视角下藏区城镇化进程的问题及对策研究——以四川阿坝藏族羌族自治州为个案的分析. 西南民族大学学报（人文社会科学版），(10)：115-118.

姜馥蓉. 2014. 郎木寺藏传佛教文化旅游对当地社区的影响. 兰州：兰州大学硕士学位论文.

蒋彬. 2002. 四川藏区城镇化滞后的原因及对策. 西南民族学院学报（哲学社会科学版），23（1）：92-95.

蒋彬. 2003. 当代甘孜藏区城镇居民的宗教生活考察——以德格县城更庆镇为例. 西南民族大学学报（人文社科版），(11)：19-22.

蒋彬. 2005. 试论四川藏区的城镇化与文化变迁. 西南民族大学学报（人文社科版），26（8）：30-36.

蒋彬，白珍. 2004. 四川藏区城镇化进程初探. 西南民族大学学报（人文社科版），12：46-50.

蒋志杰，吴国清，白光润. 2004. 旅游地意象空间分析——以江南水乡古镇为例. 旅游学刊，19（2）：32-36.

卡斯特 M. 2003. 网络社会的崛起. 夏铸九，王志弘译. 北京：社会科学文献出版社.

克莱尔. 1991. 城市空间. 钟山，秦家廉，姚远译. 上海：同济大学出版社.

孔翔. 2011. 开发区建设与城郊社会空间的分异——基于闵行开发区周边社区的调查. 城市问题，1（5）：51-57.

拉巴次仁. 2010. 本教神学研究：本教神祇体系及特征分析. 西藏大学学报（社会科学版），25（3）：121-127.

勒菲弗 H. 2008. 空间与政治（第二版）. 李春译. 上海：上海人民出版社.

黎小苏. 1934. 青海之经济概况. 新亚细亚月刊，8（2）.

李安宅. 1941. 拉卜楞寺概况. 边政公论，1（2）.

李安宅. 1989. 藏族宗教史之实地研究. 北京：中国藏学出版社.

李安宅. 1992. 李安宅藏学文论选. 北京：中国藏学出版社.

李黎. 2013. 西藏特色区域城镇化路径模式探讨. 城市规划学刊，（6）：33-39.

李得发. 2013. 基于人居环境优化的郎木寺镇区乡土景观解构与设计. 兰州：西北师范大学硕士学位论文.

李得发，李巍. 2011. 从用地的历史演替来看城镇主要职能的演变——以郎木寺镇例. 小城镇建设，（8）：32-34，94.

李峰. 2001. 明清时期青海地区藏传佛教寺院商品货币经济新成份的生产与发展. 中国藏学，（1）：97-105.

李郇，许学强. 1993. 广州市城市意象空间分析. 人文地理，8（3）：27-35.

李继勇. 2007. 郎木寺，日暮乡关的前世乡愁. 地图，（4）：44-48.

李清源. 2008. 藏区生态和谐发展与藏族生态伦理文化. 社科纵横，23（3）：24-26.

李巍. 2005. 藏区旅游业发展的概念性规划研究. 兰州：西北师范大学硕士学位论文.

李巍. 2013. 民族地区旅游城镇意象空间结构整合优化研究——以甘南藏族自治州碌曲县郎木寺镇为例. 冰川冻土，35（1）：240-248.

李巍，刘润. 2013. 旅游涉入下的藏族社区传统文化变迁研究——以甘南藏族自治州郎木寺镇为例. 建筑与文化（学术版），（1）：20-22.

李巍，冯斌. 2015. 基于宗教色系保护的藏区城镇建筑色彩生成及组合——以甘肃夏河老城区为例. 现代城市研究，（3）：93-97.

李巍，李得发，常晓舟. 2013a. 旋转的吉祥——郎木寺镇中心区规划与设计. 现代城市研究，（2）：81-86.

李巍，李得发，冯斌. 2013b. 郎木寺镇区乡土景观空间分异特征研究. 小城镇建设，（2）：95-98.

李霞，陈丽霞. 2010. 试论当前寺院对西藏城镇发展的影响. 西藏发展论坛，（3）：38-41.

李雪铭，李建宏. 2006. 大连城市空间意象分析. 地理学报，61（8）：809-817.

李雪萍，丁波. 2015a. 藏区新型城镇化发展路径研究——以四川藏区甘孜县为例. 西南民族大学学报（人文社科版），（2）：110-114.

李雪萍，丁波. 2015b. 藏区差异性城镇化动力机制及其二元结构特征——以四川甘孜藏族自治州甘孜县为例.中央民族大学学报（哲学社会科学版），42（6）：60-65.

李延恺.1986.浅谈历史上的藏族教育.西藏研究，（5）：26-32.

李优树，苗书迪，陈丹，等.2013.藏区新型城镇化的发展路径探讨——以康定县为例.经济地理，33（5）：67-71.

李玉琴.2010.沟通人神：藏族服饰的象征意义及解读.西藏大学学报（社会科学版），25（2）：86-91.

李臻赜.2005.川西高原藏传佛教寺院建筑研究.重庆：重庆大学硕士学位论文.

李志刚，吴缚龙.2006.转型期上海社会空间分异研究.地理学报，61（2）：199-211.

李志刚，吴缚龙，薛德升.2006."后社会主义城市"社会空间分异研究述评.人文地理，（5）：1-5.

林奇 K.2001.城市意象.方益萍，何晓军译.北京：华夏出版社.

林顺利，李建立，孟亚男.2010."社会空间"视角下的城市贫困——基于保定市北市区的实地调查.社会工作，（10）：12-16.

林燕.2009.城镇化进程中的藏传佛教世俗化研究——以甘南藏区为例.北京：中央民族大学硕士学位论文.

林耀华.1997.民族学通论.北京：中央民族大学出版社.

令孤德棻.1991.周书.上海：上海古籍出版社.

刘爱文.2011.甘南藏族社区变迁研究——以碌曲县郎木寺镇郎木村为例.兰州：西北师范大学硕士学位论文.

刘伯雅.2008.国外社区商业的发展及启示.城市问题，（9）：92-95.

刘丹萍.2007.旅游凝视：从福柯到厄里.旅游学刊，22（6）：91-95.

刘丹萍.2008.旅游凝视——中国本土研究.天津：南开大学出版社.

刘海岩.2006.租界、社会变革与近代天津城市空间的演变.天津师范大学学报（社会科学版），（3）：36-41.

刘怀玉.2006.现代性的平庸与神奇：列斐伏尔日常生活批判哲学的文本学解读.北京：中央编译出版社.

刘加平.2009.藏族建筑色彩探源.建筑学报，（3）：24-27.

刘俊哲.2007.藏传佛教生态伦理试析——兼论藏传佛教生态伦理与儒、道及西方生态伦理之同异.西南民族大学学报（人文社科版），28（2）：54-57.

刘润.2012.旅游凝视需求驱动下的藏区城镇社会空间结构演变研究——以甘南州郎木寺镇区为例.兰州：西北师范大学硕士学位论文.

刘润，杨永春，李巍，等.2013a.多元经济形态下我国藏区城镇商业空间结构研究——以甘南州郎木寺镇区为例.经济地理，33（12）：115-122.

刘润，杨永春，李巍. 2013b. 中国民族地区的旅游需求及其对地方旅游行为的启示. 广西民族研究，（2）：156-164.

刘润，杨永春，李巍，等. 2014. 基于社会关系网络视角下宗教旅游地社会空间演化研究——以甘肃郎木寺镇区为例. 人文地理，（2）：41-47.

刘务林. 1993. 西藏自然保护区. 拉萨：西藏人民出版社.

刘勇. 2007. 藏传佛教的功能及其实现过程分析. 中国藏学，（3）：9-13.

刘志扬. 2006a. 藏族农村家庭的现状与演变. 思想战线，32（2）：97-104.

刘志扬. 2006b. 西藏乡村政治结构中的家庭、村落与基层政权组织——以拉萨市娘热乡为中心的考察. 西南民族大学学报（人文社科版），（9）：18-25.

刘志扬. 2006c. 乡土西藏文化传统的选择与重构. 北京：民族出版社.

鲁文潇. 2013. 碌曲县游牧民定居过程中的问题及对策研究. 兰州：兰州大学硕士学位论文.

鲁艳. 2009. 传承与适应——"内力—外力"交互作用下拉萨郊区居民生活方式研究. 北京：中央民族大学硕士学位论文.

碌曲县地方志编纂委员会. 2006. 碌曲县志. 兰州：甘肃文化出版社.

碌曲县委宣传部. 2007. 碌曲传统节庆日. http://www.gs.xinhuanet.com/jdwt/2007-09/17/content_12942977.htm.［2007-09-17］.

伦珠旺姆，昂巴. 2003. 神性与诗意——拉卜楞藏族民俗审美文化研究. 北京：民族出版社.

罗莉. 2003. 论寺庙经济. 北京：中央民族大学博士学位论文.

罗润苍. 1994. 西藏佛教史上的政教关系. 中国藏学，（9）：28-41.

马桂芳. 2015. 新常态下青海藏区城镇化进程中传统文化保护利用之对策. 青海社会科学，（6）：190-193.

马戎. 1997. 西藏社会发展研究. 北京：中国藏学出版社.

马晓京. 2002. 民族旅游开发与民族传统文化保护的再认识. 广西民族研究，（4）：77-83.

马晓京. 2005. 旅游商品消费的文化人类学解读. 中南民族大学学报（人文社会科学版），25（4）：58-61.

马晓琴，杨德亮. 2006. 地方性知识与区域生态环境保护——以青海藏区习惯法为例. 上海社会科学，（2）：134-139.

马学广，王爱民，闫小培. 2010. 城市空间重构进程中的土地利用冲突研究——以广州市为例. 人文地理，（3）：72-77.

麦贤敏，李永华，雷济铭. 2015. "四态合一"的县城风貌规划——以四川甘孜州德格县为例. 规划师，31（2）：122-127.

梅进才. 2000. 中国当代藏族寺院经济发展战略研究. 兰州：甘肃人民出版社.

勉卫忠. 2008. 寺院城镇的兴起及其功能. 柴达木开发研究，（2）：34-36.

南文渊. 2007. 藏族生态伦理. 北京：民族出版社.

牛宏. 2000. 郎木寺历史及现状. 西藏研究，（4）：100-107.

诺克斯 P，平奇 S. 2005. 城市社会地理学导论. 北京：商务印书馆.

帕克 R E，伯吉斯 E N，麦肯齐 R D. 2010. 城市社会学——芝加哥学派城市研究. 宋俊岭，郑也夫译. 北京：商务印书馆.

潘晓伟. 2008. 藏族建筑装饰色彩的象征意义. 设计艺术（山东工艺美术学院学报），（2）：72-73.

庞瑞秋，庞颖，刘艳军. 2008. 长春市社会空间结构研究——基于第五次人口普查数据. 经济地理，28（3）：437-441.

裴黎光. 2016a. 郎木寺，一座迷人的边城. http：//blog.sina.com.cn/s/blog_5024a5f70102w1kx.html［2016-01-21］.

裴黎光. 2016b. 郎木寺：甘南藏了个微缩版的"香格里拉". http：//www.dili360.com/cng/article/p56d7fd1a66b1364.htm［2016-03-22］.

彭应全. 1983. 西藏宗教概说. 拉萨：西藏人民出版社.

蒲佳，王家民，俞瑾华. 2008. 藏密曼荼罗图形的艺术特征研究. 艺术教育，（3）：133.

齐琳. 2007. 甘南藏族民居地域适应性研究. 武汉：华中科技大学硕士学位论文.

邱兴银. 2013. 圣地郎木寺，神水白龙江. http：//www.forestry.gov.cn/ZhuantiAction.Do?dispatch=content&id=582249&name=201301mlzg［2013-01-23］.

任大援. 2011. 妙舞莲花——郎木寺的羌姆法舞. 中华文化画报，（3）：60-67.

任继周，侯扶江，胥刚. 2010. 草原文化的保持与传承. 草业科学，27（12）：5-10.

任乃强. 1932. 西康札记. 上海：新亚细亚月刊社.

任乃强. 1934. 西康图经. 拉萨：西藏古籍出版社.

绒巴扎西. 1993. 藏族寺院经济发生发展的内在缘由. 民族研究，（4）：34-40.

上海社会科学院经济研究所. 1988. 上海近代百货商业史. 上海：上海社会科学院出版社.

沈镭. 2000. 青藏高原重点区域工业布局的战略构想. 自然资源学报，15（4）：348-357.

沈茂英. 2010a. 少数民族地区人口城镇化问题研究——以四川藏区为例. 西藏研究，（5）：112-120.

沈茂英. 2010b. 少数民族地区城镇化问题研究——以四川藏区为例. 西南民族大学学报（人文社科版），（10）：136-140.

沈茂英，杨萍. 2015. 多点多极支撑发展战略下的川西北藏区城镇发展战略研究. 决策咨询，（1）：20-24，29.

石泰安. 1998. 西藏的文明. 耿昇译. 北京：中国藏学出版社.

石为怀. 2007. 甘南史话. 兰州：甘肃文化出版社.

参考文献

司敏．2004．"社会空间视角"：当代城市社会学研究的新视角．社会，（5）：17-19．

四川若尔盖县地方志编纂委员会．1996．若尔盖县志．北京：民族出版社．

松潘县志编纂委员会．松潘县志．1999．北京：民族出版社．

宋伟轩，朱喜钢．2009．新时期南京居住社会空间的"双重碎片化"．现代城市研究，（9）：65-70．

宋伟轩，徐旳，王丽晔，等．2011．近代南京城市社会空间结构——基于1936年南京城市人口调查数据的分析．地理学报，66（6）：771-784．

苏贾 E W．2004．后现代地理学——重申批判社会理论中的空间．王文斌译．北京：商务印书馆．

孙泓洁．2007．神佛护佑的地方郎木寺．当代人，（6）：66-75．

孙林．2007．唐卡绘画中的曼陀罗图式与西藏宗教造像学象征的渊源．西藏大学学报，22（1）：97-102．

汤开建，杨惠玲．2005．宋金时期安多藏族部落佛教的兴盛及其原因．广西民族学院学报，27（1）：160-167．

唐巴特尔．2002．论社会空间的基本形式及其方法论意义．内蒙古大学学报（人文社会科学版），34（6）：18-22．

唐小蓉，陈昌文．2012．藏传佛教物象世界的格式塔：时间与空间．宗教学研究，（1）：148-152．

田逢军，沙润．2008．城市旅游地意象空间分析——以南昌市为例．旅游学刊，23（7）：67-71．

涂尔干 E，莫斯 M．2000．原始分类．上海：上海人民出版社．

汪晖，陈燕谷．1998．文化与公共性．北京：生活·读书·新知三联书店．

王恒生．1996．百县市经济社会调查——湟中卷．北京：中国大百科全书出版社．

王红，胡世荣．2007．镇远古城意象空间与旅游规划探讨．地域研究与开发，26（3）：61-64．

王慧．2006．开发区发展与西安城市经济社会空间极化分异．地理学报，61（10）：1011-1024．

王慧．2007．城市"新经济"发展的空间效应及其启示——以西安市为例．地理研究，26（3）：577-589．

王均，祝功武．1999．清末民初时期北京城市社会空间的初步研究．地理学报，54（1）：69-76．

王开泳，肖玲，王淑婧．2005．城市社会空间结构研究的回顾与展望．热带地理，25（1）：28-32．

王莉芳．2013．甘肃省甘南州碌曲县：魅力名镇谱和谐幸福曲．http：//www.mzb.com.cn/html/Home/report/13103698-1.htm［2013-10-15］．

王录仓，李巍．2013．旅游影响下的城镇空间转向——以甘南州郎木寺为例．旅游学刊，28（12）：34-45．

王生荣，李巍．2014a. 制度创新视角下的少数民族生态脆弱区城镇化问题研究——以甘南藏族自治州为例．生态经济，30（3）：42-46.

王生荣，李巍．2014b. 人地协调、中心城镇发展与甘南州新型城镇化研究．西北师范大学学报（自然科学版），50（4）：104-110.

王生荣，李巍．2014c. 少数民族生态脆弱区城镇化与产业发展互动研究：以甘南藏族自治州为例．资源与产业，16（3）：120-126.

王生荣，李巍，王录仓．2013. 人地关系视角下的少数民族生态脆弱区城镇化问题研究——以甘南藏族自治州为例．农业现代化研究，34（3）：333-337.

王文长．2001. 藏区经济发展的方式及途径．西藏研究，（1）：28-32.

王小忠．2013. 月光下的郎木寺．青海湖文学月刊，（2）：45-47.

王晓磊．2010. "社会空间"的概念界说与本质特征．理论与现代化，（1）：49-55.

王兴中．2009. 中国城市商娱场所微区位原理．北京：科学出版社．

王战和，许玲．2006. 高新技术产业开发区与城市社会空间结构演变．人文地理，（2）：64-66.

王哲，胡晓．2009. 旅游发展对落茸社区生态文明变迁影响的个案研究．旅游研究，1（4）：44-48.

王钟陵．1984. 我国神话中的时空观．文艺研究，（1）：113-119.

魏立华，丛艳国．2006. "自利性"户籍制度对中国城市社会空间演进的影响机制分析．规划师，22（6）：68-71.

魏立华，闫小培．2006a. 大城市郊区化中社会空间的"非均衡破碎化"——以广州市为例．城市化研究，30（5）：55-60, 87.

魏立华，闫小培．2006b. 1949-1987年（重）工业优先发展战略下的中国城市社会空间研究——以广州市为例．城市发展研究，13（2）：13-19.

魏立华，丛艳国，李志刚，等．2007. 20世纪90年代广州市从业人员的社会空间分异．地理学报，62（4）：407-417.

魏立华，闫小培，刘玉亭．2008. 清代广州城市社会空间结构研究．地理学报，63（6）：613-624.

魏强．2010. 论藏族的山神崇拜习俗．西藏艺术研究，（3）：45-56.

温军．2001. 西藏现代化新战略．西藏研究，（2）：85-91.

温军，施祖麟．2000. 西藏经济发展问题的几点思考．清华大学学报（哲学社会科学版），15（6）：51-59.

吴爱华．2011. 旅游发展与民族村落社会变迁——基于鄂西神农溪景区罗坪村的调查．中南民族大学学报（人文社会科学版），31（3）：14-17.

吴必虎，俞曦．2010. 旅游规划原理．北京：中国旅游出版社：283-288.

吴慧. 1998. 中国古代商业. 北京：商务印书馆.

吴启焰. 2001. 大城市居住空间分异研究的理论与实践. 北京：科学出版社.

吴启焰，崔功豪. 1999. 南京市居住空间分异特征及其形成机制. 城市规划，23（12）：23-26，35-60.

伍策，王月婷，赵蝶. 2012. 四川九寨沟 8 天迎客 25.02 万 央视连续 3 天直播美景. http：//www.china.com.cn/travel/txt/2012-10/08/content_26717305.htm［2012-10-08］.

西藏自治区旅游发展委员会. 2015. 西藏全年接待游客将突破两千万人次. http：//zw.xzta.gov.cn/lydthy/8775.jhtml［2015-11-29］.

希克斯 Y. 1999. 经济史理论. 北京：商务印书馆.

习习. 2015. 郎木寺. 文苑，（2）：76-77.

夏河县志编委会. 1995. 夏河县志. 夏河：夏河县出版社.

谢舜. 2005. 城市化与市民生活空间的合理化建构. 河北学刊，25（2）：113-117.

邢莉. 2014. 草原游牧文化与民族精神. 草地学报，22（1）：7-11.

徐彬. 2015. 藏族地域色彩的精神特质. 西藏研究，（4）：99-103.

徐美，刘春腊，陈建设，等. 2012. 旅游意象图：基于游客感知的旅游景区规划新设想. 旅游学刊，27（4）：21-27.

徐平. 1999. 活在喜马拉雅：写真西藏. 昆明：云南人民出版社.

徐平，郑堆. 2000. 西藏农民的生活——帕拉村半个世纪的变迁. 北京：中国藏学出版社.

许德坤. 2002. 藏族传统的生育习俗及其优生学分析. 西藏研究，（3）：97-103.

许晖. 2007. 郎木寺的前世喇嘛. 文明，（10）：138.

许学强. 1989. 广州市社会空间结构的因子生态分析. 地理学报，44（4）：386-395.

许学强，周一星，宁越敏. 2001. 城市地理学. 北京：高等教育出版社.

杨芬. 2012. 城市空间生产的重要论题及武汉市案例研究. 经济地理，32（12）：61-66.

杨森，路赟. 2005. 宗教与西藏经济发展关系透视. 西藏民族学院学报（哲学社会科学版），26（1）：62-65.

杨上广. 2005a. 大城市社会空间结构演变的动力机制研究. 社会科学，（10）：65-72.

杨上广. 2005b. 大城市社会空间结构演变研究——以上海市为例. 城市规划学刊，（5）：17-22.

杨上广，王春兰. 2007. 国外城市社会空间演变的动力机制研究综述及政策启示. 国际城市规划，22（2）：42-50.

杨新军，牛栋，吴必虎. 2000. 旅游行为空间模式及其评价. 经济地理，20（4）：105-108，117.

杨炎为. 2010. "磁体"与"容器"：四川藏区德格城镇空间形态的形成及演变探析. 成都：西南交通大学硕士学位论文.

杨振之. 2003. 青藏高原东缘藏区旅游业发展及其社会文化影响研究. 成都：四川大学博士学位论文.

杨振之, 李玉琴. 2002. 西部大开发中藏区旅游城镇规划、建设与民族文化保护——以四川、云南藏区为例. 西南民族学院学报（哲学社会科学版），23（11）：30-34.

姚华松, 薛德升, 许学强. 2007. 城市社会空间研究进展. 现代城市研究，（9）：74-81.

叶超, 柴彦威, 张小林. 2011. "空间的生产"理论、研究进展及其对中国城市研究的启示. 经济地理，31（3）：409-413.

叶阳阳. 2010. 藏传佛教格鲁派寺院外部空间研究与应用. 北京：北京建筑工程学院硕士学位论文.

易峥, 阎小培, 周春山. 2003. 中国城市社会空间结构研究的回顾与展望. 城市规划汇刊,（1）：21-24.

殷洁, 张京祥, 罗小龙. 2005. 基于制度转型的中国城市空间结构研究初探. 人文地理，（3）：59-62.

尹慧. 2010. 透析草原文化中的人格心理. 前沿，（17）：133-135.

尹永文. 2005. 行走在宋代的城市：宋代城市风情图记. 北京：中华书局.

尹郑刚, 李雪英, 白旸. 2010. 郑州城市游憩地意象空间分析. 地域研究与开发，29（5）：79-84.

影子. 2013. 梵天净土郎木寺. 当代人,（2）：44-47.

于式玉. 1990. 于式玉藏区考察文集. 北京：中国藏学出版社.

余佳, 丁金宏. 2007. 大都市居住空间分异及其应对策略. 华东师范大学学报（哲学社会科学版），39（1）：67-72.

余向洋, 王兴中. 2003. 城市社区环境下商业性娱乐场所的空间结构. 人文地理，18（2）：30-36.

俞孔坚. 2004. 曼陀罗的世界. 北京：中国建筑工业出版社.

俞孔坚, 王建, 黄国平, 等. 2004a. 曼陀罗的世界——藏东乡土景观阅读与城市设计案例. 北京：中国建筑工业出版社.

俞孔坚, 王建, 张晋丰. 2004b. 曼陀罗的世界：西藏昌都旧城改造新思维. 重庆建筑,（1）：6-9.

俞湘文. 1947. 西北游牧藏区之社会调查. 北京：商务印书馆.

虞蔚. 1986. 城市社会空间的研究与规划. 城市规划，（6）：25-28.

袁应麟. 1990. 塔尔寺巡礼 // 甘肃省古籍文献整理编译中心. 中国西北文献丛书（第139册）. 兰州：甘肃古籍出版社.

张福慧. 2009. 安多藏族传统节日文化研究. 兰州：兰州大学硕士学位论文.

张鸿雁．2005．城市空间的社会与"城市文化资本"论——城市公共空间市民属性研究．城市问题，(5)：2-8．

张京祥，邓化媛．2009．解读城市近现代风貌型消费空间的塑造——基于空间生产理论的分析视角．国际城市规划，4（1）：43-47．

张娜．2007．文化决定变迁——重读奥格本《社会变迁》．社会观察，（1）：62-63．

张品．2012．社会空间研究的困境与反思．天津社会科学，（5）：81-83．

张小平，师安隆，张志斌．2010．开发区建设及其对兰州城市空间结构的影响．干旱区地理，33（2）：277-284．

张晓萍，杨慧，赵红梅．2009．民族旅游的人类学透视．昆明：云南大学出版社．

张新红，苏建宁，魏书威．2010．兰州城市居民意象空间及其结构研究．人文地理，4（2）：54-60．

张羽新．1988．清政府与喇嘛教．拉萨：西藏人民出版社．

张忠，张文．2015-06-07．四川藏区富民增收旅游优先．人民日报，第1版．

章小平，朱忠福．2007．九寨沟景区旅游环境容量研究．旅游学刊，22（9）：50-57．

赵红梅．2007．论仪式理论在旅游研究中的应用——兼评纳尔什·格雷本教授的"旅游仪式论"．旅游学刊，22（9）：70-74．

赵建安．2000．青藏高原产业发展前景探讨．自然资源学报，15（4）：358-362．

赵巧艳．2014．侗族传统民居中的空间观念与方位崇拜．昆明学院学报，（2）：112-115，119．

赵世瑜，周尚意．2001．明清北京城市社会空间结构概说．史学月刊，（2）：112-119．

郑静．1995．广州市社会空间的因子生态再分析．地理研究，14（2）：15-26．

郑晴云．2008．朝圣与旅游：一种人类学透析．旅游学刊，23（11）：81-86．

智观巴·贡却乎丹巴绕吉．1989．安多政教史．兰州：甘肃民族出版社．

中国藏学研究中心社会经济研究所．1996．西藏家庭四十年变迁——西藏百户家庭调查报告．北京：中国藏学出版社．

周春山，刘洋，朱红．2006．转型时期广州市社会区分析．地理学报，61（10）：1046-1056．

周婕，王静文．2002．城市边缘区社会空间演进的研究．武汉大学学报（工学版），35（5）：16-21，36．

周润年．1991．漫谈藏族的传统节日．世界宗教研究，（1）：47-53．

周伟洲．1985．吐谷浑史．银川：宁夏人民出版社．

朱俊华，张路．2014．"天地人合一"视角下西藏城镇特色空间营造——西藏林芝地区波密县城总体城市设计实践//城乡治理与规划改革——2014中国城市规划年会论文集（14小城镇与农村规划）．北京：中国建筑工业出版社．

朱文惠．2002．佛教寺院与农牧村落的共生关系：中国西南藏族社区研究报告．台北：唐山出版社.

朱文惠. 2013. 近现代藏传佛教寺院经济研究: 贵金属、劳动力与土地. 中国藏学,（1）: 112-119.

朱喜钢, 周强, 金俭. 2004. 城市绅士化与城市更新——以南京为例. 城市发展研究, 11（4）: 33-37.

庄友刚. 2012. 何谓空间生产?——关于空间生产问题的历史唯物主义分析. 南京社会科学,（5）: 36-42.

庄友刚, 仇善章. 2013. 资本空间化与空间资本化: 关于空间生产的现代性和后现代性话语. 山东社会科学,（2）: 33-37.

宗晓莲. 2001. 西方旅游人类学两大研究流派浅析. 思想战线,（6）: 47-49, 54.

宗晓莲. 2002. 布迪厄文化再生产理论对文化变迁研究的意义——以旅游开发背景下的民族文化变迁研究为例. 广西民族学院学报（哲学社会科学版）, 24（2）: 22-25.

Graburn N. 2009. 人类学与旅游时代. 赵红梅译. 桂林: 广西师范大学出版社.

Soja E W. 2005. 第三空间: 去往洛杉矶和其他真实和想象地方的旅程. 陆扬, 刘佳林, 朱志荣译. 上海: 上海教育出版社.

Appleyard D. 1970. Styles and methods of structuring a city. Environment and Behavior,（2）: 100-107.

Bogard C J. 2001. Claimsmakers and contexts in early constructions of homelessness: A comparison of New York City and Washington D C. Symbolic Interaction, 24（4）: 425-454.

Bourdieu P. 1989. Social space and symbolic power. Sociological Theory, 7（1）: 14-25.

Chon K. 1990. The role of destination image in tourism: A review anddiscussion. The Tourist Review, 45（2）: 2-9.

Cohen E. 1972. Toward a sociology of international tourism. Social Research, 39（1）: 164-182.

Dadgostar B, Isotalo M. 1992. Factors affecting time spent by near-hometourists in city destinations. Journal of Travel Research, 31（2）: 34-39.

Dear M, Wolch J. 1989. How territory shapes social life//Wolch J, Dear M. The Power of Geography: How Territory Shapes Social Life. Boston: Unwin Hyman.

Ekvall B. 1927. The next outpost in far Tibet. The Alliance Weekly, LXII（41）: 666.

Ekvall R. 1952. Tibetan Sky Lines. New York: Farrar, Straus and Young.

Gottdiener M, Hutchison R. 2011. The New Urban Socialogy. Boulder: Westview Press.

Harvey D. 1973. Social Justice and the City. London: Edward Amold.

Harvey D. 1978. The urban process under capitalism: a framework for analysis. International Journal of Urban and Regional Research, 2（1-4）: 101-131.

Henri L. 1991. The Production of Space. Oxford: Blackwell Publishing.

Jenkins J M, Walmsley D J. 1991. Mental map, locus of control and activity: a study of business tourists in Coffs Habour. The Journal of Tourism Studies, 2 (2): 36-42.

Johnston R J, Derek G, Geraldine P, et al. 2000. The Dictionary of Human Geography. Oxford: Blackwell Publishing.

KingA Y, Chan Y K. 1972. A Theoretical and Operational Definition of Community: The Case of Kwun Tong. Social Research Centre, Chinese University of Hong Kong.

Lefebvre H. 1976. The Survival of Capitalism: Reproduction of the Relations of Production. London: Allison & Busby.

Lefebvre H. 1979. Space: Social Product and Use Value//Freiburg J W, ed. 1979. Critical Sociology: European Perspectives. New York: Irvington Publishers.

Lefebvre H. 1991. The Production of Space. Oxford: Blackwell Publishing.

Mathieson A, Wall G. 1982. Tourism-Economic, Physical and social impacts. New York: Longman.

Pacione M. 2001. Models of urban land use structure in cities of the developed world. Geography, 86 (2): 97-119.

Smith V L. 1977. Hosts and Guests: The Anthropology of Tourism (first edition). Pennsylvania: University of Pennsylvania Press.

Smith V L. 1989. Hosts and Guests: The Anthropology of Tourism (second edition). Pennsylvania: University of Pennsylvania Press.

William N. 2002. Human Geography. London: Oxford University Press.

Zhuang Y. 2010. Special issue: space production and urban order in contemporary China. Social Sciences in China, 31 (4): 177-188.